강남오르비 학원이
대치동 '디오르비'학원으로
개원합니다.

(디오르비) 는
모든 시스템이 수험생 중심으로 더 강화됩니다.
모든 시설이 최고의 결과가 나올 수 있도록 설계됩니다.

집중을 위해 **디오르비**가 수험생 옆으로 다가갑니다.
강남역에서 대치동으로 옮겨
오르비의 역량을 집중합니다.

디오르비와 시작하면
원하는 대학문이 가장 빠르게 열립니다.

smart is sexy
Orbi.kr

전화 : 02-597-3533 ◇ 문자 전용 : 010-9124-0207 ◇ 주소: 강남구 삼성로 61길 15 (은마사거리 도보 3분)

출발의 습관은 수능날까지 계속됩니다.
형식적인 상담이나
관리하고 있다는 모습만 보이거나
학습에 전혀 도움이 되지 않는
보여주기식의 모든 것을 배척합니다.

쓸모없는 강좌와 할 수 없는 계획을 강요하거나
무모한 혹은 무리한 스케줄로
1년의 출발을 무의미 하게 하지 않습니다.
형식은 모방해도 내용은 모방할수 없습니다.

Orbi.kr

개인의 능력을 극대화 시킬 모든 계획이 **디오르비**에 있습니다.

랑데뷰
N 제

쉬사준킬
기　하

랑데뷰세미나

저자의 수업노하우가 담겨있는
고교수학의 심화개념서

랑데뷰 기출과 변형 (총 5권)

- 1~4등급 추천(권당 약 400~600여 문항)

Level 1 - 평가원 기출의 쉬운 문제 난이도
Level 2 - 준킬러 이하의 기출+기출변형
Level 3 - 킬러난이도의 기출+기출변형

모든 기출문제 학습 후 효율적인 복습
재수생, 반수생에게 효율적

〈랑데뷰N제 시리즈〉

라이트N제 (총 3권)

- 2~5등급 추천

수능 8번~13번 난이도로 구성

총 30회분의 시험지 타입
- 회차별 공통 5문항, 선택 각 2문항
  총 11문항으로 구성

독학용 일일학습지
또는 과제용으로 적합

랑데뷰N제 쉬사준킬

- 1~4등급 추천(권당 약 240문항)

쉬운4점~준킬러 문항 학습에 특화
실전개념 및 스킬 등이 포함된
문제와 해설로 구성

기출문제 학습 후 독학용
또는 학원교재로 적합

랑데뷰N제 킬러극킬

- 1~2등급 추천(권당 약 120문항)

준킬러~킬러 문항 학습에 특화
실전개념 및 스킬 등이 포함된
문제와 해설로 구성

모의고사 1등급 또는 1등급 컷에
근접한 2등급학생의 독학용

〈랑데뷰 모의고사 시리즈〉 - 선택 확률과통계, 미적분, 기하 합본

싱크로율 99% 모의고사

제1회 - 6평 싱크로율99%
제2회 - 9평 싱크로율99%
제3회 - 수능 싱크로율99%

1~4등급 추천

싱크로율 99%의 변형문제로 구성되어
평가원 모의고사를 두 번 학습하는 효과

기출 학습의 확인용으로 적합
100분 풀타임 모의고사 연습에 적합

랑데뷰☆수학모의고사 시즌1~3
어썸&랑데뷰 모의고사

1~4등급 추천

매년 8월에 출간되는 봉투모의고사

수능난이도와 비슷하거나 조금 어려운 난이도

실전력을 높이기 위한
100분 풀타임 모의고사 연습에 적합

랑데뷰 시리즈는 **전국 서점** 및 **인터넷서점**에서 구입이 가능합니다.

수능 대비 수학 문제집 **랑데뷰N제 시리즈**는 다음과 같은 난이도 구분으로 구성됩니다.

1단계- 랑데뷰 라이트 N제 (총3권) [종이책]

⇨ 변형 자작 문항(100%)
어려운 3점, 쉬운 4점, 어려운 4점 문항으로 구성되어 있다.

교재 활용 방법

① 각 권 30회씩(제1권:1~30, 제2권:31~60, 제3권:61~90회) 일일학습지 형식으로 구성되어 있어 매일 꾸준히 풀어보길 권한다.
② 각 회마다 수1&수2 5문항, 선택2 문항으로 구성되어 모든 선택자가 풀어볼 수 있다. (1~5번:공통, 6~7번:확통, 8~9번:미적분, 10~11번:기하)
③ 2~5등급 학생들에게 추천한다.

2단계- 랑데뷰 쉬사준킬 [종이책]

⇨ 변형 자작 문항(100%)
쉬운 4점과 어려운 4점, 준킬러급 난이도 변형 자작 문항 (쉬사준킬의 모든 교재의 문항수가 200문제 이상)이 출제유형별로 탑재되어 있음

교재 활용 방법

① 랑데뷰 [기출과 변형] 문제집과 같은 순서로 유형별로 정리되어 기출과 변형을 풀어본 후 과제용으로 풀어보면 효과적이다.
② [기출과 변형]과 병행해도 좋다. [기출과 변형]의 단원별로 Level1, level2까지만 완료 한 후 쉬사준킬의 해당 단원 풀기
③ 준킬러 문항을 풀어내는 시간을 단축시키기 위한 교재이다. N회독 하길 바란다.
④ 학원 교재로 사용되면 효과적이다.
⑤ 1~4등급 학생들에게 추천한다.

3단계- 랑데뷰 킬러극킬 [종이책]

⇨ 변형 자작 문항(100%)
킬러급 난이도 변형 자작 문항(킬러극킬의 모든 교재의 문항수가 100문제 이상)이 탑재되어 있음

교재 활용방법

① 랑데뷰 [기출과 변형]의 Level3의 문제들을 완벽히 완료한 후 시작하도록 하자.
② 킬러 문항의 해결에 필요한 대부분의 아이디어들이 킬러극킬에 담겨 있다.
③ 1등급 학생들과 그 이상의 실력을 갖춘 학생들에게 추천한다.

랑데뷰 수학을 만난 수험생 여러분! 꽃길만 걸으시길 응원합니다. [샤인수학학원 이재호]

잘하고 있다. 자신을 믿어라 [이지웅T]

너의 열정을 응원 할게 [수원 스카이에듀 김종렬T]

나의 꿈은 맑은 바람이 되어서 당신의 주위에 떠돌겠습니다.-한용운- [가토수학과학학원 이태형T]

세상에 쉽게 얻어지는 것은 없습니다. [홍지석T]

재능의 차이를 뛰어넘는 피나는 노력만이 만점을 만듭니다. [오은경T]

수험생 여러분들의 열정과 땀은 앞으로의 인생에 커다란 밑거름이 될 것입니다. [오라클수학교습소 김수T]

노력과 인내는 재능을 이길 수 있다. [장선생수학학원 장세완T]

돌이켜보면 몹시 괴로울 때 성장했고, 모든게 편안할 때 퇴보했다. [장정보수학학원 장정보T]

공들여서 천천히 꼼꼼하게 생각하세요. [굿티쳐강남학원 배용제T]

천리길도 한걸음부터...어떤 일이든 한번에 이루려 하지말고 차근차근 꾸준히 쌓아간다면 미래는 꿈꾸는 삶을 살 수 있을 것이다. [서영만T]

부족하다는 것은 그만큼 채울 수 있다는 뜻이다. [대전 오엠수학 오세준T]

도전을 즐기고, 실패에 좌절하지 말자. 자기 자신을 성장시키는 효과적인 방법이다. [장정보수학학원 함상훈T]

많은 사람들은 재능의 부족보다 노력의 부족으로 실패한다. [가인수학학원 최혜권T]

승패의 차이는 대부분 그만두지 않는데에 있습니다. 랑데부와 함께 끝까지 갑시다. [수학만영어도학원 최수영T]

오늘의 한 문제가 수능날 나를 만듭니다. [이호진고등수학 이호진T]

들은 것은 잊어버리고, 본 것은 기억하고, 직접 해본 것은 이해한다. 직접풀자 랑데뷰~! [섭수학과학학원 김창섭T]

간단하게 설명할수 없으면 제대로 이해하지 못하는 것이다. [태오름수학학원 임성일]

성실한 과정의 시간들은 원하는 결과를 반드시 가져올 것이다. [반포파인만고등관 김경민T]

Excelsior : 더욱 더 높이 [메가스터디 김가람T]

'새는 날아서 어디로 가게 될지 몰라도 나는 법을 배운다'는 말처럼 지금의 배움이 앞으로의 여러분들 날개를 펼치는 힘이 되길 바래봅니다. [가나수학전문학원 이소영T]

물 위의 우아한 백조는 물속 보이지 않는 다리를 열심히 젓고 있는 것이다. 보이는 것보다 보이지 않는 부단한 노력과 성실이 실력을 만든다. [일산제우스 수학학원 김진성T]

"포기라는 단어를 생각하는 순간이 가장 좋은 때이다. 늦지 않으니 충분히 노력하면 다시 일어설 수 있을 거야." [매천필즈수학원 백상민T]

Attitude Determines Altitude [본투비수학 이인호 T]

오늘도 과거의 자신보다 나이지는 하루가 되길 바랍니다. [최병길T]

큰 성공은 작은 행동에서 시작된다. [조남웅T]

why, how 두 가지 질문에 답을 찾아 보세요. [샤인수학학원 김은수T]

지금 잠을 자면 꿈을 꾸지만, 지금 공부하면 꿈을 이룬다. [이미지매쓰학원 정일권T]

Step by step! 꾸준히 노력한 자, 수능날 랑데뷰로 성공하리라. [가나수학전문학원 황보성호T]

나는 똑똑한 것이 아니라, 단지 문제를 더 오랫동안 연구할 뿐이다. 알버트 아인슈타인 [강동희수학교습소 강동희T]

1등급을 만드는 특별한 습관 랑데부수학과 함께 합시다. [이지훈수학학원 이지훈T]

목표가 확실한 사람의 성장은 무서운 법이다!-이태원 클라쓰 [MQ멘토수학 최현정T]

반갑습니다 마지막문제에서 다시 만나요. [답길학원 서태욱]

목표는 사람을 성장하게 하고 랑데뷰는 목표 있는 사람을 지혜롭게 성장시킨다. [김이김(멘토수학) 이정배T]

수학을 즐길 줄 알아야 해. 완전해야만 빛이 나는 것은 아니야. 한 방울씩 떨어지는 낙숫물이 바위를 뚫듯 즐겁게 도전하는 너의 열정이 수학 실력을 더욱 높일 수 있을 거야. [샤인수학학원 필재T]

랑데뷰
N 제

하루 중 90%는 겸손하게 10%는 자신있게...

목차

하루 중 90%는 겸손하게 10%는 자신있게...

이차곡선

1

출제유형 | 포물선의 초점의 좌표, 준선의 방정식, 꼭짓점의 좌표를 구하거나 포물선의 정의를 이용하여 선분의 길이, 도형의 둘레의 길이와 넓이를 구하는 문제가 출제된다.

출제유형잡기 | 포물선의 방정식으로부터 초점의 좌표를 구하는 방법과 포물선 위의 점에서 초점과 준선까지의 거리가 서로 같음을 이용하여 문제를 해결한다.

01

초점이 F인 포물선 $y^2 = -4x$ 위의 점 P$(-4, 4)$에서 점 P가 중심이고 F를 지나는 원이 있다. 이 원과 접선이 만나는 점 중에서 점 Q를 그림과 같이 잡는다.
$\angle \text{PFQ} = \theta$라 할 때, $30 \times \tan 4\theta$의 값을 구하시오.
[4점]

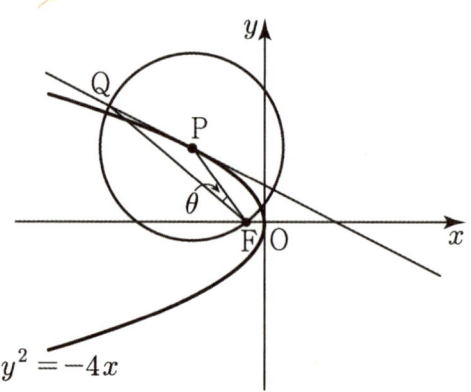

02

그림과 같이 좌표평면 위에 점 $F(2, 0)$을 초점으로 하는 포물선 $y^2 = 8x$와 직선 $y = m(x - 2)$가 제1사분면에서 만나는 점을 F'이라 하자. 점 F'을 초점으로 하고 준선이 $x = -2$인 포물선이 선분 FF'과 만나는 점을 P, 직선 FF'이 직선 $x = -2$와 만나는 점을 Q라 할 때 $\overline{F'P} : \overline{PF} : \overline{FQ} = 15 : 9 : 16$일 때, $3m$의 값을 구하시오. (단, $m > 0$) [4점]

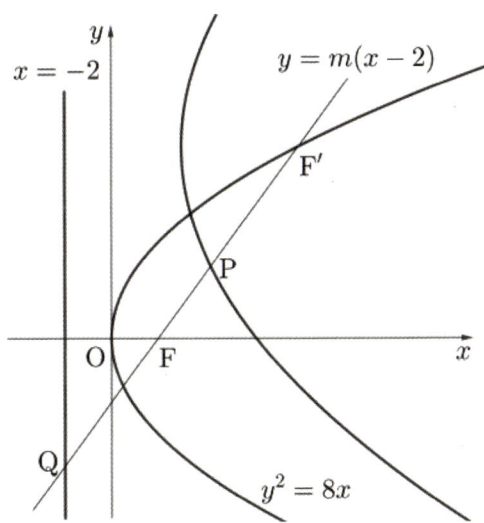

03

포물선 $y^2 = 4px$ 위의 점 P에서의 접선의 기울기가 $\dfrac{\sqrt{3}}{3}$이다. 이 접선이 x축과 만나는 점을 Q, 포물선의 초점을 F라 하자. 삼각형 PQF의 넓이가 $9\sqrt{3}$일 때, p의 값은? (단, $p > 0$) [4점]

① 1 ② $\dfrac{3}{2}$ ③ 2 ④ $\dfrac{5}{2}$ ⑤ 3

04

초점이 F 인 포물선 $y^2 = 4px$ $(p > 0)$에 대하여 이 포물선 위의 점 중 제 1 사분면에 있는 점 P 에서의 접선이 x 축과 만나는 점을 Q , $x = -p$ 와 만나는 점을 R 이라 하자. $\overline{PQ} = \overline{QR}$ 일 때, 삼각형 PFR 의 넓이가 $16\sqrt{3}$ 이 되도록 하는 상수 p^2 의 값을 구하시오. [4점]

05

포물선 $y^2 = 8x$ 의 초점을 지나고 기울기가 양수인 직선 l 이 포물선과 만나는 두 점을 각각 A, B 라고 하자. 점 A, B 와 포물선 위의 점 P 에 대하여 $\overline{AB} = 12$ 일 때, 삼각형 PBA 의 넓이의 최댓값은 M 이다. M^2 의 값을 구하시오. (단, 점 A 와 점 P 는 제1사분면에 있고, 점 P 의 x 좌표는 점 A 의 x 좌표보다 작다.) [4점]

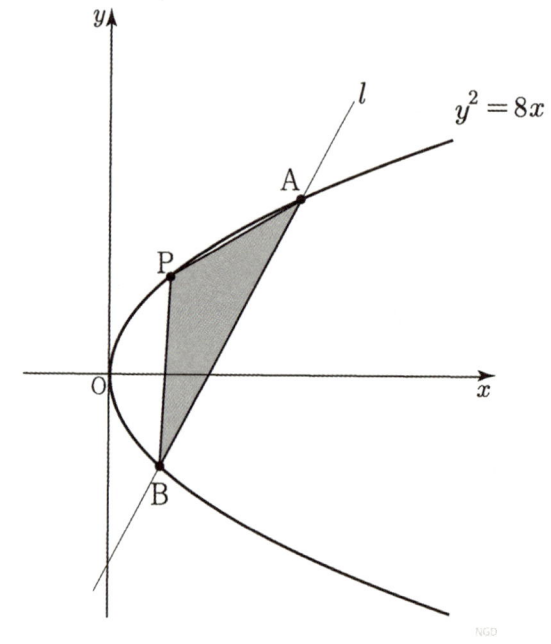

06

그림과 같이 포물선 $x^2 = 4py \ (p > 0)$의 초점 F를
지나는 직선이 포물선과 만나는 두 점을 각각 A, B 라
하고, 두 점 A, B에서 x축에 내린 수선의 발을 각각 C,
D 라 하자. $\overline{AF} = 5$, $\overline{AC} = 4$일 때, 사각형 ABDC의
넓이는? (단, O는 원점이고 A는 제1사분면 위의
점이다.) [4점]

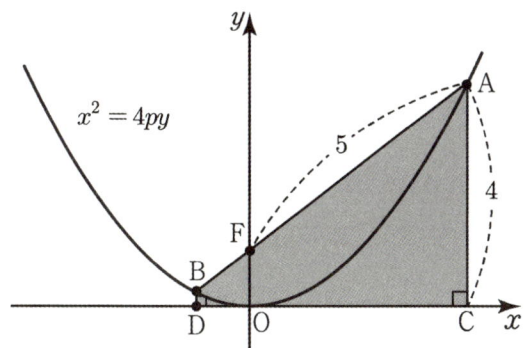

① $\dfrac{85}{8}$　　② $\dfrac{85}{6}$　　③ $\dfrac{85}{4}$　　④ $\dfrac{85}{3}$　　⑤ $\dfrac{85}{2}$

07

0이 아닌 실수 p에 대하여 좌표평면 위의 두 포물선
$y^2 = 4x$와 $(x+2)^2 = 4py$에 동시에 접하는 직선의
개수를 $f(p)$라 하자. $\lim\limits_{p \to k+} f(p) < f(k)$를 만족시키는
실수 k의 값은? [4점]

① $-\dfrac{\sqrt{3}}{3}$　　② $-\dfrac{4\sqrt{6}}{9}$　　③ $-\dfrac{\sqrt{3}}{9}$

④ $\dfrac{4\sqrt{6}}{9}$　　⑤ $\dfrac{\sqrt{3}}{3}$

08

포물선 $y^2 = 4px \; (p > 0)$ 위의 제1사분면에 있는 점 P에서의 접선 l이 $x = -p$와 만나는 점을 A, 점 P에서 $x = -p$에 내린 수선의 발을 B, 좌표가 $(-p, 0)$인 점을 C라 하자. 점 A가 제2사분면에 있고 $\overline{AB} : \overline{AC} = 5 : 3$일 때, 직선 l의 기울기를 m이라 하자. $100m^2$의 값을 구하시오. [4점]

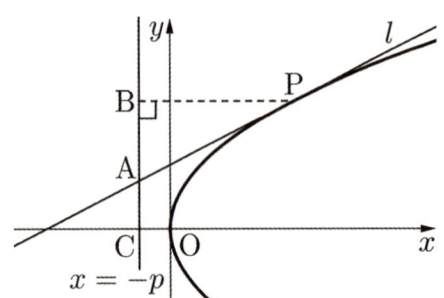

09

$y_1 = 8$이고, 자연수 n에 대하여 포물선 $y^2 = 8x$ 위의 점 (x_{2n-1}, y_{2n-1})에서의 접선의 y절편을 y_{2n}이라 하자.

직선 $y = y_{2n}$이 포물선 $y^2 = -8x$와 만나는 점의 좌표를 (x_{2n}, y_{2n})이라 하고 (x_{2n}, y_{2n})에서의 접선의 y절편을 y_{2n+1}, $y = y_{2n+1}$이 $y^2 = 8x$와 만나는 점의 좌표를 (x_{2n+1}, y_{2n+1})이라 하자. 두 수열 $\{x_n\}$, $\{y_n\}$에 대하여 $\dfrac{y_{11}}{x_9}$의 값을 구하시오. [4점]

출제유형 | 타원의 초점의 좌표, 두 초점 사이의 거리, 장축의 길이, 단축의 길이를 구하는 문제와 타원의 정의를 이용하여 선분의 길이의 합, 도형의 둘레의 길이와 넓이를 구하는 문제가 출제된다.

출제유형잡기 | 타원의 방정식으로부터 초점의 좌표, 장축의 길이, 단 축의 길이 등을 구하고 타원 위의 한 점에서 두 초점까지의 거리의 합이 장축의 길이와 같음을 이용하여 문제를 해결한다.

10

좌표평면에서 두 점 $A(12, 3)$, $B(0, 3)$에 대하여 장축이 선분 AB인 타원의 두 초점을 F, F'이라 하자. 초점이 F이고 꼭짓점이 타원의 중심인 포물선이 타원과 만나는 두 점을 각각 P, Q라 하자. $\overline{PQ} = 4\sqrt{3}$일 때, 두 선분 PF와 PF'의 길이의 곱 $\overline{PF} \times \overline{PF'}$의 값은 $\frac{q}{p}$이다.

$p + q$의 값을 구하시오. (단, p와 q는 서로소인 자연수이다.) [4점]

11

그림과 같이 두 초점이 $F(5, 0)$, $F'(-5, 0)$인 타원 $\dfrac{x^2}{a^2} + \dfrac{y^2}{b^2} = 1$ $(a > 0,\ b > 0)$ 위에 점 P가 있다. $\overline{PF} = 14$이고 $\angle PF'F = 120°$인 삼각형 $PF'F$에 내접하는 원의 반지름의 길이가 $\sqrt{3}$일 때, $a + b^2$의 값은? (단, 점 P는 제2사분면에 있다.) [4점]

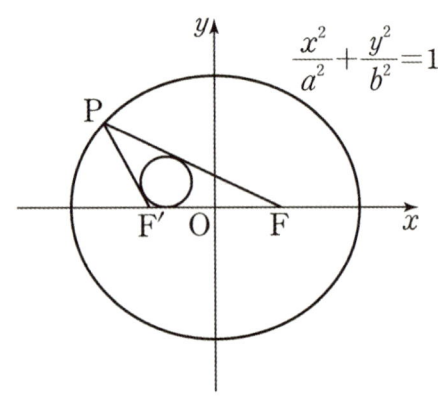

① 79　　② 81　　③ 83　　④ 85　　⑤ 87

12

타원 $C_1 : \dfrac{x^2}{3} + \dfrac{y^2}{7} = 1$의 초점 F_1을 지나면서 타원 $C_2 : \dfrac{x^2}{2} + y^2 = 1$에 접하는 접선이 타원 C_1과 제4사분면에서 만나는 점을 P라 하자. $\overline{PF_1} + \overline{QF_1} = 2\sqrt{7}$을 만족시키는 타원 C_1위의 제1사분면 위의 점 Q와 타원 C_1의 또 다른 초점 F_2를 지나는 직선을 l이라 하자. 직선 l과 x축, y축으로 둘러싸인 부분의 넓이를 S라 할 때, $S^2 = \dfrac{q}{p}$이다. $p + q$의 값을 구하시오. (단, p와 q는 서로소인 자연수이다.) [4점]

13

그림과 같이 타원 $\dfrac{x^2}{64}+\dfrac{y^2}{a^2}=1$과 쌍곡선 $x^2-\dfrac{y^2}{b^2}=1$의

초점이 모두 $F(c,0)$, $F'(-c,0)$이다. 두 곡선

$\dfrac{x^2}{64}+\dfrac{y^2}{a^2}=1$과 $x^2-\dfrac{y^2}{b^2}=1$의 교점 중 제1사분면 위에

있는 점을 A라 하자. 삼각형 $AF'F$의 넓이가 $\dfrac{a^2+b^2}{2}$일

때, $2c^2$의 값을 구하시오. (단, a, b, c는 상수이다.)
[4점]

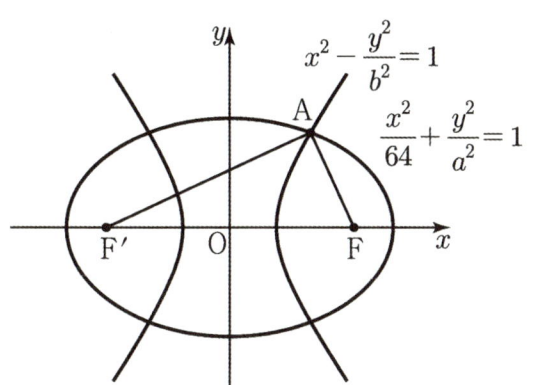

14

다음 조건을 만족시키는 타원의 장축의 길이는? [4점]

(가) 두 초점의 좌표는 $(3,0)$, $(-3,0)$이다.
(나) 장축의 길이와 단축의 길이의 차이는 2이다.

① $\dfrac{17}{2}$ ② 9 ③ $\dfrac{19}{2}$ ④ 10 ⑤ $\dfrac{21}{2}$

15

그림과 같이 타원 $\dfrac{x^2}{9}+\dfrac{y^2}{4}=1$의 x좌표가 양수인 초점을

F라고 하자. 이 타원 위의 제1사분면의 한 점P에서

$\overline{OP}=\overline{OF}$이다. $\cos(\angle POF)=\dfrac{q}{p}$일 때, $p+q$의 값을

구하시오. (단, p, q는 서로소인 자연수) [4점]

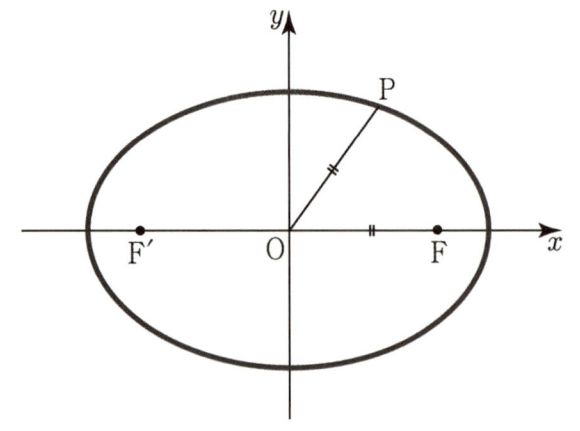

16

다음 물음에 답하시오.

(1)

타원 $\dfrac{x^2}{25}+\dfrac{y^2}{9}=1$ 두 초점 F, F'을 꼭짓점으로 하고

y축 양의 방향에 나머지 꼭짓점이 있는 정삼각형

△AF'F에서 $\overline{AF}$와 타원의 교점을 P라 할 때, $\overline{AP}$의

길이는? [4점]

① 3   ② 4   ③ 5   ④ 6   ⑤ 7

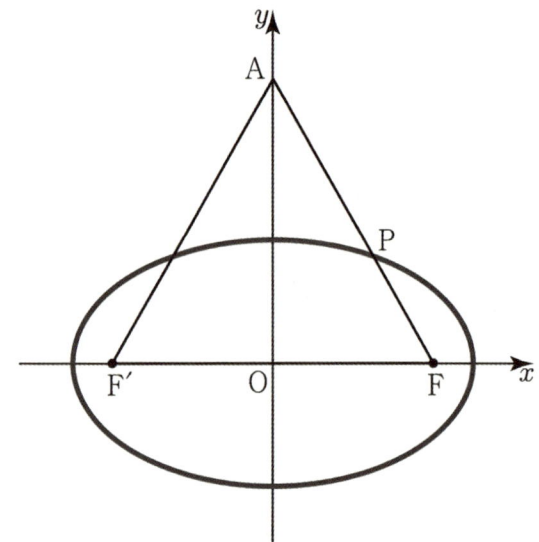

(2)

점 $(0,8)$을 지나고, 기울기가 1인 직선이 타원

$\dfrac{x^2}{36}+\dfrac{y^2}{100}=1$ 과 만나는 두 점 A, B 와 점

C $(0,-8)$을 꼭짓점으로 하는 △ABC 의 둘레의

길이는? [4점]

① 40   ② 45   ③ 50   ④ 55   ⑤ 60

17

좌표평면에서 x, y에 대한 방정식

$$\frac{x^2}{\frac{1}{2}k} - \frac{y^2}{1-k} = 1$$

이 나타내는 곡선이 다음 조건을 만족시킬 때, 상수 k의 값은? [4점]

> (가) 두 초점이 y축 위에 있는 타원이다.
> (나) 두 초점 사이의 거리는 $2\sqrt{5}$이다.

① 18   ② 16   ③ 14   ④ 12   ⑤ 10

18

그림과 같이 타원 $\frac{x^2}{4} + y^2 = 1$의 두 초점 중 x좌표가 양수인 점을 F, 음수인 점을 F′이라 하자. 이 타원 위의 점 P에 대하여 직선 F′P 위의 점 Q가 $\overline{PQ} = \overline{PF}$를 만족시킬 때, 점 Q가 나타내는 도형을 C라 하자. 도형 C의 넓이는? (단, O는 원점이고 점 Q는 반직선 F′P 위의 점이다.) [4점]

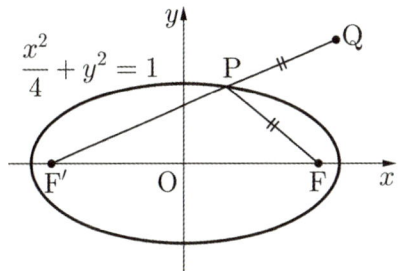

① 16π ② 15π ③ 14π ④ 13π ⑤ 11π

19

타원

$$\frac{x^2}{4}+y^2+px+qy+1=0$$

이 x축에 접하고 단축의 길이가 10일 때, $p+q$의 값은?
(단, $p \geq 0$, $q \geq 0$이고 $p^2+\dfrac{q^2}{4}>1$이다.) [4점]

① 10　　② 11　　③ 12　　④ 13　　⑤ 14

20

그림과 같이 두 초점이 $\mathrm{F}\left(\dfrac{13}{2}, 0\right)$, $\mathrm{F}'\left(-\dfrac{13}{2}, 0\right)$인 타원 위의 제1사분면의 점 A에 대하여 $\angle\mathrm{FAF}'=\dfrac{\pi}{2}$, $\sin(\angle\mathrm{AF}'\mathrm{F})=\dfrac{5}{13}$이다. 직선 AF가 이 타원과 제4사분면에서 만나는 점을 점 B라 할 때, 삼각형 $\mathrm{AF}'\mathrm{B}$의 넓이는 $\dfrac{q}{p}$이다. $p+q$의 값을 구하시오.
(단, p, q는 서로소인 자연수이다.) [4점]

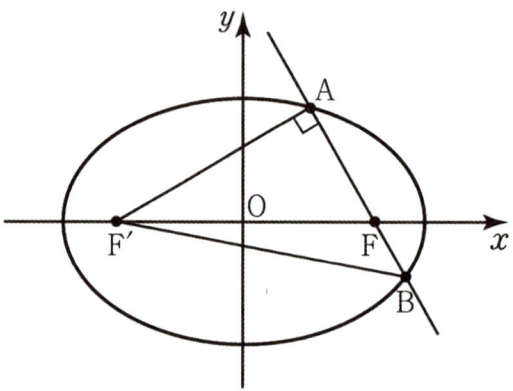

21

초점이 점 $A(a, 0)$이고 꼭짓점이 원점인 포물선과 두 초점이 $F(c, 0)$, $F'(-c, 0)$ $(c > a > 0)$인 타원의 교점 중 제1사분면 위의 점을 P라 하자.

$$\overline{AF} = 4, \quad \overline{PA} = \overline{PF}, \quad \overline{FF'} = \overline{PF'} - 1$$

일 때, 타원의 장축의 길이는 $p + q\sqrt{46}$ 이다. $p + q$의 값을 구하시오. (단, p, q는 유리수이다.) [4점]

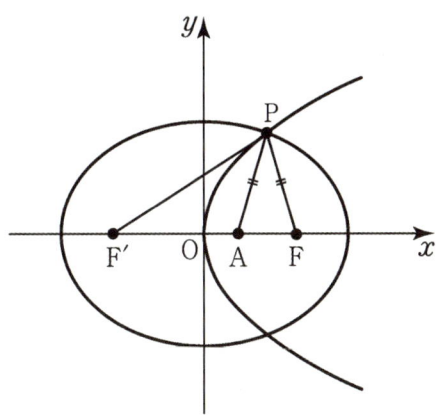

22

타원 $\dfrac{x^2}{16} + \dfrac{3y^2}{4} = 1$ 위의 점 $A(2, 1)$에서의 접선이 x축과 만나는 점을 B라 하고 두 점 A와 B을 지나고 다음 조건을 만족시키는 포물선을 C라 하자.

> 포물선 C의 초점 F는 선분 AB 위에 있고 준선은 x축과 평행하다.

포물선 C의 준선의 방정식이 $y = k$ $(k < 0)$일 때, $k = p - q\sqrt{37}$ 이다. $5p + q$의 값을 구하시오. (단, p, q는 유리수이다.) [4점]

23

그림과 같이 두 초점이 $F(0, c)$, $F'(0, -c)$인 타원 $\dfrac{x^2}{k} + \dfrac{y^2}{25} = 1$ $(0 < k < 25)$이 있다. 점 F을 지나고 y축에 수직인 직선이 타원과 제1사분면에서 만나는 점을 A, 제2사분면에서 만나는 점을 B라 하고 점 F'을 지나고 y축에 수직인 직선이 타원과 제3사분면에서 만나는 점을 C, 제4사분면의 점과 만나는 점을 D라 하자. 사각형 $ABCD$의 둘레의 길이가 24일 때, 사각형 $ABCD$의 넓이는? [4점]

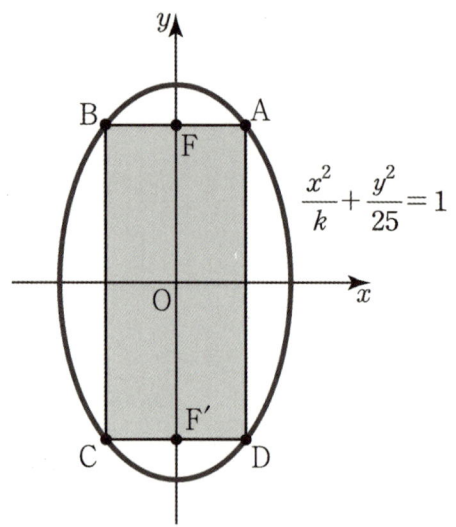

① $10\sqrt{5}$ ② 25 ③ 30

④ $30 + \sqrt{5}$ ⑤ $30 + 2\sqrt{5}$

24

그림과 같이 두 초점이 $F(c, 0)$, $F'(-c, 0)(c > 0)$이고, 장축의 길이가 20인 타원 $\dfrac{x^2}{a^2} + \dfrac{y^2}{b^2} = 1$과 점 $A(0, 8)$를 중심으로 하고 반지름의 길이가 2인 원 C가 있다. 제1사분면에 있는 타원 위를 움직이는 점 P와 원 C위를 움직이는 점 Q에 대하여 $\overline{PF'} - \overline{PQ}$의 최댓값이 10일 때, $a^2 - 2b^2$의 값을 구하시오. (단, 점 P는 제1사분면에 속하고 a와 b는 상수이다.) [4점]

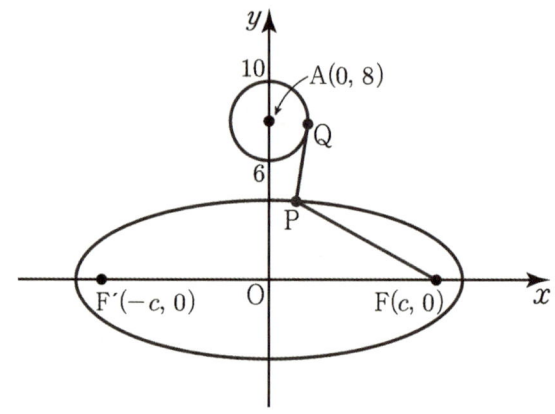

25

그림과 같이 타원 $\dfrac{x^2}{a^2}+\dfrac{y^2}{b^2}=1$ $(a>b>0)$의 두 초점을 F$(c,0)$, F$'(-c,0)$ $(c>0)$이라 하자. 타원 위의 제1사분면에 있는 점 P와 y축 위의 점을 Q$(0,-a)$가 다음 조건을 만족시킨다.

(가) $\overline{\mathrm{PF}'}=\overline{\mathrm{QF}'}=6$
(나) 삼각형 PF$'$F와 삼각형 QF$'$F의 둘레의 차는 2이다.

c^2의 값을 구하시오. [4점]

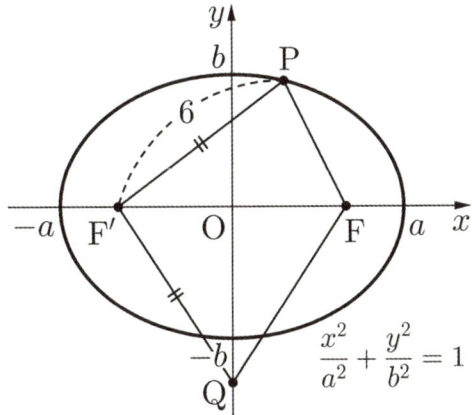

26

그림과 같이 두 초점이 F, F$'$인 타원 $\dfrac{x^2}{a^2}+\dfrac{y^2}{9}=1$ $(a>3)$ 위의 점 P에 대하여 직선 FP와 직선 F$'$P에 동시에 접하고 중심이 y축 위에 있는 원 C가 있다. 직선 F$'$P와 원 C의 접점 Q에 대하여 $\overline{\mathrm{F'Q}}=5$일 때, $a+\overline{\mathrm{F'F}}$의 값을 구하시오. [4점]

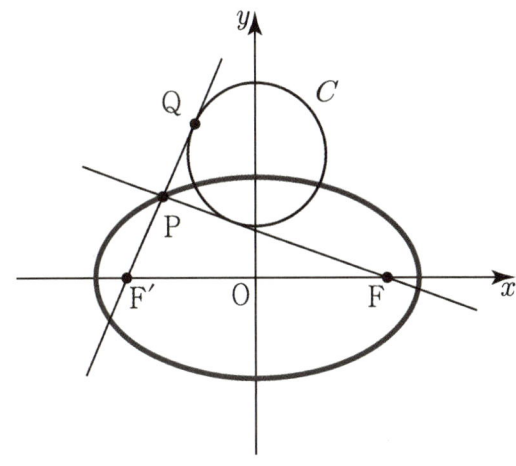

27

그림과 같이 두 초점이 $F(c, 0)$, $F'(-c, 0)$ $(c > 0)$인

타원 $\dfrac{x^2}{a^2} + \dfrac{y^2}{9} = 1$이 있다. y좌표가 c보다 큰 y축 위의

점 P에 대하여 세 점 P, F', O를 지나는 원을 C라

하자. 선분 PF가 원 C와 만나는 점 중 P가 아닌 점을

Q, 타원과 만나는 점을 R이라 할 때,

$\overline{PQ} = \overline{QR} = \dfrac{1}{2}\overline{RF}$이다. 원 C의 넓이를 S라 할 때,

$\dfrac{S}{\pi}$의 값을 구하시오. (단, $a > 0$이고 O는 원점이다.)

[4점]

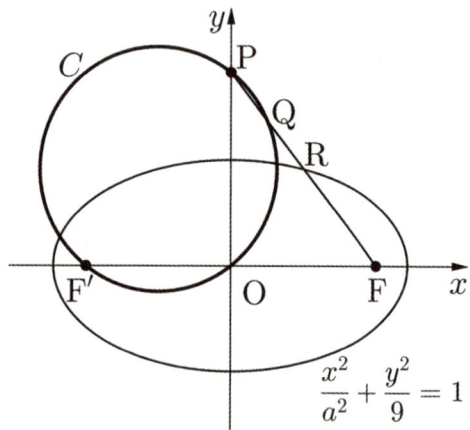

$$\frac{x^2}{a^2} + \frac{y^2}{9} = 1$$

28

타원 $\dfrac{x^2}{n^2} + \dfrac{y^2}{(n+1)^2} = \dfrac{1}{n^2(n+1)^2}$ 위의 두 점

$P_n\left(\dfrac{\sqrt{3}}{2(n+1)}, \dfrac{1}{2n}\right)$, $Q_n\left(\dfrac{\sqrt{3}}{2(n+1)}, -\dfrac{1}{2n}\right)$에서의 두

접선의 교점을 R_n이라 하자. 삼각형 $P_n Q_n R_n$의 넓이를

S_n이라 할 때, $\displaystyle\sum_{n=1}^{24} S_n$의 값은? (단, n은 자연수이다.)

[4점]

① $\dfrac{\sqrt{2}}{25}$　　② $\dfrac{\sqrt{3}}{25}$　　③ $\dfrac{2\sqrt{2}}{25}$

④ $\dfrac{2\sqrt{3}}{25}$　　⑤ $\dfrac{3\sqrt{3}}{25}$

출제유형 | 쌍곡선의 초점의 좌표, 두 초점 사이의 거리, 주축의 길이를 구하는 문제와 쌍곡선의 정의를 이용하여 선분의 길이의 차, 도형의 둘레의 길이와 넓이를 구하는 문제가 출제된다.

출제유형잡기 | 쌍곡선의 방정식으로부터 초점의 좌표, 주축의 길이 등을 구하는 방법과 쌍곡선 위의 한 점에서 두 초점까지의 거리의 차가 주축의 길이와 같음을 이용하여 문제를 해결한다.

29

그림과 같이 y축 위의 점 P에서 원 $x^2 + (y-k)^2 = 5$에 그은 두 접선이 곡선 $\dfrac{x^2}{9} - \dfrac{y^2}{7} = 1$과 만나는 교점을 각각 A, B와 C, D라 한다. $\overline{AB} = 12$일 때, $\overline{AB}$와 x축과의 교점 F(4, 0)에 대하여 $\overline{CF} + \overline{DF}$의 값을 구하시오. (단, $\overline{DF} > \overline{BF}$, $\overline{CF} > \overline{AF}$) [4점]

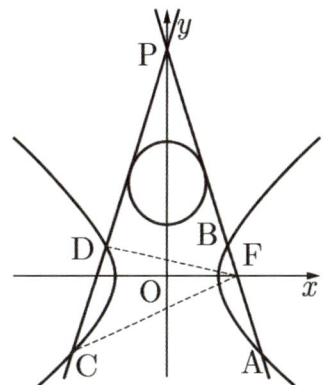

30

양의 실수 a, b에 대하여 쌍곡선 $\dfrac{x^2}{a^2} - \dfrac{y^2}{b^2} = 1$의 두 초점이 $F(c, 0)$, $F'(-c, 0)$ $(c > 0)$ 이고 다음 조건을 만족시킨다.

> (가) 쌍곡선 위의 한 점 P에 대하여 $\overline{PF'} = 10$, $52 \leq \overline{PF} \leq 60$이다.
>
> (나) 원점을 지나고 기울기가 m인 직선이 쌍곡선과 만나지 않는 범위는 $|m| \geq \dfrac{5}{12}$이다.
>
> (다) 쌍곡선의 한 꼭짓점과 두 초점 사이 거리는 모두 자연수이다.

이때, $a + b$의 값은? [4점]

① 17   ② 25   ③ 34   ④ 46   ⑤ 60

31

그림과 같이 두 점 $F(c, 0)$, $F'(-c, 0)$ $(c > 0)$을 초점으로 하는 쌍곡선 $\dfrac{x^2}{16} - \dfrac{y^2}{20} = 1$ 위의 점 $P\left(-5, \dfrac{3}{2}\sqrt{5}\right)$에서 쌍곡선에 접하는 직선을 l이라 하자.

점 F를 지나고 l과 평행한 직선이 쌍곡선과 만나는 점 중에서 제1사분면 위에 있는 점을 Q라 하자. 두 직선 F′Q와 직선 l이 만나는 점을 R, l과 x축이 만나는 점을 S라 할 때, 삼각형 F′RS에서 선분 F′R과 선분RS의 차 $|\overline{F'R} - \overline{RS}|$의 값은? [4점]

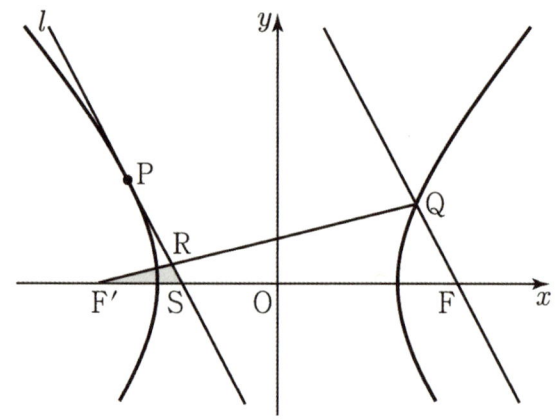

① $\dfrac{23}{15}$ ② $\dfrac{26}{15}$ ③ $\dfrac{28}{15}$ ④ $\dfrac{31}{15}$ ⑤ $\dfrac{36}{15}$

32

두 초점이 $F(c, 0)$, $F'(-c, 0)$ $(c > 0)$인 쌍곡선 $\dfrac{x^2}{a^2} - \dfrac{y^2}{b^2} = 1$과 점 $A(0, c)$가 있다. $\angle F'PF = \dfrac{\pi}{2}$ 를 만족시키는 쌍곡선 위의 점 P에 대하여 선분 $\overline{AF}$와 선분 $\overline{PF'}$의 교점을 Q라 하자. 이때, $\overline{AQ} : \overline{QF} = 3 : 1$ 이고, $\triangle PFQ$의 둘레의 길이가 12일 때, $a^2 - b^2$의 값을 구하시오. (단, 점 P는 제1사분면 위의 점이다.) [4점]

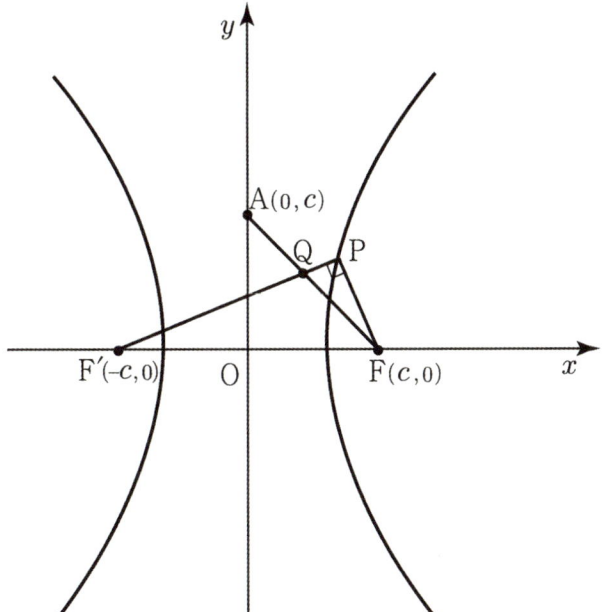

33

두 초점이 $F(5, 0)$, $F'(-5, 0)$인 쌍곡선 위의 점 P가 다음 조건을 만족시킨다.

(가) $\overline{OP} = 5$
(나) 삼각형 $PF'F$의 둘레의 길이는 24이다.

이 쌍곡선의 점근선의 방정식이 $y = kx$, $y = -kx$일 때, k^2의 값을 구하시오. (단, O는 원점이다.) [4점]

34

다음 물음에 답하시오.

쌍곡선 $\dfrac{x^2}{4} - \dfrac{y^2}{3} = 1$의 제 1사분면의 한 점을 $P(a, b)$라

할 때, $\displaystyle\lim_{a \to \infty} \dfrac{b}{a}$의 값은? [4점]

① $\dfrac{\sqrt{2}}{2}$ ② $\dfrac{\sqrt{3}}{2}$ ③ 1   ④ $\dfrac{\sqrt{5}}{2}$ ⑤ $\dfrac{\sqrt{6}}{2}$

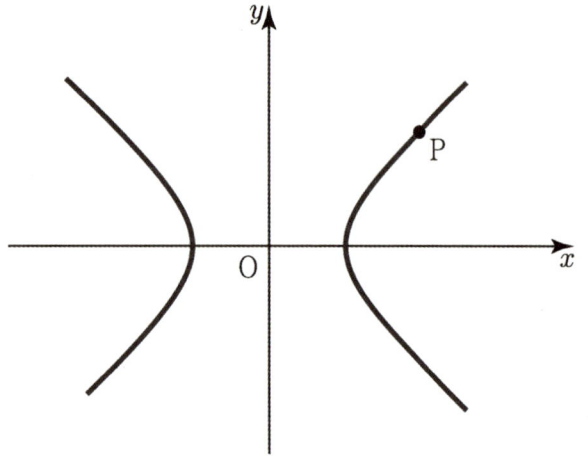

(2)

직선 $y = mx$ 가 두 쌍곡선 $x^2 - \dfrac{y^2}{4} = 1$,

$\dfrac{x^2}{4} - \dfrac{y^2}{100} = -1$ 중 어느 것과도 만나지 않도록 하는

정수 m 의 개수는? [4점]

① 8   ② 7   ③ 6   ④ 5   ⑤ 4

35

$(t, 3)$에서 쌍곡선 $\dfrac{x^2}{16} - \dfrac{y^2}{9} = 1$에 그을 수 있는 접선의

개수가 2일 때, t의 값 중 정수의 개수는? [4점]

① 9   ② 10   ③ 11   ④ 12   ⑤ 13

36

쌍곡선 $\dfrac{x^2}{a^2} - \dfrac{y^2}{17} = 1$ 의 두 초점을 $F(9, 0)$,

$F'(-9, 0)$ 이라 하자. 쌍곡선 위의 점 P 에 대하여

$|\overline{PF} - \overline{PF'}|$ 의 값은? (단, $a > 0$) [4점]

① 16   ② 15   ③ 14   ④ 13   ⑤ 12

37

두 초점이 x축 위에 있고 중심이 원점인 쌍곡선 C가

있다. 쌍곡선 C의 점근선은 $\dfrac{x^2}{3} - \dfrac{y^2}{9} = -1$의 점근선과

같고 쌍곡선 C위의 점 $P(2, 3)$에서의 접선이 쌍곡선

$\dfrac{x^2}{3} - \dfrac{y^2}{9} = -1$와 만나는 두 점을 A, B라 하자. 두 점

A, B의 x좌표의 곱은? [4점]

① 4   ② -4 ③ 8   ④ -8 ⑤ 16

38

두 초점이 F, F′인 쌍곡선 $\dfrac{x^2}{a^2} - \dfrac{y^2}{b^2} = 1$ 위의

제1사분면의 서로 다른 두 점 A, B가 다음 조건을
만족시킨다.

(가) 삼각형 AF′F와 삼각형 BF′F는 모두
　　이등변삼각형이다.
(나) 삼각형 AF′F의 둘레의 길이는 16, 삼각형
　　BF′F의 둘레의 길이는 24이다.

$9b^2$의 값을 구하시오. [4점]

39

쌍곡선 $\dfrac{x^2}{16} - \dfrac{y^2}{9} = 1$의 꼭짓점을 각각 A, B라 하고,

직선 $x = t$가 이 쌍곡선과 만나는 점을 각각 C, D라
하자. t의 값이 증가함에 따라 두 직선 AC와 BD의 교점
P는 곡선을 그린다. 이 곡선의 장축의 길이와 단축의
길이의 합을 구하시오. (단, $t > 4$) [4점]

40

다음 그림과 같이 쌍곡선 $\dfrac{x^2}{16} - \dfrac{y^2}{24} = 1$의 두 초점 중 x좌표가 음수인 점을 F'라 하자. 점 $A(0, 2\sqrt{6})$와 이 쌍곡선 위에 있고 x좌표가 양수인 점 P에 대하여 $\overline{AP} + \overline{PF'}$의 최솟값을 구하시오. [4점]

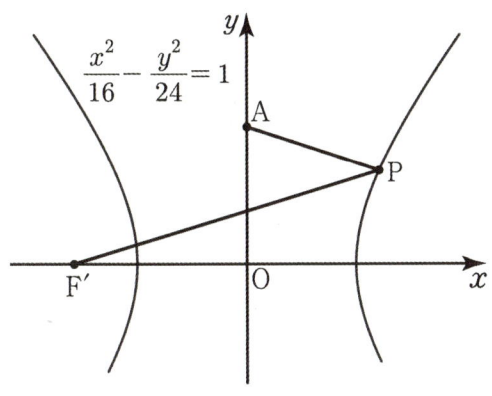

41

그림과 같이 두 점 F, F'을 초점으로 하는 쌍곡선 $\dfrac{x^2}{16} - \dfrac{y^2}{9} = 1$의 제1 사분면 위의 점을 P라 할 때, 삼각형 $PF'F$에 내접하는 원의 중심을 Q라 하자. 점 Q의 x좌표는? (단, 점 F의 x좌표는 양수이다.) [4점]

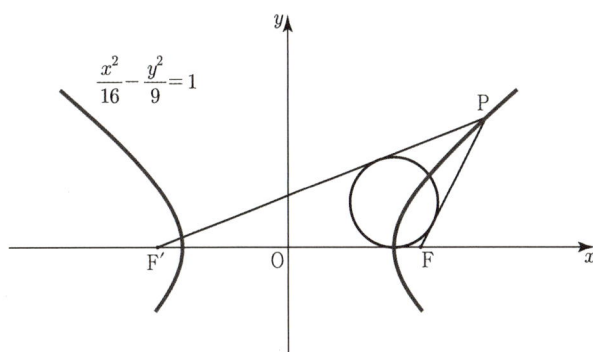

① $\dfrac{7}{2}$　　② $\dfrac{29}{8}$　　③ $\dfrac{15}{4}$　　④ $\dfrac{31}{8}$　　⑤ 4

42

포물선 $x^2 = 4y - 4$와 초점의 F$(0, 2)$, F$'(0, -2)$인

쌍곡선 $\dfrac{x^2}{3} - y^2 = -1$가 있다. 포물선 위의 제1사분면의

점을 P라 할 때, 직선 F$'$P가 x축의 양의 방향과 이루는

각을 θ라 하고, 직선 F$'$P와 쌍곡선의 교점 중 제1사분면

위의 점을 Q, 제4사분면 위의 점을 Q$'$이라 하자. θ가

최소일 때,

$$\frac{\overline{\mathrm{PQ}'}}{\overline{\mathrm{PQ}}} = \frac{p + q\sqrt{3}}{11}$$

이다. $p + q$의 값을 구하시오. (단, p, q는 자연수이다.)

[4점]

43

좌표평면에서 초점이 A$(a, 0)$ $(a > 0)$이고 꼭짓점이

원점인 포물선과 두 초점이 F$(c, 0)$, F$'(-c, 0)$

$(c > a)$인 쌍곡선의 교점 중 제1사분면 위의 점을 P라

하자.

$$\overline{\mathrm{AF}} = 4, \quad \overline{\mathrm{PA}} = \overline{\mathrm{PF}}, \quad \overline{\mathrm{PF}'} = \frac{1}{2}\overline{\mathrm{FF}'} + 2a$$

일 때, 쌍곡선의 주축의 길이를 구하시오. [4점]

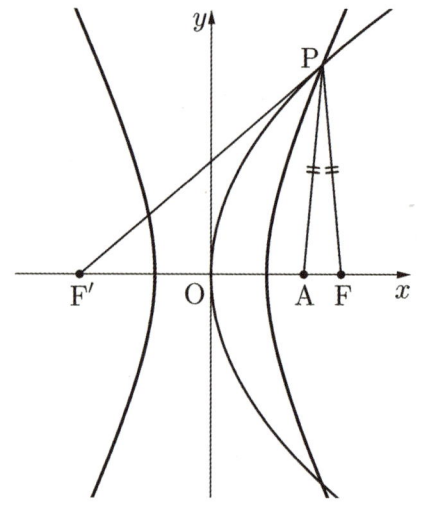

44

두 초점이 F, F $'$인 쌍곡선 $\dfrac{x^2}{100}-\dfrac{y^2}{44}=1$이 있다.

원 $x^2+(y-5)^2=25$ 위의 점 P에 대하여 직선 F $'$P가 이 쌍곡선과 만나는 점 중 y좌표가 양수인 점을 Q라 하자. $\overline{PQ}-\overline{FQ}$ 의 최솟값을 구하시오.

(단, $\overline{F'Q}>\overline{FQ}$) [4점]

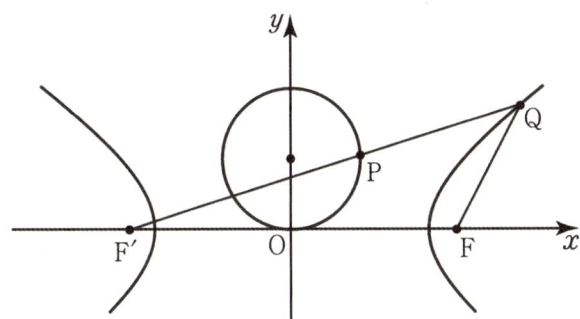

45

두 초점이 F $(c,\,0)$, F $'(-c,\,0)$ $(c>0)$인 쌍곡선 $\dfrac{x^2}{a^2}-\dfrac{y^2}{b^2}=1$ 가 있다. 직선 $y=m(x+c)$이 쌍곡선 $\dfrac{x^2}{a^2}-\dfrac{y^2}{b^2}=1$와 만나는 점 중 제1사분면 위의 점을 P라 하자. $\angle$PF $'$F을 이등분하는 직선과 점 F를 지나고 y축에 평행한 직선의 교점을 Q라 하자.

$\overline{QP}=\overline{QF}=4$, $\cos(\angle PQF)=-\dfrac{3}{4}$일 때, a^2+b^2의 값을 구하시오. (단, a, b는 상수이다.) [4점]

46

두 양수 k, p에 대하여 점 $A(0, -k)$에서 포물선 $x^2 = 4py$에 그은 두 접선이 x축과 만나는 두 점을 각각 F, F$'$, 포물선과 만나는 두 점을 각각 P, Q라 할 때, $\angle PAQ = \dfrac{\pi}{3}$이다. 두 점 F, F$'$을 초점으로 하고 두 점 P, Q를 지나는 쌍곡선의 주축의 길이가 $24 - 8\sqrt{3}$일 때, $k + p$의 값은? [4점]

① 8   ② 10   ③ 12   ④ 14   ⑤ 16

47

점근선의 방정식이 $y = \pm\sqrt{15}\,x$이고 두 초점이 F$(c, 0)$, F$'(-c, 0)$ $(c > 0)$인 쌍곡선이 다음 조건을 만족시킨다.

> (가) 쌍곡선 위의 한 점 P에 대하여 $\overline{PF'} = 20$, $7 \le \overline{PF} \le 9$이다.
>
> (나) x좌표가 양수인 꼭짓점 A에 대하여 선분 AF의 길이는 자연수이다.

이 쌍곡선의 주축의 길이가 자연수일 때, 그 길이를 구하시오. [4점]

48

좌표평면에서 쌍곡선 $x^2 - y^2 = 1$ 위의 제1사분면에 있는 점 P에서의 접선을 l이라 하고, 원점 O에서 l에 내린 수선의 발을 H라 하자. 또한 직선 OH와 이 쌍곡선 $x^2 - y^2 = 1$이 제2사분면에서 만나는 점을 Q라 하자. 이때 두 선분 OH와 OQ의 길이의 곱 $\overline{\mathrm{OH}} \times \overline{\mathrm{OQ}}$의 값을 구하시오. [4점]

49

그림과 같이 쌍곡선 $\dfrac{x^2}{9} - \dfrac{y^2}{16} = 1$의 두 초점은 F, F′이고, 두 점 P, H는 다음 조건을 만족시킨다.

(가) 쌍곡선 위의 점 P에서 x축에 내린 수선의 발이 H이다. (단, 점 P는 제1사분면 위에 있다.)

(나) 원점 O에서 H까지 거리는 4이다.

삼각형 PF′H의 둘레의 길이와 삼각형 PFH의 둘레의 길이의 차를 구하시오. [4점]

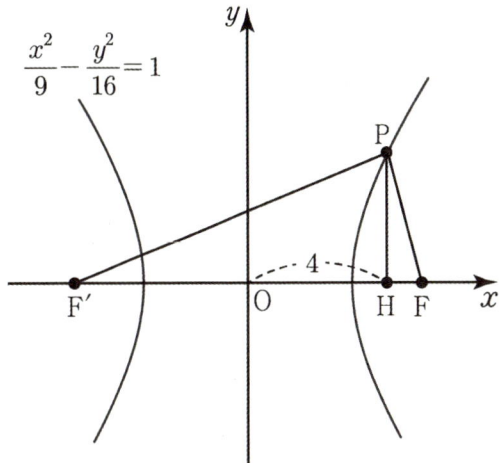

50

그림과 같이 쌍곡선 $\dfrac{x^2}{4} - \dfrac{y^2}{4} = 1$ 위의 점

$\mathrm{P}(a,\ b)\ (a > 2,\ b > 0)$에서의 접선이 x축과 만나는

점을 A, 쌍곡선의 점근선 중 기울기가 양수인 직선과

만나는 점을 B 라 하자. 삼각형 OAB 의 넓이를 $S(a)$라

할 때, $\displaystyle\lim_{a \to \infty} S(a)$의 값은? [4점]

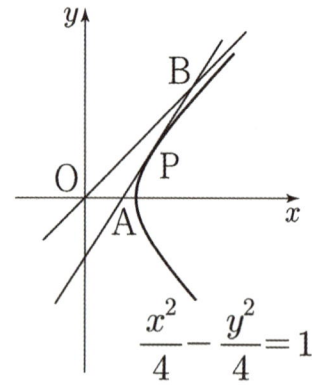

① $\dfrac{8}{3}$　　② 3　　③ $\dfrac{10}{3}$　　④ $\dfrac{11}{3}$　　⑤ 4

51

그림과 같이 쌍곡선 $x^2 - \dfrac{y^2}{15} = 1$과 직선 $y = m(x + 4)$

$(m > 0)$가 만나는 두 점 중 제1사분면에 있는 점을 P 라

하자. 점 P 가 직선 $y = \dfrac{4 - x}{m}$ 위의 점이고 두 점 F,

$\mathrm{F'}$ 가 쌍곡선 $x^2 - \dfrac{y^2}{15} = 1$의 초점일 때, $\overline{\mathrm{PF}} \times \overline{\mathrm{PF'}}$의

값은? [4점]

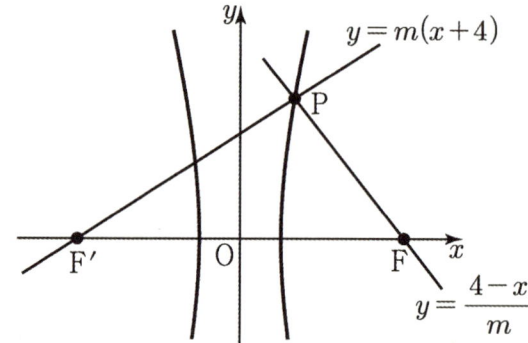

① 25　　② 30　　③ 35　　④ 40　　⑤ 45

52

두 점 $F_1(2, 0)$과 $F_2(-4, 0)$에 대하여 포물선 $y^2 = 8x$ 위의 점 중 제1사분면에 있는 점 P 가 $\overline{PF_1} + \overline{PF_2} = 10$ 을 만족시킨다. 두 점 F_1, F_2을 초점으로 하는 쌍곡선은 점 F_1을 지나고 각 PF_1F_2를 이등분하는 직선과 포물선 $y^2 = 8x$ 의 준선의 교점 Q를 지난다. 이 쌍곡선의 주축의 길이가 $p + q\sqrt{7}$ 일 때, $|pq|$ 의 값을 구하시오. (단, p와 q는 정수이다.) [4점]

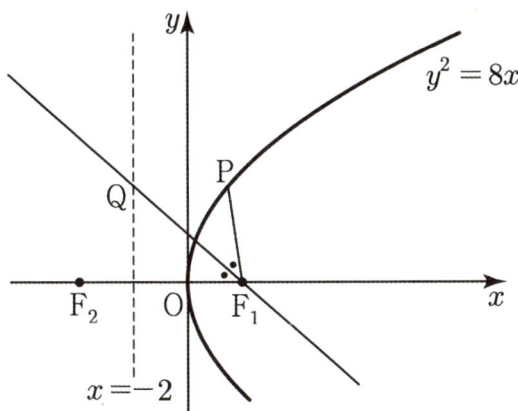

53

그림과 같이 초점이 F인 포물선 $y^2 = 16x$와 기울기가 2인 직선 l이 만날 때, 두 교점을 각각 A, B라 하자. 점 B에서 포물선의 준선에 내린 수선의 발을 H라 하자. $\overline{AF} = 5$일 때, 삼각형 ABH의 넓이를 구하시오. [4점]

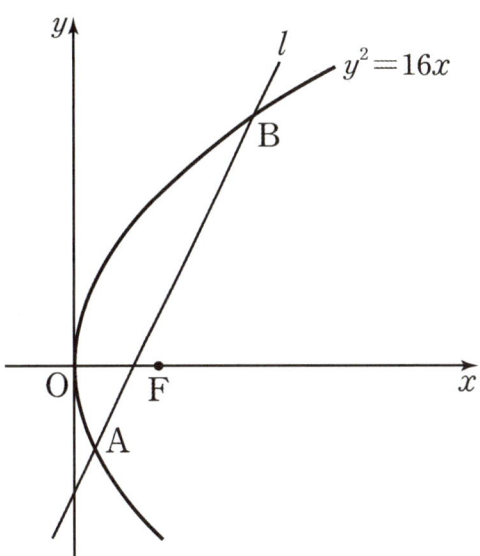

54

그림과 같이 두 초점이 F, F′이고 장축의 길이가 12인
타원 A가 있다. 타원 A 위의 점 P에 대하여 $\overline{\mathrm{PF}}=4$일
때, 선분 PF′과 타원 A의 단축의 교점을 Q라 하자. 두
점 P, F를 두 초점으로 하고 점 Q를 지나는 타원 B가
직선 FF′과 만나는 두 점을 R, S라 할 때, 삼각형
PRS의 둘레의 길이를 구하시오. [4점]

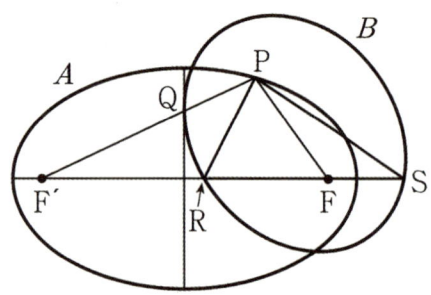

55

그림과 같이 초점이 F, F′인 쌍곡선 $\dfrac{x^2}{12}-\dfrac{y^2}{4}=1$ 위를
움직이는 제1사분면 위의 점 P에서의 접선 l이 x축과
만나는 점을 Q, 점 P에서 접선 l과 수직인 직선을 그어
x축과 만나는 점을 R이라 하자. 세 삼각형 PQF,
PFR, PF′Q의 넓이가 순서대로 등차수열을 이룰 때, 점
P의 x좌표를 구하시오. [4점]

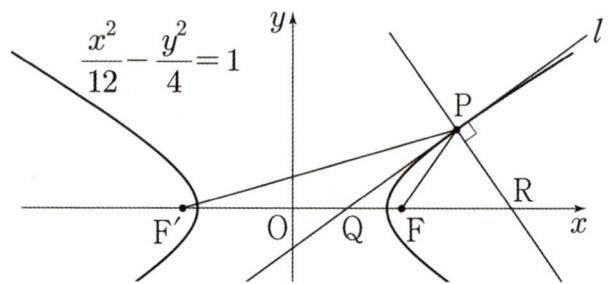

56

그림과 같이 포물선 $y^2 = 6x$의 초점을 F라 하자. 포물선 $y^2 = 6x$ 위의 제 1사분면에 있는 서로 다른 두 점 P, Q에 대하여 점 P를 지나고 x축에 평행한 직선과 두 점 Q, F를 지나는 직선이 만나는 점을 R라 할 때, $\overline{FQ} = 2$, $\overline{QR} = 4$일 때, 점 P의 x좌표를 a라 하자. $2a$의 값을 구하시오. (단, 점 P의 x좌표는 Q의 x좌표보다 크다.) [4점]

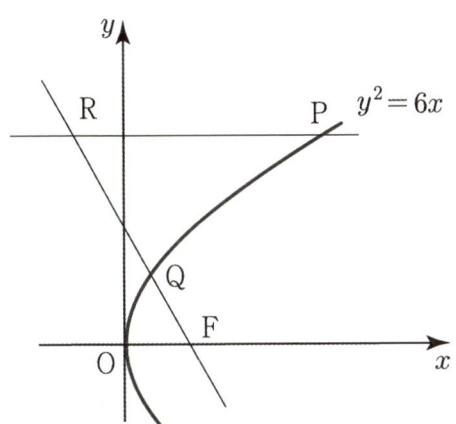

57

그림과 같이 좌표평면에서 타원 $\dfrac{x^2}{3} + \dfrac{y^2}{2} = 1$ 위의 제1사분면에 있는 점 P에서 접선이 y축과 만나는 점을 A, 점 P를 지나고 점 P에서의 접선과 수직인 직선이 y축과 만나는 점을 B라 하자. $\overline{AB} = \dfrac{5}{2}$일 때, 삼각형 ABP의 넓이는? [4점]

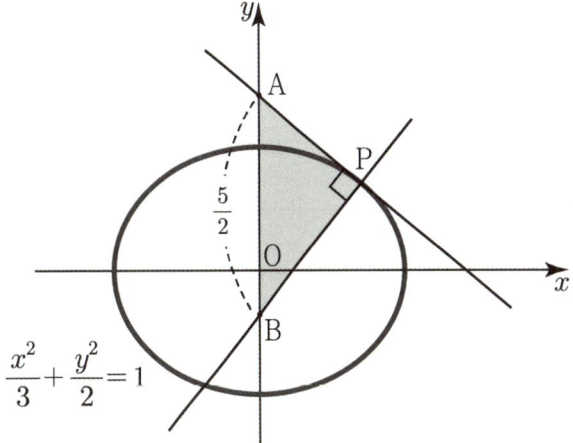

① $\dfrac{5}{8}\sqrt{6}$　　② $\dfrac{3}{4}\sqrt{6}$　　③ $\dfrac{7}{8}\sqrt{6}$

④ $\sqrt{6}$　　⑤ $\dfrac{9}{8}\sqrt{6}$

58

그림과 같이 타원 $\dfrac{x^2}{9}+\dfrac{y^2}{a^2}=1\,(0<a<3)$의 두 초점을

F, F $'$이라 하자. 이 타원이 선분 FF $'$을 지름으로 하는
원과 만나는 점 중 제2사분면에 있는 점을 P라 하고,
직선 PF $'$이 이 타원과 만나는 점 중 P가 아닌 점을 Q라
하자. 점 F $'$이 선분 PQ를 3 : 1로 내분할 때, $10a^2$의
값을 구하시오. (단, 점 F의 x좌표는 양수이다.) [4점]

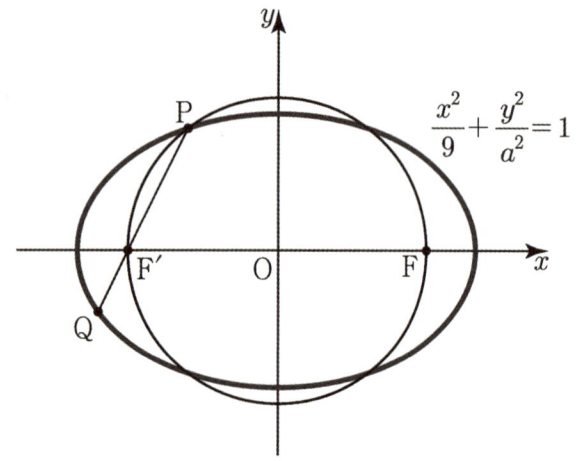

59

그림과 같이 타원 $\dfrac{x^2}{9}+y^2=1$ 의 두 초점을 F, F $'$이라

할 때, 타원 위의 x좌표가 a인 점 P 를 잡는다. 또 선분
F $'$P 의 연장선 위에 $\overline{PF}=\overline{PQ}$ 인 점 Q 를 잡고, 선분
FP 의 연장선 위에 $\overline{PF'}=\overline{PR}$ 인 점 R 를 잡는다.
사각형 F $'$FQR 의 넓이가 최대일 때, a의 값은?
(단, $0<a<2\sqrt{2}$) [4점]

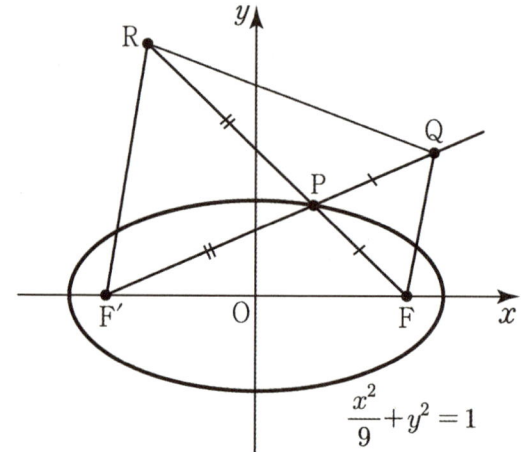

① $\dfrac{\sqrt{14}}{10}$ ② $\dfrac{\sqrt{14}}{8}$ ③ $\dfrac{\sqrt{14}}{4}$

④ $\dfrac{\sqrt{14}}{2}$ ⑤ $\dfrac{3\sqrt{14}}{4}$

60

좌표평면에서 포물선 $y^2 = 4x$ 위에 중심이 있고 점 A $(1, 0)$ 을 지나는 두 원 C_1, C_2의 중심은 각각 제 1 사분면과 제 4 사분면 위에 있다. 두 원 C_1, C_2의 반지름의 길이는 각각 2, 5이고 기울기가 음수인 직선 l 이 두 원 C_1, C_2 에 동시에 접한다. 직선 l 과 두 원 C_1, C_2 의 접점을 각각 P, Q 라 할 때, 선분 PQ 의 길이를 구하시오. [4점]

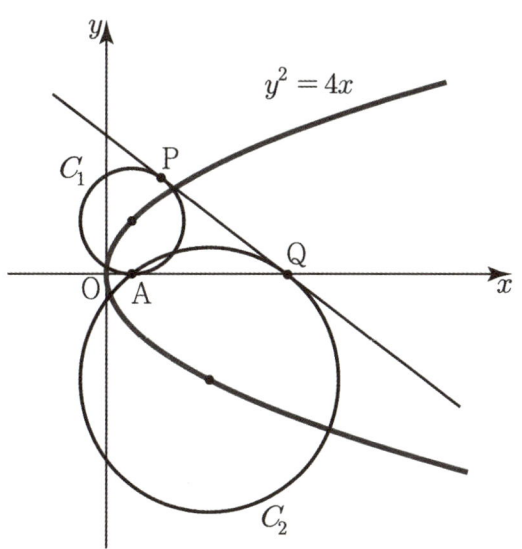

61

그림과 같이 점 A $(4, 0)$ 을 지나고 원 $x^2 + (y-3)^2 = 4$ 과 제2사분면에 있는 점 P 에서 접하는 직선을 l 이라 하고 직선 l 과 쌍곡선 $\dfrac{x^2}{9} - \dfrac{y^2}{7} = 1$ 이 제2사분면에서 만나는 점을 Q 라 하자.

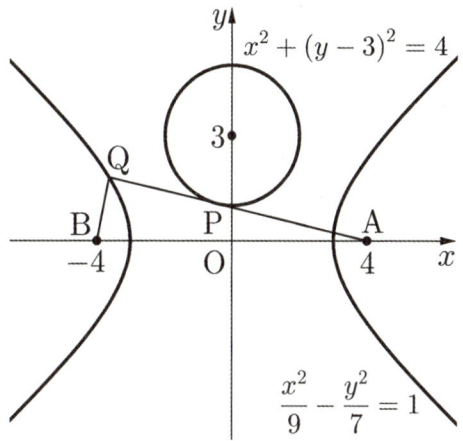

점 B $(-4, 0)$ 에 대하여 $\overline{PQ} - \overline{BQ} = p - \sqrt{q}$ 일 때, $p + q$ 의 값을 구하시오. (단, p, q는 유리수이다.) [4점]

62

좌표평면에서 타원 $\dfrac{x^2}{25} + \dfrac{y^2}{9} = 1$ 위의 점

$P(x_1,\, y_1)$에서의 접선이 x축, y축과 만나는 점을 각각
A, B라 할 때, 삼각형 OAB 넓이의 최솟값은? (단, 점
O는 원점이고 점 P는 제1사분면 위에 있다.) [4점]

① 5　　　② 6　　　③ 9　　　④ 15　　　⑤ 16

63

포물선 $y^2 = 4px$ $(p > 0)$의 초점 F를 중심으로 하고
준선에 접하는 원을 C 라 하자. 원 C 와 이 포물선이
만나는 점 중 제1사분면에 있는 점을 A라 할 때, 점 A를
지나고 이 포물선에 접하는 직선이 x축과 만나는 점을
B라 하자. 삼각형 ABF의 넓이가 8일 때, p의 값은?
[4점]

① 1　　　② $\sqrt{2}$　　　③ $\sqrt{3}$　　　④ 2　　　⑤ $\sqrt{5}$

64

좌표평면에서 포물선 $y^2 - 4x + 4 = 0$ 위의 점을 중심으로 하고 x 축과 y 축에 동시에 접하는 원 C가 있다. 포물선의 초점을 지나고 원 C의 중심에서 포물선에 접하는 접선과 평행한 직선이 원 C와 만나는 두 점을 A, B라 할 때, 선분 AB의 길이는? [4점]

① 2   ② $\sqrt{5}$ ③ $\sqrt{6}$ ④ $\sqrt{7}$ ⑤ $2\sqrt{2}$

65

좌표평면 위의 타원 C가 다음 조건을 만족시킨다.

> (가) 타원 C의 초점은 $(2, 0)$, $(-2, 0)$이다.
> (나) 직선 $y = 2x + \sqrt{41}$은 타원 C에 접한다.

타원 C 위의 두 점 P, Q에 대하여 선분 PQ의 최댓값을 구하시오. [4점]

66

포물선 $y^2 = 4x$ 의 초점 F 와 이 포물선 위의 점 P 에 대하여 $\overline{\text{PF}} = 10$ 일 때, 직선 FP 위에 $\overline{\text{FQ}} = 15$ 를 만족시키도록 점 Q 를 잡는다. 이때, 점 Q 의 좌표가 $(p,\ q)$ 이다. $p+q$ 의 값을 구하시오. (단, 두 점 P, Q 는 제 1사분면에 있다.) [4점]

67

좌표평면에서 포물선 $y^2 = 4x$ 위를 움직이는 점 P 가 있다. 포물선의 초점을 F 라 할 때, 반직선 FP 위에 $\overline{\text{FP}} : \overline{\text{PQ}} = 2 : 1$ 를 만족시키는 점 Q 를 정한다. 점 P 가 포물선 $y^2 = 4x$ 위를 움직일 때 점 Q 가 그리는 도형은 점 $(a,\ b)$ 를 초점으로 하고 직선 $x = c$ 를 준선으로 하는 포물선이다. $a^2 + b^2 + c^2$ 의 값을 구하시오. (단, 점 Q 의 x좌표는 점 P 의 x보다 크다.) [4점]

68

포물선 $y^2 = 4(x+1)$의 꼭짓점을 A라 하고 포물선이 y축과 만나는 두 점을 각각 B, C라 하자. 점 A를 한 초점으로 하고, 원점을 중심으로 하며 네 꼭짓점 중 두 개가 점 B, C인 타원의 장축의 길이는? [4점]

① $2\sqrt{5}$ ② $2\sqrt{6}$ ③ $2\sqrt{7}$ ④ $4\sqrt{2}$ ⑤ 6

69

두 초점이 $F(5, 0)$, $F'(-5, 0)$인 쌍곡선 C 위의 점 P가 다음 조건을 만족시킨다.

(가) $\overline{OP} = 5$

(나) 삼각형 $PF'F$의 둘레의 길이는 24이다.

쌍곡선 C의 점근선의 방정식은 $y = \pm kx$이다. k^2의 값을 구하시오. (단, O는 원점이고 $k > 0$이다.) [4점]

70

타원 $\dfrac{x^2}{16}+\dfrac{y^2}{4}=1$ 위에 두 점 $A(4,0)$와 $P(a,b)$가

있다. 점 P를 지나고 직선 AP에 수직인 직선과 x축의

교점을 Q라 하자. 점 P가 곡선을 따라 점 A에 한없이

가까워질 때, 점 Q가 한없이 가까워지는 점의 x좌표는?

(단, $a>0$, $b>0$) [4점]

① $\dfrac{1}{2}$ ② 1 ③ $\dfrac{3}{2}$ ④ 2 ⑤ $\dfrac{5}{2}$

71

그림과 같이 타원 $\dfrac{x^2}{64}+\dfrac{y^2}{b^2}=1\,(b>0)$의 두 초점을

$F'(-c,\,0)$, $F(c,\,0)\,(c>0)$, 이 타원 위의 점 P에

대하여 선분 PF'와 PF의 중점을 각각 Q, R라 하자.

이때, 선분 QR의 자취의 넓이가 9일 때, 모든 b의 값의

합을 구하시오. (단, 점 P의 x좌표는 0이상 8이하이고

y좌표는 0이상 b이하이다.) [4점]

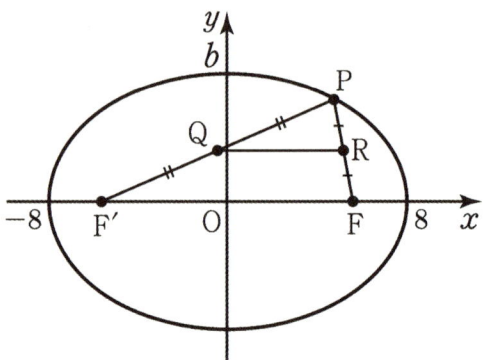

72

타원 $\dfrac{x^2}{16} + \dfrac{y^2}{4} = 1$의 두 초점을 F , F$'$라 하고, 이 타원

위의 점 $(2, \sqrt{3})$에서의 접선을 l이라 하자. 두 점

F , F$'$에서 l에 내린 수선의 발을 각각 H_1, H_2라 할 때,

$\overline{H_1H_2}^2 = \dfrac{p}{q}$이다. $p+q$의 값을 구하시오. (단, p, q는

서로소인 자연수이다.) [4점]

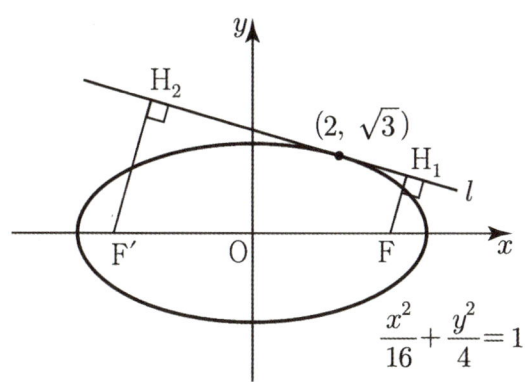

$$\frac{x^2}{16} + \frac{y^2}{4} = 1$$

73

그림과 같이 y축을 준선으로 하는 포물선의 초점을 F 라
하자. 또, 두 직선 $y = 1$, $y = 6$이 y축과 만나는 점을
각각 A , B 라 하고, 이 포물선과 만나는 점을 각각 C ,
D 라 하자. 사각형 ACDB의 넓이가 15일 때, 오각형
FDBAC의 둘레의 길이는? [4점]

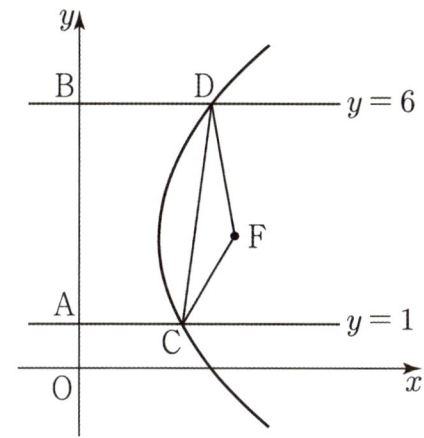

① 13 ② 15 ③ 17 ④ 19 ⑤ 21

74

두 원 $C_1 : (x-6)^2 + y^2 = 4$, $C_2 : x^2 + y^2 = 100$에 대하여 원 C_1에 외접하고 원 C_2에 내접하는 원 C가 있다. 두 원 C_1, C_2의 중심을 각각 A, B라 할 때, 원 C의 중심 P에 대하여 삼각형 ABP의 넓이의 최댓값은? [4점]

① $8\sqrt{2}$ ② $9\sqrt{2}$ ③ $8\sqrt{3}$ ④ $9\sqrt{3}$ ⑤ $10\sqrt{3}$

75

타원 $\dfrac{x^2}{3} + y^2 = 1$에 접하고 기울기가 $m\,(m>0)$인 두 접선을 l_1, l_2라 하고, 이 타원에 접하고 기울기가 $-m$인 두 접선을 l_3, l_4라 하자. 네 직선 l_1, l_2, l_3, l_4로 둘러싸인 사각형의 넓이가 13이 되도록 하는 실수 m의 최댓값은? [4점]

① $\dfrac{1}{4}$ ② $\dfrac{1}{2}$ ③ 2   ④ 4   ⑤ 6

76

좌표평면에서 타원 $\dfrac{x^2}{4}+y^2=1$ 과 직선 $y=x+a$ 의 두 교점을 A, B 이라 하자. 선분 OA 와 선분 OB 가 수직일 때, $a^2=\dfrac{q}{p}$ 이다. $p+q$ 의 값을 구하시오. (단, p, q 는 서로소인 자연수이다.) [4점]

77

두 원
$$C_1 : (x+1)^2+y^2=1, \ C_2 : (x-1)^2+y^2=25$$ 가 있다. 원 C_1 에 외접하고 원 C_2 에 내접하는 원의 중심을 $P(x, y)$ 라 할 때, 점 P 가 나타내는 도형의 방정식은 $\dfrac{x^2}{p}+\dfrac{y^2}{q}=1$ 이다. 이때, $p+q$ 의 값을 구하시오. (단, p, q 는 서로소인 자연수이다.) [4점]

78

그림과 같이 좌표평면 위에 점 C $(0,\ 2)$을 중심으로 하고 쌍곡선 $x^2 - y^2 = 1$ 에 접하는 원 C 가 있다. 이 쌍곡선의 한 초점 F 에서 원 C 에 그은 두 접선의 접점을 각각 T , T′ 이라 하자. 사각형 CTFT′의 넓이는? [4점]

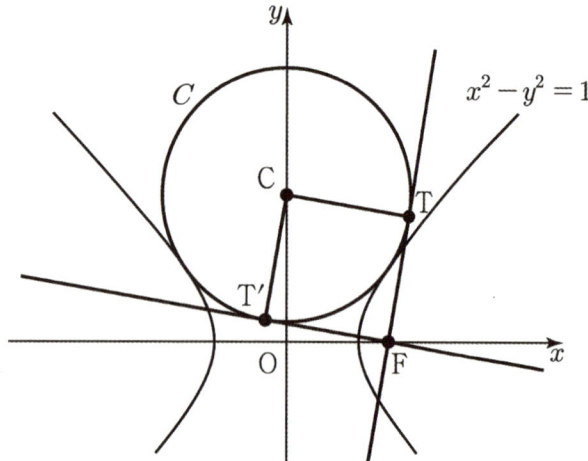

① 2   ② $\dfrac{5}{2}$ ③ 3   ④ $\dfrac{7}{2}$ ⑤ 4

79

그림과 같이 좌표평면 위에 중심이 C $(0,\ -2)$ 이고 반지름의 길이가 1인 원 C 와 타원 $\dfrac{x^2}{3} + y^2 = 1$ 이 있다. 타원 위를 움직이는 점 P 에 대하여 직선 PC와 원 C가 만나는 두 점을 Q , R 라 하자. 점 P 가 타원 위의 모든 점을 지날 때, 두 점 Q , R 가 각각 나타내는 도형의 길이의 합은? (단, Q 의 y좌표가 R 의 y좌표보다 크다.) [4점]

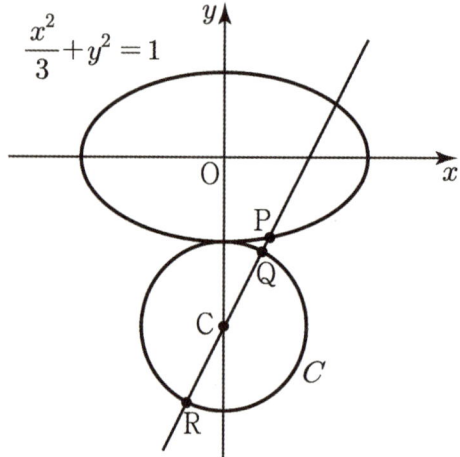

① $\dfrac{\pi}{2}$ ② $\dfrac{3}{4}\pi$ ③ π

④ $\dfrac{5}{4}\pi$ ⑤ $\dfrac{3}{2}\pi$

80

그림과 같이 포물선 $y^2 = 4x$의 초점 F를 지나는 직선이 포물선과 만나는 두 점을 각각 A, B 라 하자.
$\overline{AF} : \overline{BF} = 3 : 1$ 일 때, 선분 AB의 길이는? (단, 점 A의 x 좌표는 점 B의 x 좌표보다 크다.) [4점]

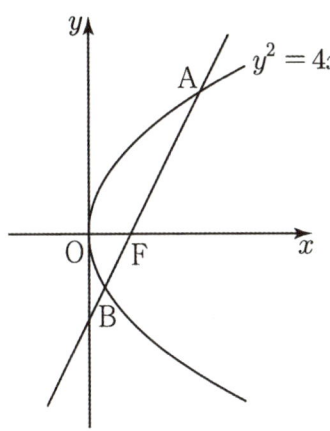

① 4   ② $\dfrac{14}{3}$ ③ 5

④ $\dfrac{16}{3}$ ⑤ 6

81

타원 $\dfrac{x^2}{a^2} + \dfrac{y^2}{b^2} = 1 \ (0 < b < a)$의 한 초점 F에서 이 타원 위의 점 P 를 연결한 선분과 점 P 에서의 접선이 이루는 각의 크기가 $\dfrac{\pi}{6}$이고, 원점 O 에서 접선까지의 거리가 4일 때, a의 값은? [4점]

① 6   ② 7   ③ 8   ④ 9   ⑤ 10

82

포물선 $y^2 = 4x$ 위의 제1사분면에 있는 점 P와 점 A$(1,\ 0)$을 잇는 선분 AP에 대하여 점 A를 지나고 선분 AP에 수직인 직선이 제4사분면에서 포물선 $y^2 = 4x$와 만나는 점을 Q라 하자. $\overline{AQ} = 2\overline{AP}$일 때, 선분 PQ의 길이는? (단, 점 P의 x좌표는 1보다 크다.) [4점]

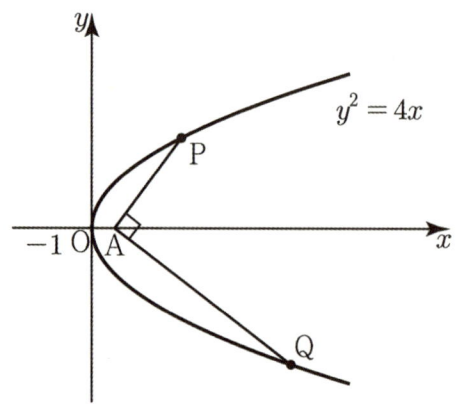

① $5\sqrt{2}$ ② $5\sqrt{3}$ ③ 20

④ $5\sqrt{5}$ ⑤ $5\sqrt{6}$

83

그림과 같이 포물선 $y^2 = 4px$ 위의 점 P에서의 접선의 기울기가 $\dfrac{\sqrt{3}}{3}$ 이다. 이 접선이 x축과 만나는 점을 Q, 포물선의 초점을 F라 하자. 삼각형 PQF의 넓이가 $9\sqrt{3}$ 일 때, p의 값은? (단, $p > 0$) [4점]

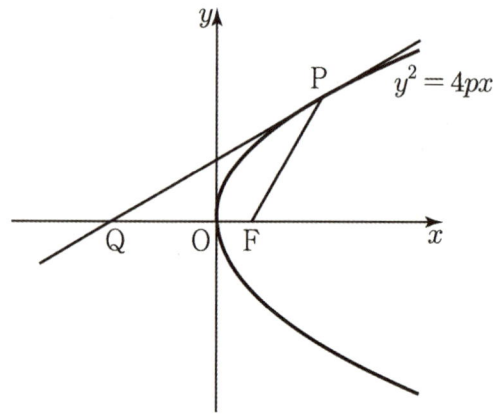

① 1   ② $\dfrac{3}{2}$ ③ 2   ④ $\dfrac{5}{2}$ ⑤ 3

84

두 초점이 F, F′인 타원 $\dfrac{x^2}{a^2}+\dfrac{y^2}{b^2}=1\ (a>b>0)$ 위의

점 중 제1사분면에 있는 점 A가 있다. 중심이

B$(0,\ -4)$이고 반지름의 길이가 5인 원 C가 두 직선

AF, AF′에 동시에 접할 때, 사각형 AFBF′의 넓이가

20이다. a의 값은? [4점]

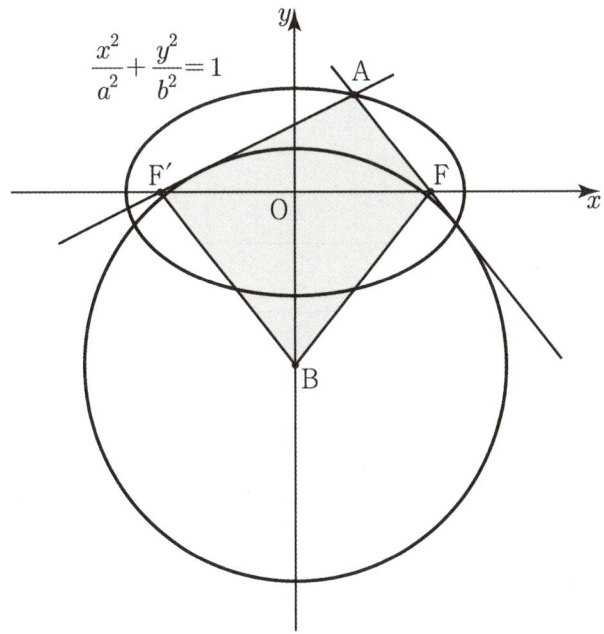

① $\dfrac{7}{2}$ ② $\dfrac{15}{4}$ ③ 4 ④ $\dfrac{17}{4}$ ⑤ $\dfrac{9}{2}$

85

그림과 같이 좌표평면에서 포물선 $y^2=4x$ 위를 움직이는
점 P가 있다. 포물선의 초점을 F라 할 때, 직선 FP가
포물선의 준선과 만나는 점을 Q라 하자.

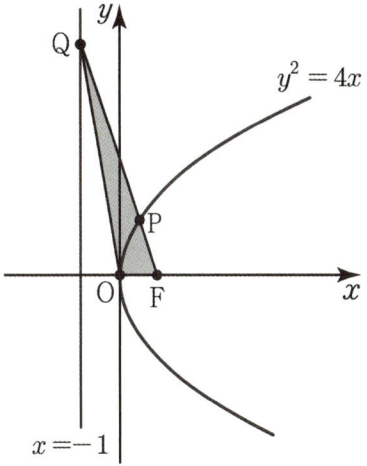

$\overline{\mathrm{FP}}:\overline{\mathrm{PQ}}=1:4$일 때, 삼각형 OFQ의 넓이는?
(단, 직선 FP의 기울기는 음수이다.) [4점]

① $\sqrt{13}$ ② $\sqrt{14}$ ③ $\sqrt{15}$ ④ 4 ⑤ $\sqrt{17}$

86

그림과 같이 한 변의 길이가 $2\sqrt{3}$ 인 정삼각형 ABC 의 무게중심을 G 라 하자. 점 G 를 꼭짓점으로 하고 점 A 를 초점으로 하는 포물선과 변 AB가 만나는 점을 D , 포물선과 변 AC가 만나는 점을 E 라 할 때, 삼각형 ADE의 무게중심을 G′라 하자. 선분 G′G 의 길이는? [4점]

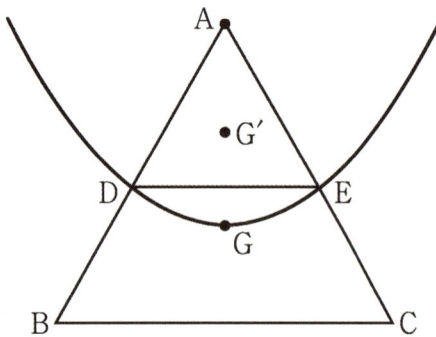

① $10 - \dfrac{14}{3}\sqrt{3}$ ② $10 - 5\sqrt{3}$ ③ $10 - \dfrac{16}{3}\sqrt{3}$

④ $10 - \dfrac{17}{3}\sqrt{3}$ ⑤ $10 - 6\sqrt{3}$

87

포물선 $y^2 = 4px\ (p > 0)$ 위의 점 A에서의 접선의 기울기가 $\dfrac{1}{2}$ 이다. 이 접선이 x축과 만나는 점을 B, 준선 $x = -p$와 만나는 점을 C 라 하자. 점 A에서 준선에 내린 수선의 발을 H라 하고 D $(-p, 0)$라 하자. 삼각형 CAH와 삼각형 CBD의 넓이를 각각 S와 T라 할 때, $\dfrac{S}{T}$의 값은? (단, 점 B의 x좌표는 $-p$보다 작다.) [4점]

① $\dfrac{5}{4}$ ② $\dfrac{4}{3}$ ③ $\dfrac{5}{3}$ ④ $\dfrac{16}{9}$ ⑤ $\dfrac{25}{9}$

랑데뷰
N 제

하루 중 90%는 겸손하게 10%는 자신있게...

평면벡터

출제유형 | 벡터의 정의와 연산을 이해하고 이를
평면도형에서 응용하는 문제가 출제된다.

출제유형잡기 | 벡터의 덧셈, 뺄셈, 실수배 등의 연산을
이해하고 도형의 정의와 성질을 이용하여 문제를
해결한다.

88

좌표평면에서 $\overline{AB} = \overline{AC} = 12$, $\overline{BC} = 8$인 삼각형
ABC의 변 위를 움직이는 점 P가 있고, 점 B를
중심으로 하고 반지름의 길이가 1인 원 위를 움직이는 점
Q가 있다. 두 점 P, Q와 실수 k ($k \leq 0$)에 대하여 점
X가 다음 조건을 만족시킨다.

(가) $\overrightarrow{BX} = \dfrac{1}{2}\overrightarrow{BP} + \overrightarrow{BQ}$

(나) $\overrightarrow{BX} - \dfrac{1}{2}\overrightarrow{BA} - \dfrac{1}{3}\overrightarrow{AC} = k\overrightarrow{BC}$

$|\overrightarrow{BX}|$의 최댓값을 M, 최솟값을 m이라 할 때,
$M^2 - m^2 = \dfrac{q}{p}$이다. $p + q$의 값을 구하시오. (단, p와
q는 서로소인 자연수이다.) [4점]

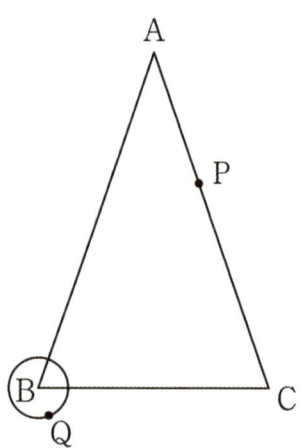

89

그림과 같이 길이가 4인 선분 AB를 지름으로 하는 반원의 중심을 O라 하자. 호 AB 위의 점 P에 대하여 $\overrightarrow{AB} + \overrightarrow{AP} = \overrightarrow{AQ}$, $|\overrightarrow{OQ}| = 3$인 점 Q를 잡는다. 삼각형 ABQ의 넓이는 $\frac{q}{p}\sqrt{15}$이다. $p+q$의 값을 구하시오. (단, p와 q는 서로소인 자연수이다.) [4점]

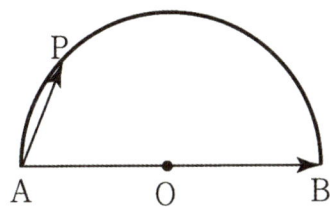

90

중심이 O인 원 위에 서로 다른 6개의 점 A_1, A_2, B_1, B_2, C_1, C_2가 있다. 세 선분 A_1A_2, B_1B_2, C_1C_2는 모두 이 원의 지름일 때, 다음 중 $\overrightarrow{A_1B_1} - \overrightarrow{C_1A_2} + \overrightarrow{B_2C_2}$와 같은 벡터는? [4점]

① $2\overrightarrow{OA_1}$ ② $2\overrightarrow{OB_1}$ ③ $2\overrightarrow{OC_1}$

④ $2\overrightarrow{OA_2}$ ⑤ $2\overrightarrow{OB_2}$

91

그림과 같이 마름모 $ABCD$에서 꼭짓점 D에서 변 BC의 연장선에 내린 수선의 발을 H, $\overline{DH}$ 위에 있는 점 E가 다음 조건을 만족시킨다.

(가) $\angle B = \dfrac{\pi}{3}$

(나) $\overrightarrow{BD} /\!/ \overrightarrow{CE}$, $|\overrightarrow{CH}| = \sqrt{3}$

삼각형 DCE의 넓이를 구하면? [4점]

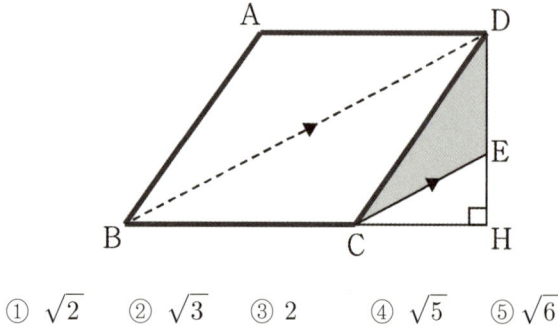

① $\sqrt{2}$　② $\sqrt{3}$　③ 2　④ $\sqrt{5}$　⑤ $\sqrt{6}$

92

좌표평면 위에 두 점 $A(1, 0)$, $B(0, 1)$이 있다. 중심각의 크기가 $\dfrac{\pi}{2}$인 부채꼴 OAB의 호 AB 위를 움직이는 점 X와 함수 $y = (x-1)^2 + 2$ $(1 \le x \le 2)$의 그래프 위를 움직이는 점 Y에 대하여 $\overrightarrow{OP} = \overrightarrow{OY} - \overrightarrow{OX}$를 만족시키는 점 P가 나타내는 영역을 R라 하자. 영역 R에 포함되는 점 (x, y)에 대하여 $x + 2y$의 최댓값을 M, 최솟값을 m이라 할 때, $M + m$의 값은? (단, O는 원점이다.) [4점]

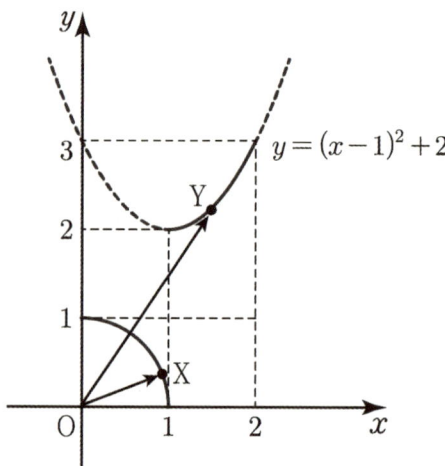

① $8 - \sqrt{5}$　② $10 - \sqrt{5}$　③ $12 - \sqrt{5}$

④ $12 + \sqrt{5}$　⑤ $12 + 2\sqrt{5}$

93

평면에서 그림과 같이 한 변의 길이가 4인 정사각형 ABCD의 한 꼭짓점 D를 중심으로 하고 반지름의 길이가 1인 원이 대각선 BD와 만나는 점을 P라 하자. $\overrightarrow{DP} = \vec{p}$, $\overrightarrow{BA} = \vec{a}$라 할 때, 점 Q가 $\vec{a} - 2\vec{p} = \overrightarrow{BQ}$를 만족시킨다. 선분 BQ가 변 AD와 만나는 점을 R이라 할 때, 정수 a, b, c에 대하여 선분 AR의 길이는 $\dfrac{a + b\sqrt{2}}{c}$이다. $a + b + c$의 값을 구하시오. [4점]

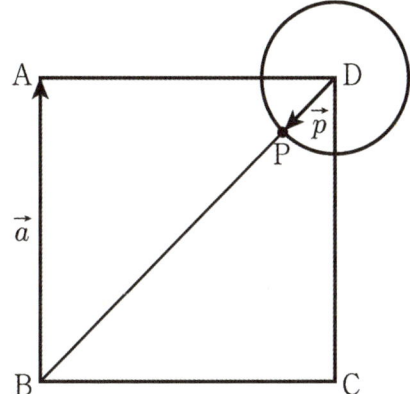

출제유형 | 평면에서 벡터를 이용하여 표현된 식을 선분의 내분점과 외분점의 위치벡터로 해석하는 문제가 출제된다.

출제유형잡기 | 문제에서 주어진 벡터를 선분의 내분점, 외분점의 위치벡터로 나타내고 해석한 후, 평면도형의 정의와 성질을 이용하여 문제를 해결한다.

94

$\overline{AB}=6$, $\overline{AD}=3$인 직사각형 $ABCD$의 내부의 한 점 P가

$$\left(2\overrightarrow{AP}+\overrightarrow{BP}\right)\cdot\overrightarrow{BP}=\left(\overrightarrow{AP}+2\overrightarrow{BP}\right)\cdot\overrightarrow{AP}=15$$

을 만족시킬 때, 점 P와 선분 AB 사이의 거리는 d이다. d^2의 값을 구하시오. [4점]

95

그림과 같이 삼각형 ABC에서 $\overline{AB}=4$, $\overline{AC}=3$이고 변 AB를 $3:1$로 내분하는 점을 D, 변 AC를 $1:2$로 내분하는 점을 E라 하자. $\angle CAB$의 이등분선이 변 CD와 만나는 점을 I, 직선 EI가 변 BC와 만나는 점을 F라 할 때, $\overrightarrow{EF}=p\overrightarrow{AB}+q\overrightarrow{AC}$를 만족시키는 두 실수 p, q에 대하여 $p+q$의 값은? [4점]

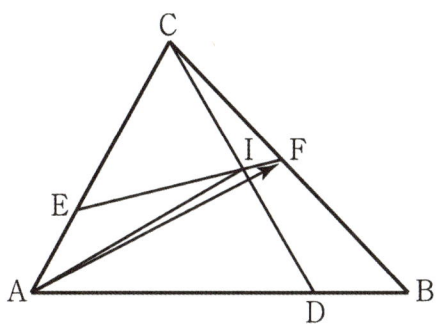

① $\dfrac{20}{39}$ ② $\dfrac{22}{39}$ ③ $\dfrac{8}{13}$ ④ $\dfrac{26}{39}$ ⑤ $\dfrac{28}{39}$

96

평면 위에 $\overline{AB}=\overline{AC}=5$, $\overline{BC}=8$인 이등변삼각형 ABC의 내심 I에 대하여 $\overrightarrow{ID}=\dfrac{5}{4}\overrightarrow{IB}-\dfrac{1}{4}\overrightarrow{IC}$를 만족하는 점을 D라 하자. 선분 CD 위의 점 P에 대하여 $|5\overrightarrow{PA}+\overrightarrow{PD}|$의 값이 최소가 되도록 하는 점 P를 Q라 하자. $|\overrightarrow{AI}|:|\overrightarrow{IR}|=5:4$를 만족시키는 점 R에 대하여 $\overrightarrow{AQ}\cdot\overrightarrow{AR}$의 최댓값이 $p+q\sqrt{10}$일 때, $(p+4)q$의 값을 구하시오. (단, p, q는 유리수이다.) [4점]

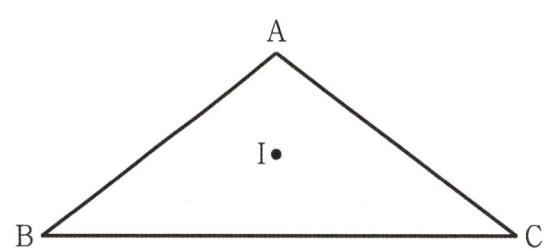

97

$\overline{AB} = \overline{AC} = 12$인 이등변삼각형 ABC에서 선분 AB를
1 : 3으로 내분하는 점을 D라 하고 선분 AC를 1 : 2
와 2 : 1 로 내분하는 점을 각각 E, F라 하자.
$|\overrightarrow{DE} + \overrightarrow{DF}| = 2\sqrt{3}$일 때, $\overrightarrow{AB} \cdot \overrightarrow{AC}$의 값을
구하시오. [4점]

98

그림과 같이 $\angle B = \dfrac{\pi}{2}$이고, $\overline{AB} = 5$, $\overline{BC} = 12$인
직각삼각형 ABC가 있다. 변 $\overline{AC}$ 위의 점 P에 대하여
벡터 $\overrightarrow{BA} + \overrightarrow{BP}$의 크기가 최소일 때. 선분 PC의
길이는? [4점]

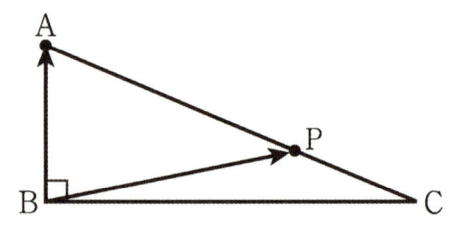

① $\dfrac{113}{13}$ ② $\dfrac{115}{13}$ ③ 9   ④ $\dfrac{119}{13}$ ⑤ $\dfrac{121}{13}$

99

다음 물음에 답하시오.

(1)

초점이 F, F′인 타원 $\dfrac{x^2}{16}+\dfrac{y^2}{9}=1$ 위의 제1사분면에 있는 점 A를 중심으로 하고 x축, y축에 동시에 접하는 원 O가 있다. 이 원 O 위를 움직이는 점 P에 대하여 $\left|\overrightarrow{F'P}+\overrightarrow{FP}\right|$의 최댓값을 M, 최솟값을 m이라 하면 $Mm=\dfrac{q}{p}$이다. 이때 $p+q$의 값을 구하시오.

(단, p, q는 서로소인 자연수이다.) [4점]

(2)

좌표평면에서 점 $A(1,\ -1)$과 원 $(x-2)^2+(y-2)^2=4$ 위의 점 P에 대하여 $\left|\overrightarrow{OP}+2\overrightarrow{OA}\right|$의 최댓값과 최솟값의 합은? (단, O는 원점이다.) [4점]

① 6   ② 8   ③ 10   ④ 12   ⑤ 14

100

그림과 같이 평행사변형 ABCD에서 $5\overrightarrow{BE}=3\overrightarrow{BD}$인 점을 E, $5\overrightarrow{CF}=4\overrightarrow{CD}$인 점을 F라 하자. 직선 AE와 선분 BF가 만나는 점을 G라 할 때, $\overrightarrow{AG}=t\,\overrightarrow{AF}+(1-t)\overrightarrow{AB}$이다. 상수 t의 값은? [4점]

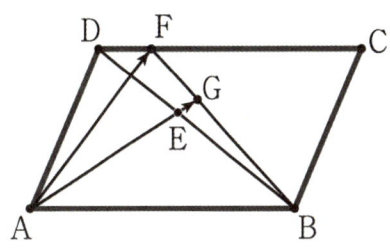

① $\dfrac{4}{5}$ ② $\dfrac{2}{3}$ ③ $\dfrac{11}{15}$ ④ $\dfrac{15}{22}$ ⑤ $\dfrac{17}{27}$

101

그림과 같이 평행사변형 $ABCD$에서 선분 AC 위의 점 E와 선분 AB 위의 점 F에 대하여
$\overline{AE}:\overline{EC}=\overline{AF}:\overline{FB}$이고 $4\overrightarrow{EA}+3\overrightarrow{EB}-7\overrightarrow{EF}=\vec{0}$이 성립한다. 직선 DE와 선분 CF가 만나는 점을 G라 할 때, $\overrightarrow{DG}=t\overrightarrow{DF}+(1-t)\overrightarrow{DC}$이다. 상수 t의 값은? [4점]

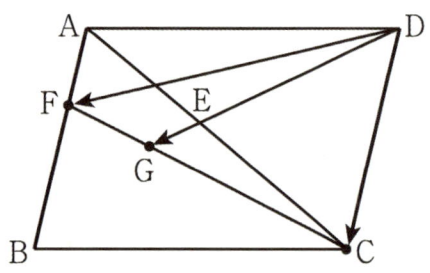

① $\dfrac{27}{37}$ ② $\dfrac{28}{37}$ ③ $\dfrac{29}{37}$ ④ $\dfrac{30}{37}$ ⑤ $\dfrac{31}{37}$

102

그림과 같이 $\overline{AB}=2$, $\overline{AC}=\dfrac{5}{2}$, $\overline{BC}=3$인 삼각형 ABC가 있다. 점 B에서 선분 AC에 내린 수선의 발을 P, 점 C에서 선분 AB에 내린 수선의 발을 Q라 하고 두 선분 BP와 CQ가 만나는 점을 R라 하자.
$\overrightarrow{AR}=m\overrightarrow{AB}+n\overrightarrow{AC}$일 때, $35(m+n)$의 값을 구하시오. (단, m, n은 상수이다.) [4점]

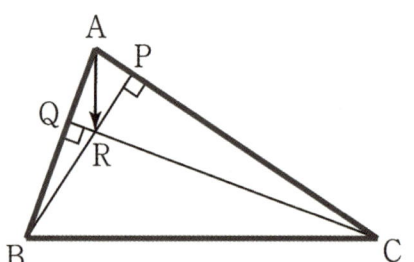

103

좌표평면 위에 두 점 $A(4, 0)$, $B(0, 4)$과 직선 $y = 2$ 위의 점 $P(a, 2)$가 있다. 점 Q가 중심각의 크기가 $\dfrac{\pi}{2}$인 부채꼴 OAB의 호 AB 위를 움직일 때 $|\overrightarrow{OP} + \overrightarrow{OQ}|$의 최댓값을 $f(a)$라 하자. $f(a) = 10$이 되도록 하는 모든 실수 a의 값의 곱은? [4점]

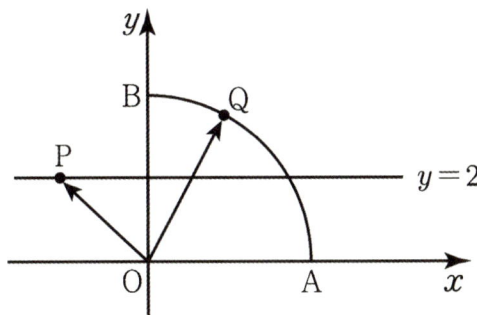

① $-32\sqrt{2}$ ② $-28\sqrt{2}$ ③ $-24\sqrt{2}$

④ $-20\sqrt{2}$ ⑤ $-16\sqrt{2}$

출제유형 | 성분으로 나타낸 평면벡터의 연산을 이용하는 문제가 출제된다.

출제유형잡기 | 평면벡터와 좌표의 대응을 이해하고 두 벡터의 덧셈, 뺄셈, 실수배 등의 연산을 벡터의 성분을 이용하여 해결한다.

104

x축 위의 점 $A(a, 0)$와 제1사분면에 있는 점 B에 대하여 점 P가

$$|\overrightarrow{PA} + \overrightarrow{PB}| = 4$$

을 만족시킨다. 삼각형 OAB는 정삼각형일 때, $\overrightarrow{OB} \cdot \overrightarrow{OP}$ 의 값이 최대가 되도록 하는 점 P를 Q라 하자. 선분 AB의 중점을 M이라 할 때, $\overrightarrow{OA} \cdot \overrightarrow{MQ} = 4$이다. a의 값을 구하시오. (단, $a > 0$이고 O는 원점이다.) [4점]

105

좌표평면 위의 두 점 $A(1, 2)$, $B(3, 6)$에 대하여 벡터 $\overrightarrow{AB}$와 방향이 같고 크기가 1이고 시점이 원점인 벡터의 모든 성분의 곱은? [4점]

① $\dfrac{1}{10}$ ② $\dfrac{1}{5}$ ③ $\dfrac{3}{10}$ ④ $\dfrac{2}{5}$ ⑤ $\dfrac{1}{2}$

106

원 C가 $(x-3)^2 + (y-3)^2 = 9$이고, 원 C 위의 점 P와 직선 $x = m$ 위의 점 Q, 직선 $y = n$ 위의 점 R에 대하여 다음 조건이 성립하도록 하는 정수 m, n의 순서쌍 (m, n)의 개수는? [4점]

(가)	$\left| \overrightarrow{OP} + \overrightarrow{OQ} \right| = 0$
(나)	$\left| \overrightarrow{OP} + \overrightarrow{OR} \right| = 0$

① 3 ② 4 ③ 5 ④ 6 ⑤ 7

출제유형 | 평면벡터의 크기와 두 벡터가 이루는 각의 크기를 이용하여 두 벡터의 내적을 구하는 문제가 출제된다.

출제유형잡기 | 두 평면벡터의 크기와 두 평면벡터가 이루는 각의 크기를 이용하여 문제를 해결한다.

107

그림과 같이 $\overline{AB}=4$, $\overline{BC}=2$인 직각삼각형 ABC와 선분 AB를 지름으로 하는 원이 있다. 점 P는 원 위를 움직이고, 점 Q는 선분 AC 위를 움직인다. $\overrightarrow{AC} \cdot \overrightarrow{PQ}$의 값이 최소가 되도록 하는 점 P, Q를 순서대로 X, Y라고 할 때, $|\overrightarrow{XY}|^2 = p + q\sqrt{5}$이다. 이때, $p+5q$의 값을 구하시오. (단, p와 q는 유리수이다.) [4점]

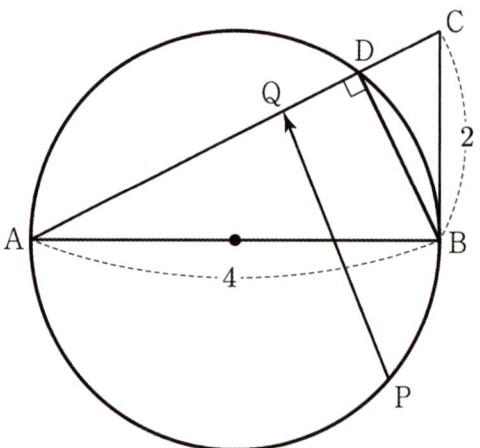

108

그림과 같이 한 변의 길이가 2인 정삼각형 ABC와 반지름이 $\sqrt{3}$이고 변 BC의 중점 M에 접한 원이 있다. 원 위의 점 P에 대하여 $\overrightarrow{AB} \cdot \overrightarrow{AP}$의 최댓값을 M, 최솟값을 m이라 하자. $M \times m$의 값을 구하시오. [4점]

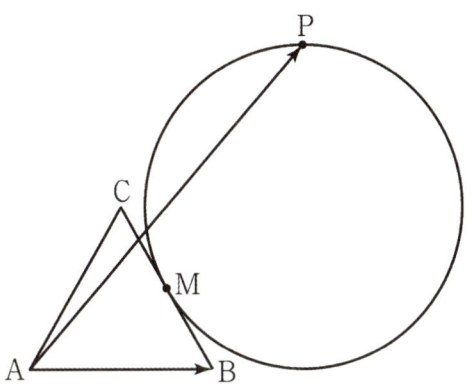

109

다음 그림과 같이 한 변의 길이가 2인 정사각형 ABCD의 두 대각선의 교점을 M이라 하자. 두 삼각형 ABM, CDM의 무게중심을 각각 G_1, G_2라 할 때, $\overrightarrow{AG_2} \cdot \overrightarrow{BG_1}$의 값은? [4점]

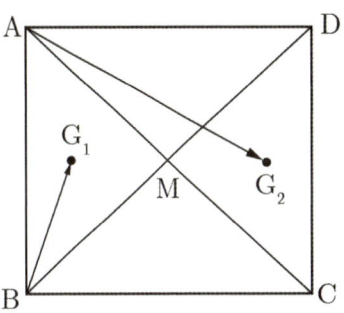

① $-\dfrac{5}{9}$ ② $-\dfrac{4}{9}$ ③ $-\dfrac{1}{3}$ ④ $-\dfrac{2}{9}$ ⑤ $-\dfrac{1}{9}$

110

$\overline{AB} = 12$, $\overline{BC} = 8$인 직사각형 ABCD에 대하여 선분 AB, 선분 AD, 선분 BD의 중점을 각각 E, F, G라 하고, 선분 CD를 2:1로 내분하는 점을 H라 하자. 선분 CH를 지름으로 하는 원 위의 점 P에 대하여 $\overrightarrow{EF} \cdot \overrightarrow{GP}$의 최댓값은 $p + q\sqrt{13}$이다. $p + q$의 값을 구하시오. (단, p와 q는 유리수이다.) [4점]

111

중심이 O이고, 반지름의 길이가 1인 원 위에 세 점 A, B, C가 있다. $\overrightarrow{OA} = \vec{a}$, $\overrightarrow{OB} = \vec{b}$, $\overrightarrow{OC} = \vec{c}$라 할 때, $\vec{a} \cdot \vec{b} = 1$, $|\vec{a} + \vec{b} + \vec{c}| = \sqrt{3}$이면 $|\vec{a} + \vec{c}|$의 값은? [4점]

① $\dfrac{\sqrt{3}}{2}$ ② $\dfrac{\sqrt{2}}{2}$ ③ 1   ④ $\sqrt{2}$ ⑤ $\sqrt{3}$

112

그림과 같이 $\overline{OA}=\overline{AB}=1$이고 $\angle OAB=90°$인 직각삼각형 OAB의 꼭짓점 B에서 $\angle AOB$의 이등분선에 내린 수선의 발을 H라 하자. $\overrightarrow{AH}=m\overrightarrow{OA}+n\overrightarrow{OB}$일 때, $m+n$의 값은? [4점]

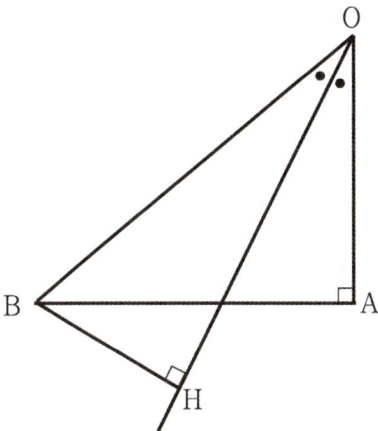

① $\dfrac{\sqrt{2}-1}{2}$ 　② $\dfrac{\sqrt{2}+1}{2}$ 　③ $2-\sqrt{2}$

④ $\dfrac{\sqrt{2}}{2}+1$ 　⑤ $2+\sqrt{2}$

113

두 벡터 $\vec{a}$, $\vec{b}$에 대하여 $|\vec{a}|=4$, $|\vec{b}|=\sqrt{5}$이고 $3\vec{a}+4\vec{b}$와 $\vec{a}-2\vec{b}$가 서로 수직일 때, 내적 $\vec{a}\cdot\vec{b}$의 값을 구하시오. [4점]

114

두 벡터 $\vec{a}$, $\vec{b}$에 대하여 $|\vec{a}| = 5$, $|\vec{b}| = 3$, $|\vec{a} - \vec{b}| = 2$일 때, $\vec{a} \cdot \vec{b}$의 값은? [4점]

① 12   ② 15   ③ 18   ④ 21   ⑤ 24

115

두 벡터 $\vec{a}$와 $\vec{b}$에 대하여 $|\vec{a}| = |\vec{b}| \neq 0$이고

$|\vec{a} + \vec{b}| - |\vec{a} - \vec{b}| = \sqrt{3}\,|\vec{a}|$이 성립할 때, 두 벡터 $\vec{a}$와 $\vec{b}$가 이루는 각의 크기 θ에 대하여 $\sin^2\theta$의 값은?

$\left(\text{단, } 0 < \theta < \dfrac{\pi}{2}\right)$ [4점]

① $\dfrac{1}{4}$ ② $\dfrac{1}{8}$ ③ $\dfrac{7}{8}$ ④ $\dfrac{1}{16}$ ⑤ $\dfrac{15}{16}$

116

좌표평면에서 두 점 $A(0, 6)$, $B(8, 0)$에 대하여

$$|\overrightarrow{PA} + \overrightarrow{PB}| = 2, \quad |\overrightarrow{QA} + \overrightarrow{QB}| = 6$$

를 만족시키는 점 P와 Q가 있다. 원점 O와 네 점 A, B, P, Q에 대하여 $\overrightarrow{OA} \cdot \overrightarrow{PQ} = \overrightarrow{OB} \cdot \overrightarrow{PQ}$가 성립할 때, $|\overrightarrow{PQ}|$의 최댓값을 구하시오. [4점]

출제유형 | 성분으로 나타낸 평면벡터의 내적을 구하는 문제가 출제된다.

출제유형잡기 | 성분으로 나타낸 두 평면벡터의 내적을 구하는 방법을 이용하여 문제를 해결한다.

117

좌표평면 위의 정사각형 ABCD는 다음 조건을 만족시킨다.

> (가) $\overrightarrow{OA} + \overrightarrow{OC} = (6,\ 2)$, $\overrightarrow{OA} - \overrightarrow{OB} = (-4,\ 4)$
> (나) 선분 BC의 중점은 M, 선분 CD의 중점은 N이다.
> (다) 점 A의 y좌표는 점 D의 y좌표보다 작다.

$\left| \overrightarrow{OM} + \overrightarrow{ON} \right|^2$의 값을 구하시오. (단, O는 원점이다.)
[4점]

118

$\angle\mathrm{CAB}=90°$, $\overline{\mathrm{AB}}=8$, $\overline{\mathrm{AC}}=6$인 삼각형 ABC 가 있다. 삼각형 ABC 의 내접원 위의 점 P 에 대하여 $\overrightarrow{\mathrm{PA}}\cdot(\overrightarrow{\mathrm{PB}}+\overrightarrow{\mathrm{PC}})$ 의 최댓값과 최솟값을 각각 M, m 이라 할 때, $M-m$ 의 값을 구하시오. [4점]

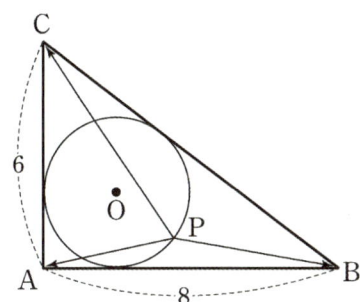

119

좌표평면 위의 두 점 $\mathrm{A}(1,0)$, $\mathrm{B}(-1,0)$에 대하여 점 P 가 곡선 $y=\dfrac{k}{x}$ 위를 움직일 때, $\left|\overrightarrow{\mathrm{AP}}+\overrightarrow{\mathrm{BP}}\right|$의 최솟값이 $2\sqrt{6}$ 이라고 한다. $\left|\overrightarrow{\mathrm{AP}}+\overrightarrow{\mathrm{BP}}\right|$ 가 최소일 때의 점 P 의 좌표가 (a,b)일 때, a^2+b^2의 값은? (단, $k>0$) [4점]

① $\dfrac{1}{4}$ ② $\dfrac{1}{2}$ ③ 2   ④ 4   ⑤ 6

출제유형 | 주어진 도형의 기하학적 성질과 관련하여 평면벡터의 내적의 최댓값 또는 최솟값을 구하는 문제가 출제된다.

출제유형잡기 | 다음의 성질을 이용하여 문제를 해결한다.

(1) 세 벡터 $\vec{a}$, $\vec{b}$, $\vec{c}$에 대하여
$$\vec{a} \cdot (\vec{b}+\vec{c}) = \vec{a} \cdot \vec{b} + \vec{a} \cdot \vec{c}$$

(2) 그림에서 $\overrightarrow{AB} \cdot \overrightarrow{AC} = |\overrightarrow{AC}|^2$
$$\overrightarrow{BA} \cdot \overrightarrow{BC} = |\overrightarrow{BC}|^2$$

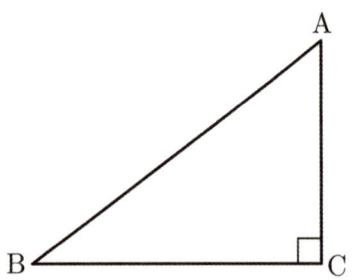

120

세 원 $C_1 : (x+1)^2 + y^2 = 1$, $C_2 : x^2 + y^2 = 1$, $C_3 : (x-1)^2 + y^2 = 1$의 각 중심을 O_1, O_2, O_3라 하자. 원 C_1과 원 C_2의 두 교점을 A, B라 하고 원 C_2와 원 C_3의 두 교점을 C, D라 할 때, 호 AO_2B 위의 점 P와 호 CO_2D 위의 점 Q에 대하여 두 벡터 $\overrightarrow{O_1P}$, $\overrightarrow{O_3Q}$의 내적 $\overrightarrow{O_1P} \cdot \overrightarrow{O_3Q}$의 최댓값을 M이라 하자. $100M$의 값을 구하시오. [4점]

121

평면 위에 한 변의 길이가 4인 정삼각형 ABC와 선분 AC를 지름으로 하는 원 O가 있다. 점 X가 선분 BC 위를 움직이고, 점 Y가 원 O 위를 움직일 때, 두 벡터 $\overrightarrow{AX}$, $\overrightarrow{CY}$ 의 내적 $\overrightarrow{AX} \cdot \overrightarrow{CY}$ 의 값이 최대가 되도록 하는 점 X를 P라 하고 점 Y를 Q라 하자. 정해진 점 P와 점 Q에 대하여 삼각형 APQ의 넓이를 S라 할 때, $15S^2$ 의 값을 구하시오. [4점]

122

한 원 위에 있는 서로 다른 네 점 A, B, C, D가 다음 조건을 만족시킬 때, $\left|\overrightarrow{BD}\right|$ 의 값은? [4점]

(가) $\left|\overrightarrow{AB}\right| = 6$, $\overrightarrow{AC} \cdot \overrightarrow{BC} = 0$
(나) $2\overrightarrow{AD} - \overrightarrow{AB} + 6\overrightarrow{BC} = \vec{0}$

① $\sqrt{15}$ ② 4 ③ $\sqrt{17}$ ④ $3\sqrt{2}$ ⑤ $\sqrt{19}$

123

한 평면 위에 있는 서로 다른 네 점 A, B, C, D와 선분 AB의 중점 M이 다음 조건을 만족시킨다.

(가) $|\overrightarrow{AB}| = 6$
(나) $\overrightarrow{AB} \cdot \overrightarrow{CM} = \overrightarrow{AD} \cdot \overrightarrow{BD} = 0$
(다) $\overrightarrow{MC} = \overrightarrow{BM} - 2\overrightarrow{BD}$

$|\overrightarrow{CD}|^2$의 값을 구하시오. [4점]

124

그림과 같이 $\overrightarrow{AB} = 2$, $\overrightarrow{AC} = 3$인 삼각형 ABC에서 선분 AC의 중점을 M이라 하자. $\overrightarrow{BP} = k\overrightarrow{BM}$ $(k > 1)$인 점 P에 대하여 $\overrightarrow{AP} = -\overrightarrow{AB} + m\overrightarrow{AC}$ 가 성립한다. $|\overrightarrow{AP}| = \sqrt{3}$일 때, $\overrightarrow{AB} \cdot \overrightarrow{AC}$의 값은? [4점]

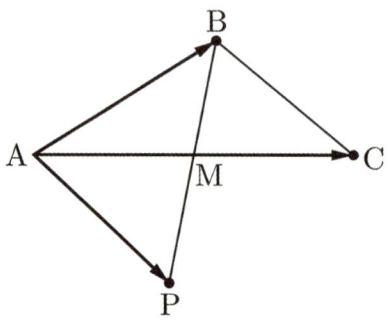

① 3 ② $\dfrac{13}{4}$ ③ $\dfrac{7}{2}$ ④ $\dfrac{17}{4}$ ⑤ 5

125

좌표평면에서 서로 수직인 두 벡터 $\vec{a}$, $\vec{b}$와 곡선 C위의 점 P (x, y)는 다음 조건을 만족시킨다.

(가) $|\vec{a}| = 1$, $|\vec{b}| = 2$
(나) $|x\vec{a} + y\vec{b}| = 2$

점 A $(1, 2)$와 곡선 C 위의 점 P (x, y)에 대하여 $\overrightarrow{OA} \cdot \overrightarrow{OP}$의 최댓값을 M, 최솟값을 m이라 할 때, $M^2 + m^2$의 값을 구하시오. [4점]

126

그림과 같이 중심이 $(1, 1)$이고 반지름의 길이가 1인 원 위에 점 P가 있다. 점 Q의 좌표는 $(-1, 0)$이다. $|\overrightarrow{OP} + \overrightarrow{OQ}|$의 최댓값은? [4점]

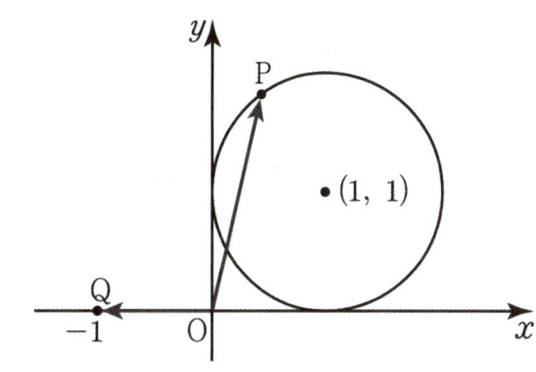

① 1   ② $\sqrt{2}$ ③ $\sqrt{3}$ ④ 2   ⑤ $\sqrt{5}$

127

좌표평면에서 원점 O가 중심이고 반지름의 길이가 1인 원 위의 세 점 A_1, A_2, A_3에 대하여

$$|\overrightarrow{OX}| \leq 1 \text{이고 } \overrightarrow{OX} \cdot \overrightarrow{OA_k} \geq 0 \ (k = 1, 2, 3)$$

을 만족시키는 모든 점 X의 집합이 나타내는 도형을 D라 하자. $\overrightarrow{OA_1} \cdot \overrightarrow{OA_2} = 0$, $\overrightarrow{OA_3} /\!/ \overrightarrow{A_1A_2}$일 때, D의 넓이는? [4점]

① $\dfrac{\pi}{12}$　　② $\dfrac{\pi}{8}$　　③ $\dfrac{\pi}{4}$　　④ $\dfrac{\pi}{3}$　　⑤ $\dfrac{\pi}{2}$

128

그림과 같이 한 변의 길이가 2인 정사각형 $ABCD$에서 두 변 BC, CD의 중점을 각각 P, Q이라 하고 $\overrightarrow{AP} = \vec{p}$, $\overrightarrow{AQ} = \vec{q}$라 하자. 한 점 X에 대하여 $\overrightarrow{AX} = \vec{x}$라 할 때, $\vec{p} \cdot \vec{x} = 3$, $\vec{q} \cdot \vec{x} = 3$을 만족시킨다. $\vec{x}$의 크기는? [4점]

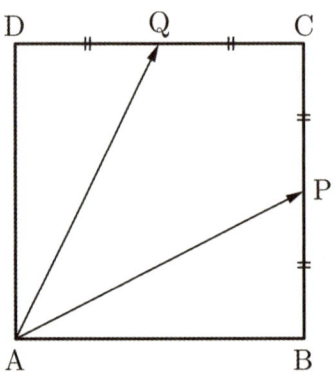

① 1　　② $\sqrt{2}$　　③ $\sqrt{3}$　　④ 2　　⑤ $2\sqrt{2}$

129

한 평면에서 $\overline{AB}=4$, $\overline{BC}=3$, $\overline{AC}=5$를 만족시키는 세 점 A, B, C에 대하여 $\overrightarrow{AB}=\vec{p}$, $\overrightarrow{AC}=\vec{q}$라 하자. 두 자연수 a, b에 대하여 두 벡터 $\overrightarrow{AP}=\dfrac{11}{6}\vec{p}-\dfrac{4}{3}\vec{q}$, $\overrightarrow{AQ}=a\vec{p}+b\vec{q}$가 다음 조건을 만족시킨다.

> (가) $\overrightarrow{AP}$와 $\overrightarrow{AQ}$는 서로 수직이다.
> (나) $\left|\overrightarrow{AQ}\right| \leq 18\sqrt{5}$

$a+b$의 최댓값은? [4점]

① 3   ② 6   ③ 9   ④ 12   ⑤ 15

130

다음 그림과 같이 $\overline{AB}=\sqrt{3}$, $\overline{AD}=3$인 직사각형 ABCD의 네 꼭짓점에 대하여 점 P가 다음 조건을 만족시킨다.

$$\left|\overrightarrow{DP}\right|=\sqrt{3}, \quad \overrightarrow{DA} \cdot \overrightarrow{DP} \geq \dfrac{3\sqrt{3}}{2}$$

이때, $\overrightarrow{AC} \cdot \overrightarrow{BP}$의 최댓값을 M, 최솟값을 m이라 하자. $M+m$의 값을 구하시오. [4점]

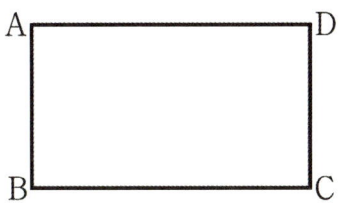

131

좌표평면 위의 점 $A(3\sqrt{3}, 8)$와 타원 $x^2 + 4y^2 = 1$ 위를 움직이는 점 P가 있다. $\overrightarrow{XA} = \dfrac{4}{|\overrightarrow{OP}|}\overrightarrow{OP}$를 만족하는 점 X가 나타내는 도형과 직선 $\sqrt{3}x + y + k = 0$이 접할 때, 상수 k의 값은? (단, O는 원점이고 점 P는 제1사분면 위의 점이다.) [4점]

① -25　② -16　③ -9　④ 9　⑤ 16

132

다음 그림과 같이 반지름의 길이가 1인 원과 한 변의 길이가 2인 정삼각형이 접하고 있다. 원 위의 점 P와 $\overline{BC}$ 위의 점 Q에 대하여 $\overrightarrow{AP} \cdot \overrightarrow{AQ}$의 최댓값은? [4점]

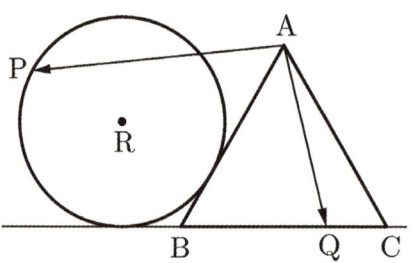

① $8 - 6\sqrt{3}$　② $7 - 6\sqrt{3}$　③ $6 - \dfrac{2}{3}\sqrt{3}$

④ $9 - \dfrac{2}{3}\sqrt{3}$　⑤ $11 - \dfrac{8}{3}\sqrt{3}$

출제유형 | 좌표평면에서 매개변수 또는 벡터로 나타낸 직선의 방정식을 구하거나 방향벡터를 이용하여 두 직선이 이루는 각의 크기를 구하는 문제가 출제된다. 또한 좌표평면에서 벡터로 나타낸 원의 방정식을 구하는 문제가 출제된다.

출제유형잡기 |

(1) 좌표평면에서 두 직선이 이루는 각의 크기를 구하거나 두 직선이 서로 수직일 조건은 직선의 방향벡터를 이용하여 문제를 해결한다.

(2) 좌표평면에서 벡터로 나타낸 원의 방정식을 구하는 방법을 이용하여 문제를 해결한다.

133

점 $A(1,1)$, $B(5,1)$, $C(1,8)$, $P(x,y)$, $Q(r,s)$의 위치벡터를 각각 $\vec{a}$, $\vec{b}$, $\vec{c}$, $\vec{p}$, $\vec{q}$라고 하면 $(\vec{p}-\vec{a}) \cdot (\vec{p}-\vec{b})=0$, $|\vec{q}-\vec{c}|=1$이다. $|2\vec{p}-\vec{q}|$의 최댓값과 최솟값의 합은? [4점]

① $2\sqrt{60}$ ② $2\sqrt{61}$ ③ $2\sqrt{62}$
④ $6\sqrt{7}$ ⑤ 16

134

좌표평면에서 점 $A(2, 3)$과 벡터 $\vec{d} = (1, 2)$에 대하여 $\overrightarrow{OP} = \overrightarrow{OA} + t\vec{d}$ (t는 실수) 를 만족시키는 점 P가 나타내는 도형과 x축 및 y축으로 둘러싸인 부분의 넓이는? (단, O는 원점이다.) [4점]

① 1 ② $\dfrac{1}{2}$ ③ $\dfrac{1}{3}$ ④ $\dfrac{1}{4}$ ⑤ $\dfrac{1}{6}$

135

좌표평면에서 점 O를 중심으로 하고 반지름의 길이가 r $(r > 0)$인 원 위의 점 A에서의 접선을 l, 원점을 지나고 방향벡터가 $(\sqrt{3}, 1)$인 직선을 m이라 하고, 두 직선 l, m이 이루는 예각의 크기를 θ라 하고 직선 OA가 x축의 양의 방향과 이루는 각의 크기를 α라 하자.

$\cos\theta = \dfrac{2\sqrt{6}}{7}$ 일 때, $\sin\left(\dfrac{\pi}{3} + \alpha\right)$의 값은?

(단, O는 원점이고, 점 A는 제1사분면 위의 점이다.) [4점]

① $\dfrac{2\sqrt{6}}{7}$ ② $\dfrac{5}{7}$ ③ $\dfrac{\sqrt{26}}{7}$ ④ $\dfrac{3}{5}$ ⑤ $\dfrac{4}{5}$

136

좌표평면에서 점 $A\left(-1, \dfrac{1}{2}\right)$을 지나고 방향벡터가

$\vec{u} = (a, 1)$인 직선을 l이라 하고, 직선 l위의 점 P 에서 x축에 내린 수선의 발을 Q, y축에 내린 수선의 발을 R 라 하자. 직선 l과 직선 QR가 서로 수직이고 두 벡터 $\overrightarrow{\mathrm{OP}}$와 $\overrightarrow{\mathrm{OA}}$가 서로 수직일 때, 벡터 $\overrightarrow{\mathrm{OP}}$ 의 크기는? (단, $a > 1$이고 O 는 원점이다.) [4점]

① $\dfrac{\sqrt{5}}{3}$　　　② $\dfrac{\sqrt{5}}{2}$　　　③ $\dfrac{2\sqrt{5}}{3}$

④ $\dfrac{5\sqrt{5}}{6}$　　　⑤ $\sqrt{5}$

137

그림과 같이 $\overline{\mathrm{OA}}=3$, $\overline{\mathrm{AB}}=4$이고 $\angle\mathrm{OAB}=90\,°$ 인 직각삼각형의 꼭짓점 B에서 $\angle\mathrm{AOB}$의 이등분선에 내린 수선의 발을 H라 하자. $\overrightarrow{\mathrm{OH}}=s\,\overrightarrow{\mathrm{OA}}+t\,\overrightarrow{\mathrm{OB}}$일 때, 두 실수 s, t의 차 $s-t$의 값은? [4점]

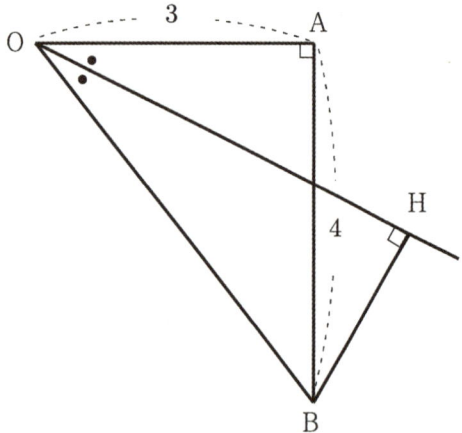

① $-\dfrac{1}{2}$　② $-\dfrac{1}{3}$　③ $\dfrac{1}{3}$　④ $\dfrac{1}{2}$　⑤ 1

138

그림과 같이 한 변의 길이가 3인 정삼각형 $\triangle\mathrm{ABC}$와 점 B를 중심으로 하고 반지름의 길이가 1인 원이 있다. 점 P가 이 원 위를 움직일 때, $\overrightarrow{\mathrm{AP}}\cdot\overrightarrow{\mathrm{BC}}-\overrightarrow{\mathrm{AP}}\cdot\overrightarrow{\mathrm{BA}}$의 최댓값을 M이라 하자. $10M$의 값을 구하시오. [4점]

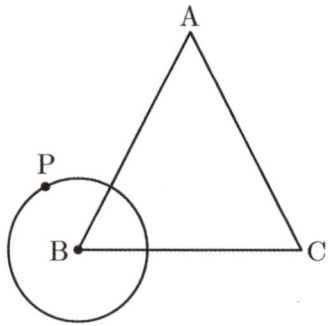

139

한 평면 위에 있는 정팔각형 ABCDEFGH와 점 P가 다음 조건을 만족시킨다.

(가) $2\overrightarrow{CB}+3\overrightarrow{DE}=2\overrightarrow{CH}+3\overrightarrow{DP}$

(나) $|\overrightarrow{DE}-\overrightarrow{AD}|=6\sqrt{2}$

사각형 EHBP의 넓이가 $p+q\sqrt{2}$일 때, $p+q$의 값을 구하시오. (단, p와 q는 자연수이다.) [4점]

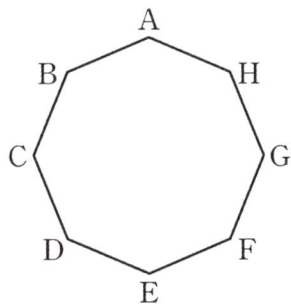

140

한 평면 위에 중심이 O이고 반지름의 길이가 1인 원 C와 이 원과 만나지 않는 직선 l이 있다. 직선 l 위의 서로 다른 두 점 A, B와 원 C 위의 점 P가 다음 조건을 만족시킨다.

(가) $\overrightarrow{OP}\cdot\overrightarrow{AB}=0$이고 $\overrightarrow{OP}\cdot\overrightarrow{OA}=-4$이다.

(나) $|\overrightarrow{AP}|=|\overrightarrow{AB}|=13$이고 $|\overrightarrow{PA}|>|\overrightarrow{PB}|$이다.

$\overrightarrow{OA}\cdot\overrightarrow{OB}$의 값을 구하시오. [4점]

141

그림과 같이 한 평면 위에 $\overline{\text{AD}}=6$인 직사각형 ABCD와 중심이 D이고 반지름의 길이가 $\dfrac{1}{2}\overline{\text{CD}}$인 원 C가 있다. 직사각형 ABCD와 같은 평면 위에 있는 점 P가 다음 조건을 만족시킨다.

> (가) $\overrightarrow{\text{AP}} = \overrightarrow{\text{BC}} + \dfrac{1}{2}\overrightarrow{\text{AB}} - \dfrac{1}{2}\overrightarrow{\text{BD}}$
>
> (나) 삼각형 ABP의 넓이는 6이다.

원 C위의 점 Q에 대하여 $|\overrightarrow{\text{AP}}+\overrightarrow{\text{AQ}}|$의 최댓값을 M, 최솟값을 m이라 할 때, $M\times m$의 값을 구하시오. [4점]

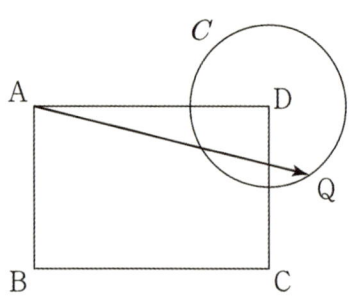

142

좌표평면 위의 두 점 P, Q가 다음 조건을 만족시킨다.

> (가) 두 점 P, Q는 원 $x^2+y^2=1$ 위의 점이다.
> (나) $\overline{\text{PQ}}=\sqrt{2}$

점 R(2, 4)에 대하여 $\overrightarrow{\text{RP}}\cdot\overrightarrow{\text{RQ}}$의 최댓값을 M, 최솟값을 m이라 할 때, $M\times m$의 값을 구하시오. [4점]

143

삼각형 ABC 에서 변 AB 를 2 : 1로 내분하는 점을 D, 변 AC를 1 : 3로 내분하는 점을 E, 두 선분 CD와 BE의 교점을 P라 하자. 실수 m, n에 대하여 $\overrightarrow{AP} = m\overrightarrow{AB} + n\overrightarrow{AC}$ 일 때, $10(m+n)$의 값을 구하시오. [4점]

144

평면 α 위의 네 점 O, A, B, C에 대하여 $|\overrightarrow{OA}| = 3$, $|\overrightarrow{OB}| = 2$, $|\overrightarrow{AB}| = \sqrt{7}$ 이고, $\overrightarrow{OC} = \dfrac{1}{3}\overrightarrow{OA} + \dfrac{2}{5}\overrightarrow{OB}$ 이다. 점 C에서 선분 OA에 내린 수선의 발을 D라 할 때, $25|\overrightarrow{OD}|$ 의 값을 구하시오. [4점]

145

중심이 O인 원의 둘레를 4등분하는 점을 차례로 A, B, C, D라고 할 때, 원의 내부의 점 O가 아닌 임의의 점 P에 대하여

$$\overrightarrow{PA}+\overrightarrow{PB}+\overrightarrow{PC}+\overrightarrow{PD}=k\overrightarrow{PO}$$

가 성립한다. 이때 실수 k의 값을 구하시오. [4점]

146

영벡터가 아닌 세 벡터 $\vec{a}$, $\vec{b}$, $\vec{c}$가 다음 조건을 만족시킨다.

(가) $\vec{a} /\!/ \vec{b}$
(나) $3(\vec{a}-\vec{b})+2\vec{c}=3(3\vec{a}+\vec{b}+\vec{c})$

$|\vec{a}|=1$, $|\vec{c}|=12$일 때, $|\vec{b}|$의 최댓값은? [4점]

① $\sqrt{2}$ ② $\sqrt{3}$ ③ 2   ④ 3   ⑤ 4

147

타원 $\dfrac{x^2}{9} + \dfrac{y^2}{16} = 1$ 위의 점 A와 타원 $\dfrac{x^2}{16} + \dfrac{y^2}{9} = 1$ 위의 점 B가 있다. 두 점 A, B의 위치벡터 $\vec{a}$, $\vec{b}$에 대하여 $|\vec{a} + \vec{b}|$의 최댓값을 M이라 할 때, M^2의 값을 구하시오.
[4점]

148

좌표평면의 위에 정점 O$(0, 0)$, A$(4, 3)$에 대하여 두 동점 X, Y는 다음 조건을 만족시킨다.

(가) $\overrightarrow{OA} \cdot \overrightarrow{AX} = \overrightarrow{OA} \cdot \overrightarrow{OY} = 0$

(나) $|\overrightarrow{AX}| = 2|\overrightarrow{OY}| = 2$

X로 가능한 점의 x좌표의 값이 작은 순으로 X_1, X_2라 하고 Y로 가능한 점의 x좌표의 값이 작은 순으로 Y_1, Y_2라 하자. 사각형 $X_1 Y_1 Y_2 X_2$의 넓이를 구하시오.
[4점]

149

좌표평면에서 포물선 $y^2 = 4x$ 의 초점을 F 라 하고 포물선 위의 점 P 에서 준선에 내린 수선의 발을 H이라 하자. 양의 실수 a에 대하여 $|\overrightarrow{PH}| = a$ 일 때, $\overrightarrow{PH} \cdot \overrightarrow{PF} = 80$인 a의 값을 구하시오. [4점]

150

그림과 같이 $\angle D = 90°$, $\overline{AB} = 2$, $\overline{AC} = 3$ 인 사각형 ABCD 에서 세 벡터 $\overrightarrow{AB}$, $\overrightarrow{AC}$, $\overrightarrow{AD}$ 에 대하여

$$\overrightarrow{AB} \cdot \overrightarrow{AC} = 3, \quad \overrightarrow{AC} \cdot \overrightarrow{AD} = \frac{9}{4}$$

일 때, 내적 $\overrightarrow{AB} \cdot \overrightarrow{AD}$ 의 값은? [4점]

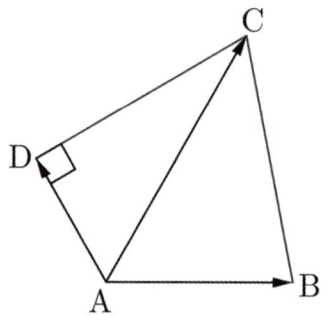

① -2 ② $-\dfrac{7}{4}$ ③ $-\dfrac{3}{2}$

④ $-\dfrac{5}{4}$ ⑤ -1

151

그림과 같이 한 변의 길이가 4인 정삼각형 ABC의 둘레 또는 내부의 움직이는 점 P가 있다.

$(\overrightarrow{PA}+\overrightarrow{PB})\cdot(\overrightarrow{PA}+\overrightarrow{PC})=0$ 만족시키는 점 P가 나타내는 도형의 길이는 $\dfrac{q}{p}\pi$ 이다. $p+q$ 의 값을 구하시오. (단, p 와 q 는 서로소인 자연수이다.) [4점]

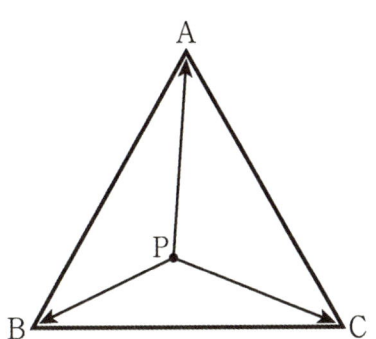

152

삼각형 ABC의 무게중심을 G라 하고, 변 AB를 $a:(1-a)$로 내분하는 점을 D, 변 AC를 $(3a-2):(3-3a)$로 내분하는 점을 E라 하자. 세 점 D, G, E가 한 직선 위에 있을 때, a의 값은?

$\left(\text{단, } \dfrac{2}{3}<a<1\text{이다.}\right)$ [4점]

① $\dfrac{3}{4}$　　② $\dfrac{3+\sqrt{3}}{5}$　　③ $\dfrac{3+\sqrt{5}}{6}$

④ $\dfrac{5+\sqrt{7}}{9}$　　⑤ $\dfrac{5+\sqrt{3}}{8}$

153

그림과 같이 한 변의 길이가 2인 정삼각형 5개를 적어도 한 변이 겹치도록 나열된 도형이 있다. 정삼각형의 꼭짓점을 A, B, C, D, E, F, G라 하자. 선분 AB 위의 점 P와 선분 CD 위의 점 Q에 대하여 $\overrightarrow{FP} \cdot \overrightarrow{FQ}$ 의 최솟값은? [4점]

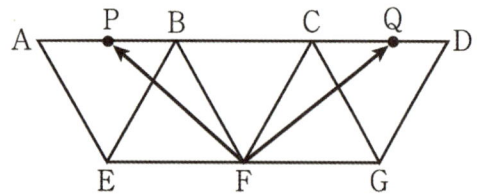

① -6 ② -4 ③ $-\sqrt{6}$ ④ $-\sqrt{5}$ ⑤ -2

154

그림과 같이 좌표평면 위에 두 정점 $A(4, 0)$, $B(0, 3)$와 직선 $y = mx$ $(m > 0)$ 위를 움직이는 동점 P가 있다. $\overrightarrow{PA} \cdot \overrightarrow{PB} \leq 0$을 만족시키는 점 P의 집합을 선분 l이라 하고, m에 대한 선분 l의 길이를 $f(m)$이라 하자. $f(m)$의 최댓값을 구하시오. [4점]

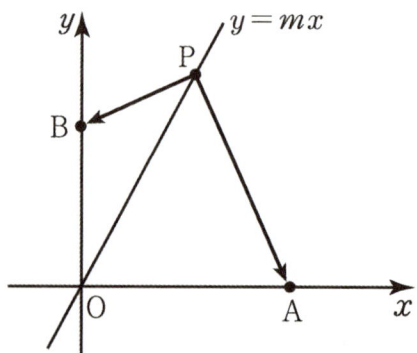

155

$\angle \mathrm{ABC} = \dfrac{\pi}{2}$ 인 직각삼각형 ABC 에서

$$|\overrightarrow{\mathrm{AB}} + \overrightarrow{\mathrm{AC}}| = 10, \quad |\overrightarrow{\mathrm{AB}} - \overrightarrow{\mathrm{AC}}| = 8$$

일 때, $|\overrightarrow{\mathrm{AC}}|^2$ 의 값을 구하시오. [4점]

156

그림과 같이 반지름의 길이가 1인 원 O의 둘레에 있는 세 점 $\mathrm{A}, \mathrm{B}, \mathrm{C}$ 가

$$13\overrightarrow{\mathrm{OA}} + 12\overrightarrow{\mathrm{OB}} = -5\overrightarrow{\mathrm{OC}}$$

을 만족시킨다. $\overline{\mathrm{AB}}^2 = \dfrac{q}{p}$ 일 때, $p+q$ 의 값을 구하시오.
(단, O 는 원의 중심이고 p, q는 서로소인 자연수이다.)
[4점]

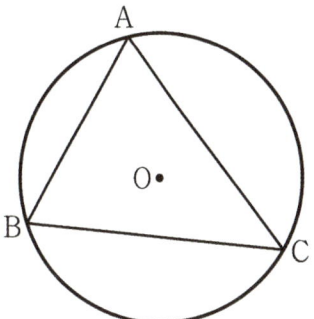

157

그림과 같이 평행사변형 $ABCD$의 변 AB의 연장선 위에 $\overrightarrow{BP}=2\overrightarrow{AB}$ 를 만족하는 점 P가 있다. 대각선 AC를 $3:1$로 내분하는 점을 Q라 하자. 삼각형 AQD의 넓이를 S_1, 삼각형 APD의 넓이를 S_2라 할 때, $\dfrac{S_2}{S_1}$의 값을 구하시오. [4점]

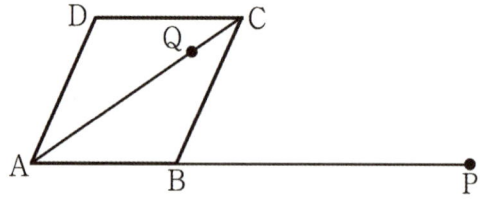

158

평면에서 중심이 O이 원 위의 두 점 A, B에 대하여 $\overrightarrow{OA}\cdot\overrightarrow{OB}=18$이 성립한다.

$$\overrightarrow{OP}=m\overrightarrow{OA}+n\overrightarrow{OB}$$
$$(2<2m+n<4,\ m>0,\ n>0)$$

를 만족시키는 점 P가 존재하는 영역의 넓이가 54일 때, $|\overrightarrow{AB}|^2=a\sqrt{2}+b$이다. $a-b$의 값을 구하시오. (단, a, b는 정수이다.) [4점]

159

그림과 같이 한 변의 길이가 5인 정삼각형 OAB에서 변 OB 위에 $\overline{\text{OD}} : \overline{\text{BD}} = 4 : 1$인 점 D를 잡는다. 꼭짓점 O에서 선분 AD 위에 내린 수선의 발을 H라 할 때, $\overrightarrow{\text{OH}} = l\,\overrightarrow{\text{OA}} + m\,\overrightarrow{\text{OB}}$가 성립한다. 두 상수 l, m에 대하여 $l + m$의 값은? [4점]

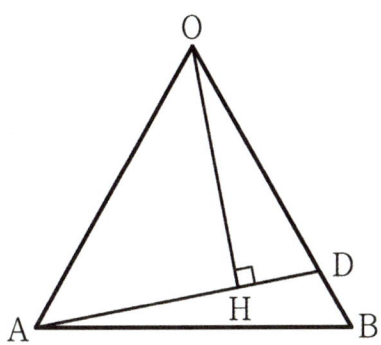

① 10   ② 12   ③ $\dfrac{5}{7}$ ④ $\dfrac{11}{14}$ ⑤ $\dfrac{6}{7}$

160

$\overline{\text{AB}} = 4$, $\overline{\text{BC}} = 2\sqrt{3}$ 인 직사각형 ABCD의 둘레 또는 내부를 움직이는 점 P가 있다.
$\left(\overrightarrow{\text{PA}} + \overrightarrow{\text{PD}}\right) \cdot \left(\overrightarrow{\text{PB}} + \overrightarrow{\text{PC}}\right) = 0$ 을 만족시키는 점 P가 나타내는 도형의 길이는? [4점]

① $\dfrac{8}{3}\pi$ ② 3π ③ $\dfrac{10}{3}\pi$

④ $\dfrac{11}{3}\pi$ ⑤ 4π

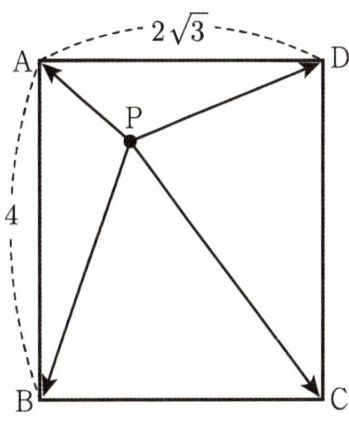

161

그림과 같이 평면 위에 한 변의 길이가 2이고 $\angle \text{ABC} = \dfrac{\pi}{3}$ 인 마름모 ABCD 에 내접하는 원 C가 있다. 점 P가 원 C 위를 움직일 때, $\overrightarrow{\text{BC}} \cdot \overrightarrow{\text{AP}}$ 의 최댓값은? [4점]

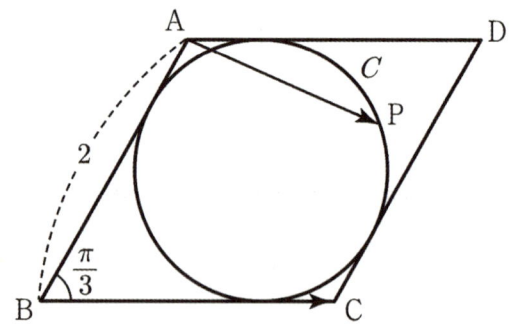

① 2
② $1 + \sqrt{2}$
③ $1 + \sqrt{3}$
④ $2\sqrt{2}$
⑤ $2\sqrt{3}$

랑데뷰
N 제

하루 중 90%는 겸손하게 10%는 자신있게...

공간도형

직선과 직선. 직선과 평면, 평면과 평면이 이루는 각

출제유형 | 공간에서 도형의 성질을 아용하여 직선과 직선 직선과 평 면, 평면과 평면이 이루는 각의 크기를 구하는 문제가 출제된다.

출제유형잡기 | 직선과 직선이 이루는 각, 직선과 평면이 이루는 각, 평면과 평면이 이루는 각의 정의를 이용할 수 있도록 직선 또는 평면을 적절히 나타내어 구하는 각이 포함되는 직각삼각형을 만들어 각의 크기를 구한다.

162

그림과 같이 점 P에서 평면 α에 내린 수선의 발을 O라 할 때, $\overline{\text{OP}} = 12$이다. 점 O를 중심으로 하고 반지름의 길이가 5인 평면 α 위의 원 C 위의 점 Q에서 원 C와 접하는 평면 α 위의 직선을 l이라 하자. 세 점 O, P, Q를 지나는 원 C' 위의 점 A에 대하여 점 A에서 평면 α까지의 거리가 최대일 때, 직선 l과 점 P를 포함하는 평면과 직선 l과 점 A를 포함하는 평면이 이루는 예각의 크기를 θ라 하자. $\cos^2\theta = \dfrac{q}{p}$일 때, $p+q$의 값을 구하시오. (단, p와 q는 서로소인 자연수이다.) [4점]

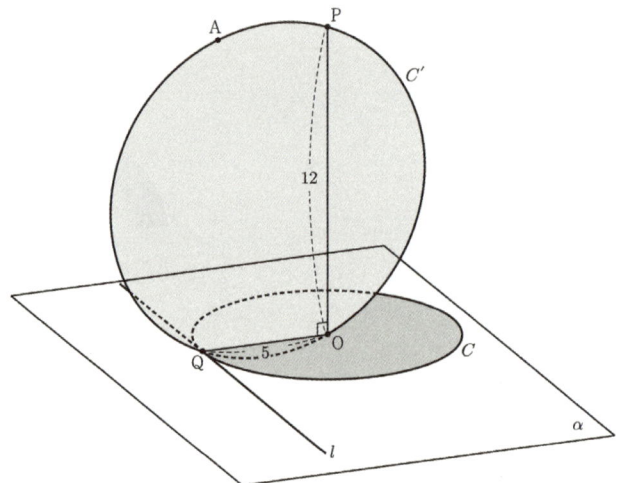

163

다음 그림과 같이 평행한 두 평면 α, β 가 있다. 평면 α 위에 $\overline{AB}=1$, $\overline{BC}=4$, $\angle B=90°$ 인 직각삼각형 ABC에 대하여 꼭짓점 B, C의 평면 β 위로의 정사영을 각각 M, N이라 하자. 평면 ACN과 평면 MNC가 이루는 각을 θ라 할 때, $\cos\theta$의 값은? [4점]

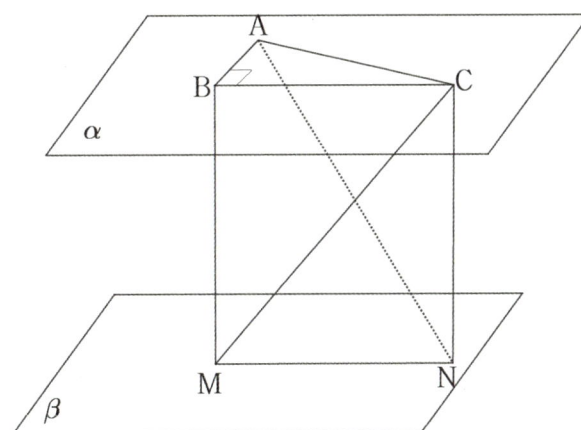

① $\dfrac{4\sqrt{17}}{17}$ ② $\dfrac{3\sqrt{17}}{17}$ ③ $\dfrac{2\sqrt{17}}{17}$

④ $\dfrac{\sqrt{17}}{17}$ ⑤ $\dfrac{3\sqrt{17}}{34}$

164

그림과 같이 두 평면 α, β의 교선을 l이라 하고, 두 평면 α, β위에 직선 l과 평행한 직선을 각각 m, n이라 하자. 직선 m위의 점 A에서 직선 l에 내린 수선의 발을 B, 점 A에서 직선 n에 내린 수선의 발을 C라 하자. 직선 l 위의 점 D에 대하여 삼각형 ADC는 정삼각형이고 $\overline{AB}=\sqrt{3}$, $\overline{AC}=2$일 때, 점 B에서 평면 ADC에 내린 수선의 길이는? [4점]

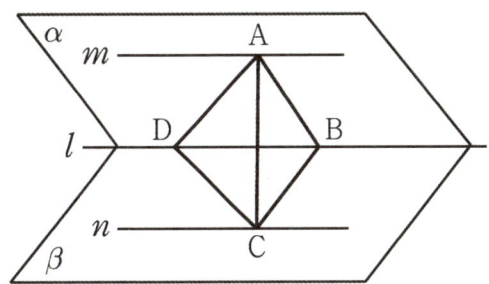

① $\dfrac{\sqrt{6}}{2}$ ② $\dfrac{\sqrt{6}}{3}$ ③ $\dfrac{\sqrt{3}}{3}$

④ $\dfrac{\sqrt{3}}{2}$ ⑤ $\sqrt{2}$

165

그림과 같이 한 모서리의 길이가 2인 정육면체
ABCD－EFGH와 모든 모서리의 길이가 2인 정사각뿔
I－FJKG는 한 모서리 FG가 일치하고, 사각형
EFGH와 사각형 FJKG가 한 평면 위에 있다. 두 평면
HEI와 IJK가 이루는 각의 크기를 θ라 할 때, $\sin^2\theta$의
값은? $\left($단, $0 \leq \theta \leq \dfrac{\pi}{2}\right)$ [4점]

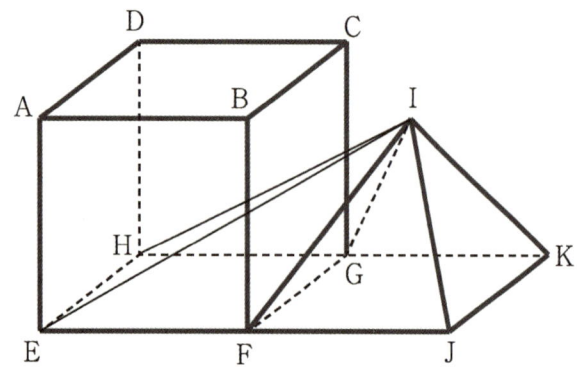

① $\dfrac{28}{33}$ ② $\dfrac{29}{33}$ ③ $\dfrac{10}{11}$ ④ $\dfrac{31}{33}$ ⑤ $\dfrac{32}{33}$

출제유형 | 공간도형에서 삼수선의 정리를 이용하여 직선의 위치 관계를 파악하고 선분의 길이, 도형의 넓이 등을 구하는 문제가 출제된다.

출제유형잡기 | 입체도형의 성질과 모서리, 면. 꼭짓점이 어떤 위치 관계에 있는지 파악하고 이를 바탕으로 삼수선의 정리를 이용하여 수직인 두 직선 또는 직각삼각형을 찾아 문제를 해결한다.

166

그림과 같이 모든 변의 길이가 4인 정사각뿔 ABCDE가 있다. 선분 AB를 1:3으로 내분하는 점 P와 선분 BC의 중점 Q, 선분 CD의 중점 R에 대해 삼각형 PQR의 넓이는? [4점]

① $\sqrt{10}$ ② $\sqrt{11}$ ③ $2\sqrt{3}$ ④ $\sqrt{13}$ ⑤ $\sqrt{14}$

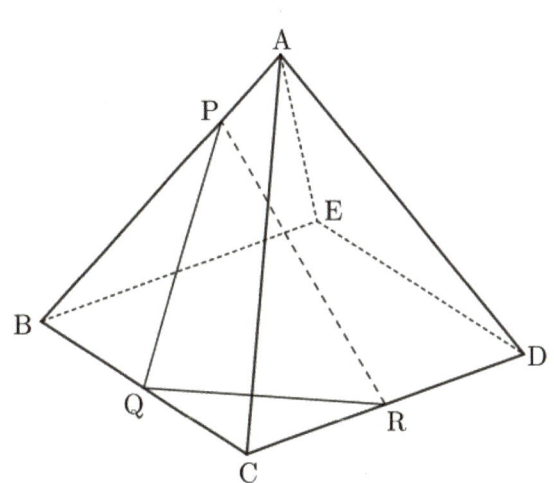

167

그림과 같이 한 모서리가 길이가 6인 정사면체 ABCD의 한 꼭짓점 A는 평면 α위에 있고 다른 세 꼭짓점 B, C, D는 평면 β위에 있다. 두 평면 α, β의 교선을 l이라 하면 직선 BD와 직선 l은 서로 평행하고, 직선 BD와 직선 l사이의 거리는 $2\sqrt{3}$이다. 삼각형 ABD의 평면 α위로의 정사영의 넓이는? (단, 직선 l과 삼각형 BCD는 만나지 않는다.) [4점]

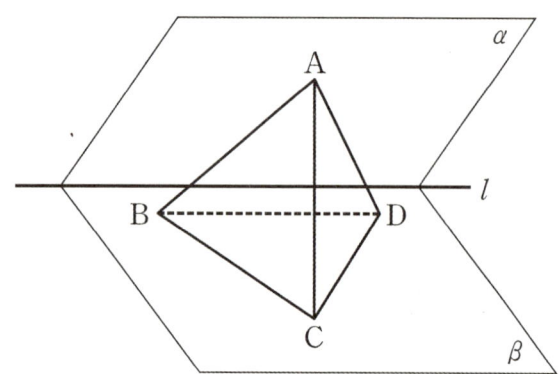

① $\dfrac{87}{\sqrt{51}}$ ② $\dfrac{90}{\sqrt{51}}$ ③ $\dfrac{93}{\sqrt{51}}$

④ $\dfrac{96}{\sqrt{51}}$ ⑤ $\dfrac{99}{\sqrt{51}}$

168

그림과 같이 $\overline{AE} = k$인 직육면체 ABCD－EFGH에서 두 모서리 AD, CD의 중점 M, N에 대하여 꼭짓점 F에서 선분 MN에 내린 수선의 발을 I라 하자. 직사각형 ABCD의 넓이가 32이고, $\overline{MN} = 4$, $\overline{FI} = 10$일 때, 상수 k^2의 값을 구하시오. [4점]

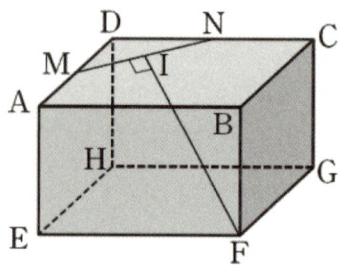

169

평면 α 위에 있는 서로 다른 두 점 A, B를 지나는 직선을 l이라 하고, 평면 α 위에 있지 않은 점 P에서 평면 α에 내린 수선의 발을 H라 하자. $\overline{AB} = 12$, $\overline{PA} = \overline{PB} = 10$, $\overline{PH} = 6$일 때, 점 H와 직선 l 사이의 거리는? [4점]

① $2\sqrt{6}$ ② 5 ③ $\sqrt{26}$ ④ $3\sqrt{3}$ ⑤ $2\sqrt{7}$

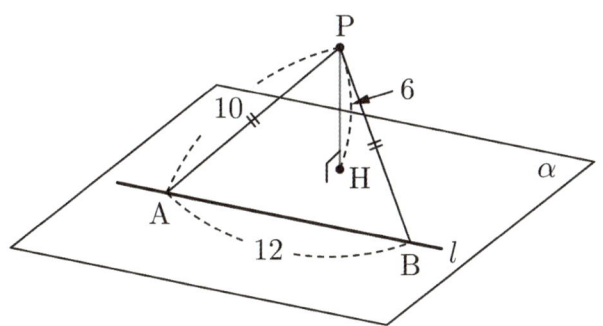

170

그림과 같이 직선 l을 교선으로 하고 이루는 각의 크기가 $\dfrac{\pi}{6}$인 두 평면 α와 β가 있고, 평면 α 위의 점 A와 평면 β 위의 점 B가 있다. 두 점 A, B에서 직선 l에 내린 수선의 발을 각각 C, D라 하자. $\overline{AB} = 2\sqrt{2}$, $\overline{AD} = \sqrt{17}$이고 직선 AB와 평면 β가 이루는 각의 크기가 $\dfrac{\pi}{4}$일 때, 사면체 ABCD의 부피를 V라 한다. V^2의 값은? [4점]

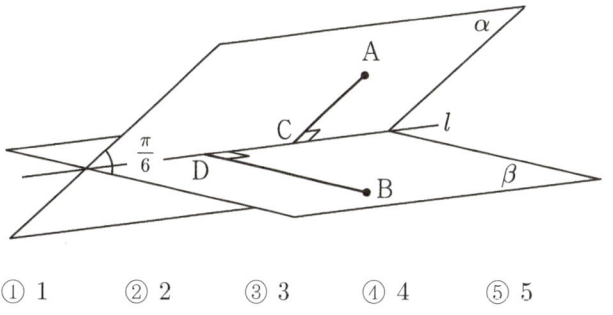

① 1 ② 2 ③ 3 ④ 4 ⑤ 5

출제유형 | 입체도형에서 정사영의 정의를 이용하여 도형의 길이, 넓이, 각에 대한 삼각함수의 값을 구하는 문제가 출제된다.

출제유형잡기 | 주어진 입체도형에서 성립하는 여러 가지 성질을 이용하여 정사영의 길이 또는 넓이를 구한다.

171

밑면의 반지름의 길이가 1이고 모선의 밑면이 이루는 예각의 크기가 $\dfrac{\pi}{4}$인 원뿔이 있다. 이 원뿔의 꼭짓점을 지나는 평면 α와 이 원뿔이 만나서 생기는 도형을 A라 할 때, A는 정삼각형이다. 도형 A의 한 변이 밑면을 나눈 부분 중 큰 부분을 도형 B라 할 때, 도형 B의 평면 α위로의 정사영의 넓이는 $\sqrt{3}\,(a\pi+b)$이다. $\dfrac{1}{ab}$의 값을 구하시오. (단, a와 b는 유리수이다.) [4점]

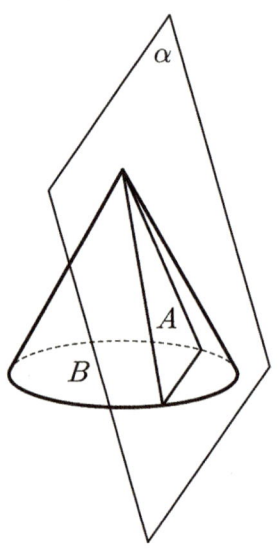

172

그림과 같이 직사각형 모양의 판자 ABCD 와 직사각형 모양의 판자 BEFC 가 θ의 각을 이루고 있고, 판자 ABCD 는 지면과 평행하다. 또, 원 모양의 원판 C가 지면과 평행하게 두 판자 위쪽에 떠 있고, 햇빛은 지면과 $\frac{\pi}{3}$의 각을 이루면서 비추고 있다. 원판 C의 중심 O 를 지나고 햇빛과 평행한 직선이 선분 BC 와 점 O′에서 만나고 $\overline{OO'} \perp \overline{BC}$ 이다. 이때, 두 판자에 생기는 원판 C의 그림자의 넓이 중 판자 ABCD 에 생기는 넓이는 2π이고 판자 BEFC 에 생기는 그림자의 넓이는 π이다. $\theta = \frac{q}{p}\pi$일 때, $p+q$의 값을 구하시오. (단, p와 q는 서로소인 자연수이고 점 E , F 는 지면에 있으며 원판 C의 그림자는 두 판자의 밖으로 벗어나지 않는다.) [4점]

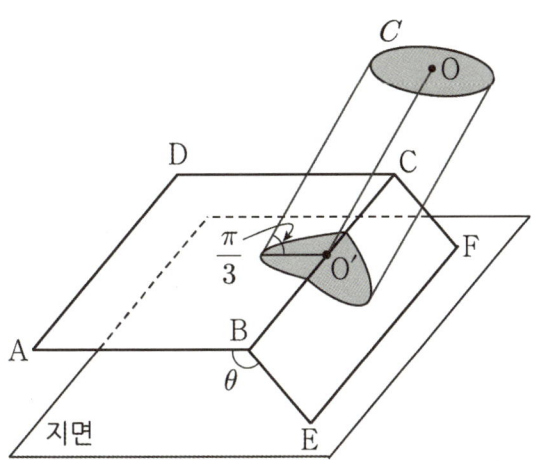

173

그림과 같이 평면 α에 밑면이 있고 밑면의 반지름의 길이가 4인 합동인 직원뿔 2 개가 서로의 밑면의 중심을 지나게 겹쳐있다. 두 밑면의 중심은 각각 O , O′이고 교점은 A , B 이고 두 원뿔의 모선의 교점 중 가장 높은 위치에 있는 점을 E 라 하자. 중심이 O 인 원에서 점 O′를 포함하지 않는 호 AB 를 4 등분하여 A 에 가까운 점을 C 라 하고, 중심이 O 인 원을 밑면으로 하는 직원뿔의 꼭짓점을 P 라 할 때, 모선 CP 를 1 : 3 으로 내분하는 점을 D 라 하자. 선분 DE 의 평면 α위로의 정사영의 길이를 l이라 할 때, l^2의 값을 구하시오. [4점]

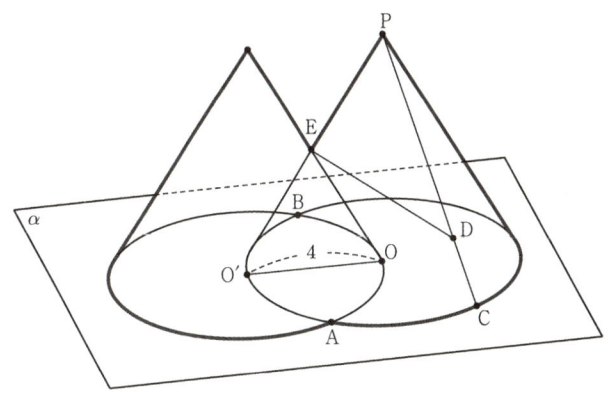

174

그림과 같이 한 모서리의 길이가 2인 정육면체 ABCD − EFGH가 있다. 대각선 AC의 평면 AFGD 위로의 정사영의 길이는? [4점]

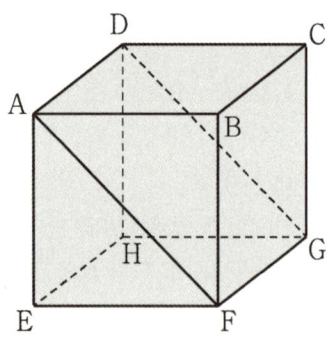

① $\sqrt{3}$ ② 2 ③ $\sqrt{5}$ ④ $\sqrt{6}$ ⑤ $\sqrt{7}$

175

다음 그림과 같이 모든 모서리의 길이가 4인 정사각뿔 A − BCDE가 있다. 정삼각형 ABC의 평면 BCDE 위로의 정사영의 넓이는? [4점]

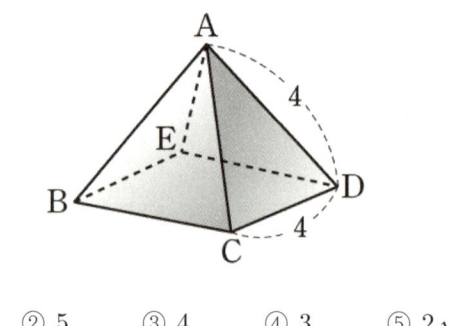

① $2\sqrt{7}$ ② 5 ③ 4 ④ 3 ⑤ $2\sqrt{2}$

176

그림과 같이 평면 α 위에 중심이 O이고 반지름의 길이가 3인 원이 있다. 평면 α 위에 있지 않은 점 P에서 평면 α에 내린 수선의 발이 원의 중심 O이고 평면 α위에 있는 점 A에서 원에 그은 두 접선의 접점을 점 B, 점 C라 하자. $\overline{PB}=5$, $\overline{PA}=\sqrt{41}$ 일 때, 삼각형 ABC의 넓이는? [4점]

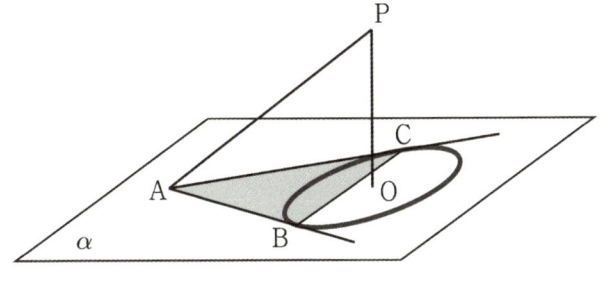

① $\dfrac{96}{25}$　② $\dfrac{126}{25}$　③ $\dfrac{172}{25}$　④ $\dfrac{186}{25}$　⑤ $\dfrac{192}{25}$

177

다음 그림과 같이 삼각기둥 A′B′C′ − ABC가 있다. 삼각기둥 A′B′C′ − ABC의 밑면은 한 변의 길이가 4인 정삼각형 ABC이고 평면 α에 포함된다. $\overline{AA'}=\overline{BB'}=\overline{CC'}=6$이고 선분 CC′의 중점을 M이라 할 때, 평면 A′MB와 평면 α가 이루는 예각을 θ라 하자. $\tan\theta$의 값은? [4점]

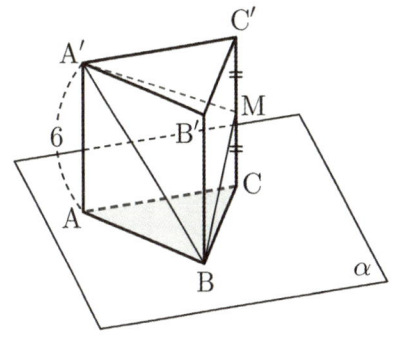

① $\dfrac{3}{2}$　② 2　③ $\dfrac{5}{2}$　④ 3　⑤ $\dfrac{7}{2}$

178

다음 그림과 같이 사면체 ABCD가 다음 조건을
만족시킨다.

> (가) $\overline{AB} = \overline{BC} = \overline{AC} = \overline{AD} = 4$
>
> (나) $\overline{AD} \perp \overline{AB}$, $\overline{AD} \perp \overline{AC}$

두 모서리 AB와 AC의 중점을 각각 M, N이라 할 때,
삼각형 DMN의 평면 BCD 위로의 정사영의 넓이는?
[4점]

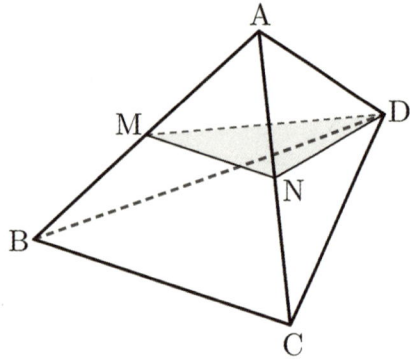

① $\dfrac{11}{\sqrt{7}}$ ② $\dfrac{12}{\sqrt{7}}$ ③ $\dfrac{13}{\sqrt{7}}$

④ $\dfrac{14}{\sqrt{7}}$ ⑤ $\dfrac{15}{\sqrt{7}}$

출제유형 | 좌표공간에서 제시된 조건을 만족시키는 점의 좌표를 구하거나 선분의 길이를 구하는 문제가 출제된다.

출제유형잡기 | 좌표공간에서 주어진 점의 좌표축 또는 좌표평면에 대하여 대칭인 점의 좌표, 좌표축 또는 좌표평면에 내린 수선의 발의 좌표를 구하여 문제를 해결한다. 또한, 두 점 사이의 거리를 이용하여 점의 좌표 또는 선분의 길이를 구한다.

179

그림과 같이 한 변의 길이가 2인 정육면체 OABC – DEFG가 좌표공간에 있다. 선분 OB 위에 점 P가 O를 출발하여 초당 $\sqrt{2}$ 의 속력으로 점 B 방향으로 움직이고, 선분 CD 위에 점 Q가 C를 출발하여 초당 1의 속력으로 점 D 방향으로 움직인다. 선분 PQ의 길이가 최소가 되도록 하는 두 점 P, Q를 각각 $P_1(a, b, c)$, $Q_1(d, e, f)$이라 할 때, 두 자연수 α, β에 대하여 $\dfrac{a+b+c}{d+e+f} = \dfrac{\alpha + \sqrt{\beta}}{7}$이다. $\alpha + \beta$의 값을 구하시오. (단, O는 원점이며 점 A, C, D는 각각 x축, y축, z축 위에 있다.) [4점]

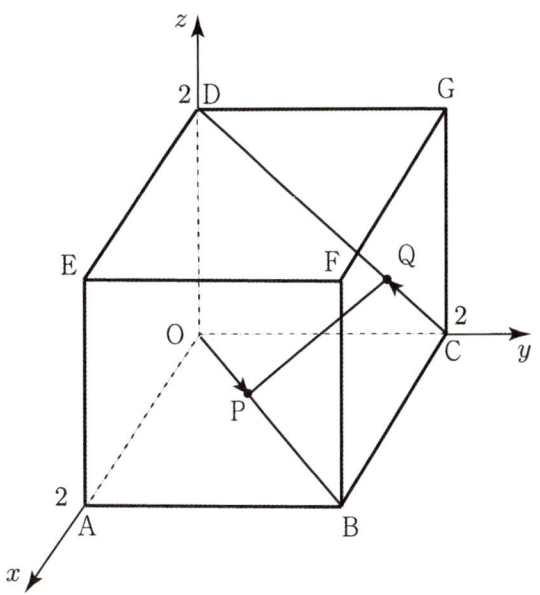

180

그림과 같이 한 변의 길이가 10인 정사각형 ABCD에서 선분 AD의 중점을 M에 대하여 사각형 ABCD를 선분 CM을 접는 선으로 하여 두 평면 DCM과 ABCM이 수직이 되도록 접어서 만든 도형이 있다. 이때. 선분 BD의 길이를 l이라 하자. l^2의 값을 구하시오. [4점]

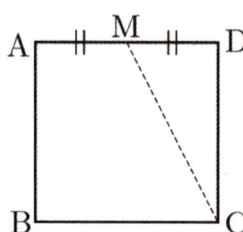 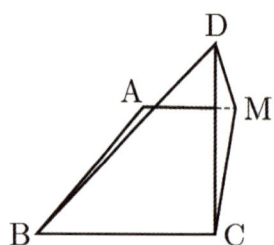

181

좌표공간에서 네 점 A$(a,\ 2,\ 1)$, B$(4,\ b,\ 10)$, C$(7,\ 11,\ 2)$, D$(12,\ 3,\ 5)$를 꼭짓점으로 하는 도형이 정사면체일 때, 정사면체 ABCD의 무게중심의 좌표는 $(p,\ q,\ r)$이다. $q+r$의 값을 구하시오. (단, a, b, p, q, r은 실수이다.) [4점]

182

좌표공간에 두 점 $A(0, 0, 1)$, $B(0, 0, 3)$이 있고, 점 $P(x, y, z)$는 $\triangle ABP$의 넓이가 3이 되도록 움직인다. $2 \le z \le 4$일 때, 점 P의 자취가 만드는 도형을 평면 위에 펼쳤을 때의 넓이는? [4점]

① 12π ② 13π ③ 14π ④ 15π ⑤ 16π

183

좌표공간에 두 직육면체 A, B가 있다. 세 직선

$$l_1 : x = 6, \, y = -2, \quad l_2 : y = 6, \, z = 7,$$
$$l_3 : z = 4, \, x = -2$$

은 직육면체 A의 모서리 중 3개를 연장한 직선의 방정식이다.

세 직선

$$l_4 : x = 4, \, z = 5, \quad l_5 : x = 8, \, y = 4,$$
$$l_6 : z = -2, \, y = 6$$

은 직육면체 B의 모서리 중 3개를 연장한 직선의 방정식이다. 이때, 두 직육면체 A, B의 겹치는 부분의 부피는? [4점]

① $\dfrac{2\sqrt{2}}{3}$ ② 2 ③ $\dfrac{3\sqrt{3}}{3}$
④ $\sqrt{15}$ ⑤ 4

출제유형 | 좌표공간에서 선분의 내분점과 외분점 및 삼각형의 무게중심의 좌표를 구하는 문제가 출제된다.

출제유형잡기 | 선분의 내분점과 외분점에 대한 정의를 이용하여 좌표를 구한다. 삼각형의 무게중심의 뜻과 내분점을 구하는 방법을 이용하여 무게중심의 좌표를 구한다.

184

좌표공간의 두 점 $A(5, a, 3)$, $B(1, 2, b)$에 대하여 선분 AB를 $3:1$로 내분하는 점의 좌표가 $(2, 1, -3)$이다. $a+b$의 값은? (단, a, b는 상수이다.) [4점]

① -7 ② -5 ③ -3 ④ -1 ⑤ 1

185

그림과 같이 한 모서리의 길이가 6인 정육면체
$ABCD-EFGH$에서 선분 DG 위에
$\overline{DM} : \overline{MG} = 1 : 2$인 점 M, 모서리 EH 위에
$\overline{EN} : \overline{NH} = 1 : 2$인 점 N 과 선분 DF 위에
$\overline{DL} : \overline{LF} = 1 : 2$인 점 L 이 있다. 두 점 P, Q 는 각각
L, M를 출발하여 선분 LF, MN을 따라 각각 일정한
속도로 움직여 4초 후에 각각 F, N에 도착했다. 두 점
P, Q 사이의 거리의 최솟값을 구하시오. [4점]

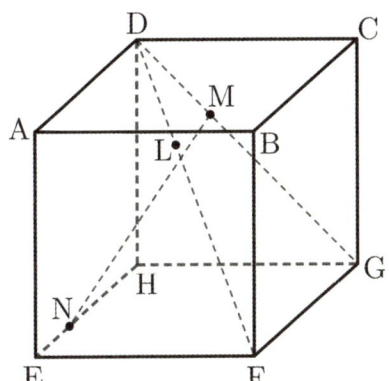

186

그림과 같이 좌표공간에 세 점
$A(5, 9, 0)$, $B(7, 0, 0)$, $C(a, b, c)$이 있다. 삼각형
OAB의 무게중심을 G, 점 C에서 xy평면에 내린
수선의 발을 D라 할 때 다음 조건이 성립한다.

> (가) 사각형 $OGAD$는 평행사변형이다.
> (나) 선분 AC와 xy평면이 이루는 각의 크기가 θ일
> 때 $\tan\theta = \dfrac{3}{5}$이다.

선분 BC의 길이를 구하시오. (단, O는 원점이고
$c > 0$이다.) [4점]

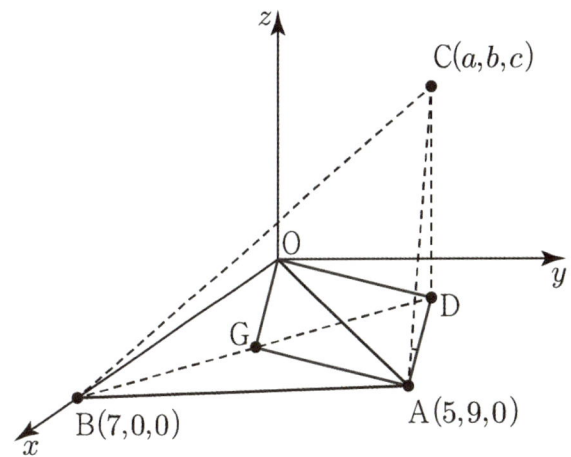

187

그림과 같이 좌표공간의 세 점 A, B, C가 각각
x, y, z축의 양의 방향 위에 있다. 선분 AB를 $2 : 1$로
내분하는 점은 D $(2, 2, 0)$이고, $\overline{CD} = \sqrt{17}$이다.
삼각형 ABC을 포함하는 평면과 xy평면이 이루는 각을
θ라 할 때 $\cos\theta = \dfrac{q}{p}$이다. $p + q$의 값을 구하시오.

(단. p, q는 서로소인 자연수) [4점]

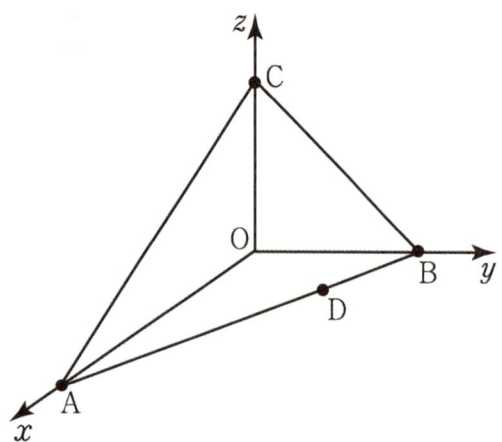

출제유형 | 좌표공간에서 구의 방정식, 구와 좌표축 또는 구의 좌표평면과의 관계를 묻는 문제가 출제된다.

출제유형잡기 | 좌표공간에서 구와 관련된 문제는 좌표평면에서의 원과 관련된 문제에서 경험한 상황과 많이 유사하므로 평면에서의 원의 방정식에서 성립하는 여러 가지 성질을 구의 방정식에 확장시키고 적용하여 문제를 해결한다.

188

좌표공간에 구 $S : x^2 + y^2 + (z - \sqrt{3})^2 = 3$과 xy 평면 위의 원 $C : x^2 + y^2 = 4$가 있다. 구 S와 점 P에서 접하고 원 C 위의 두 점 Q, R를 포함하는 평면이 xy 평면과 이루는 예각의 크기가 $\dfrac{\pi}{3}$ 이다. 점 P의 z 좌표가 1 보다 작을 때, $\overline{QR}^2$의 값을 구하시오. [4점]

189

좌표공간에서 반지름의 길이가 $2\sqrt{5}$ 인 구가 xy평면과 만나서 생기는 원 C_1과 yz평면과 만나서 생기는 원 C_2가 한 점에서 만나고, zx평면과 만나서 생기는 원 C_3과 C_2는 두 점 P, Q에서 만난다. 원 C_1의 넓이가 4π이고 선분 PQ의 길이가 2일 때, 구의 중심과 원점 사이의 거리를 d 하자. d^2의 값을 구하시오. [4점]

190

좌표공간에서 구 S가 다음 조건을 만족시킨다.

> (가) 원점을 지나고 반지름의 길이는 4이다.
> (나) 중심에서 xy평면에 내린 수선의 발의 좌표는 $(-3,\ 2,\ 0)$이다.

구 S의 중심의 좌표가 $(a,\ b,\ c)$일 때, $a^2 - b^2 - c^2$의 값은? (단, $a,\ b,\ c$는 상수이다.) [4점]

① 2   ② 3   ③ 4   ④ 5   ⑤ 6

191

좌표공간에서 점 P를 중심으로 하고 반지름의 길이가
3인 구가 세 개의 구 $x^2 + (y+1)^2 + z^2 = 1$,
$x^2 + (y-1)^2 + z^2 = 1$,
$x^2 + (y-1-\sqrt{3})^2 + (z-1)^2 = 1$에 동시에 외접한다.
이때, 가능한 점 P의 x좌표의 곱은? [4점]

① -1 ② $-8 + 4\sqrt{3}$ ③ $-12 + 6\sqrt{3}$

④ -2 ⑤ $-16 + 8\sqrt{3}$

192

좌표공간의 점 P $(2, 1, 0)$에서 xy평면에 접하고
반지름의 길이가 4인 구 S와 평면 α가 있다. 구 S위의
움직이는 점과 평면 α에 이르는 거리의 최솟값이 4일 때,
구 S위의 두 점 P, Q에서 평면 α에 내린 수선의 발을
각각 P′, Q′이라 하자. $\overline{PP'} = \dfrac{24}{5}$일 때, $|\overline{P'Q'}|$의

최댓값은 $\dfrac{q}{p}$이다. $p+q$의 값을 구하시오. (단, 구 S의

중심의 z좌표는 0보다 크고 p, q는 서로소인
자연수이다.) [4점]

193

좌표공간에 구 $C : x^2 + (y-12)^2 + (z-3)^2 = 25$과 xy평면이 만나서 생기는 도형을 C_1이라 하자. xy평면과 x축을 교선으로 갖는 평면 α와 구 C가 만나 생기는 도형을 C_2라 할 때, 도형 C_2의 평면 xy위로의 정사영을 D라 하면 D는 도형 C_1에 포함된다. 평면 α중 D의 넓이가 최대가 되는 평면을 β라 할 때, 도형 C_1의 평면 β위로의 정사영의 넓이는? [4점]

① 8π ② $\dfrac{48}{5}\pi$ ③ $\dfrac{56}{5}\pi$ ④ $\dfrac{64}{5}\pi$ ⑤ $\dfrac{72}{5}\pi$

194

그림과 같이 직선 l을 교선으로 하고 이루는 각의 크기가 $\dfrac{\pi}{3}$인 두 평면 α와 β가 있고, 평면 α 위의 점 A와 평면 β 위의 점 B가 있다. 두 점 A, B에서 직선 l에 내린 수선의 발을 각각 C, D라 하자. $\overline{AB} = 3\sqrt{2}$, $\overline{AD} = 4$이고 직선 AB와 평면 β가 이루는 각의 크기가 $\dfrac{\pi}{4}$일 때, 사면체 ABCD의 부피는? [4점]

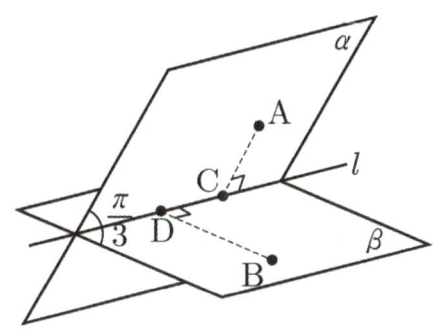

① $\sqrt{3} + \sqrt{5}$ ② $2 + \sqrt{5}$ ③ $2\sqrt{5}$
④ $\sqrt{5} + \sqrt{6}$ ⑤ $2\sqrt{6}$

195

그림과 같이 모든 모서리의 길이가 같은 정사각뿔 A - BCDE가 다음 조건을 만족시킨다.

> (가) 두 점 M, N은 각각 두 선분 AB, AE의 중점이다.
> (나) 삼각형 CMN의 넓이는 $\sqrt{11}$ 이다.

평면 CMN과 평면 ABD가 이루는 각의 크기를 θ라 할 때, $\cos^2\theta = \dfrac{q}{p}$이다. $p + q$의 값을 구하시오. (단, p와 q는 서로소인 자연수이다.) [4점]

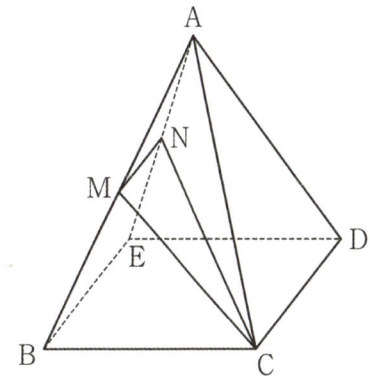

196

좌표공간에 중심 $C(2, \sqrt{5}, 5)$이고 점 $P(0, 0, 1)$을 지나는 구

$$S : (x-2)^2 + (y-\sqrt{5})^2 + (z-5)^2 = 25$$

가 있다. 구 S가 평면 OPC와 만나서 생기는 원 위를 움직이는 점 Q, 구 S 위를 움직이는 점 R에 대하여 두 점 Q, R의 xy평면 위로의 정사영을 각각 Q_1, R_1이라 하자. 삼각형 OQ_1R_1의 넓이가 최대가 되도록 하는 두 점 Q, R에 대하여 삼각형 OQ_1R_1의 평면 PQR 위로의 정사영의 넓이는 $\dfrac{q}{p}\sqrt{6}$ 이다. $p+q$의 값을 구하시오.
(단, O는 원점이고 세 점 O, Q_1, R_1은 한 직선 위에 있지 않으며, p와 q는 서로소인 자연수이다.) [4점]

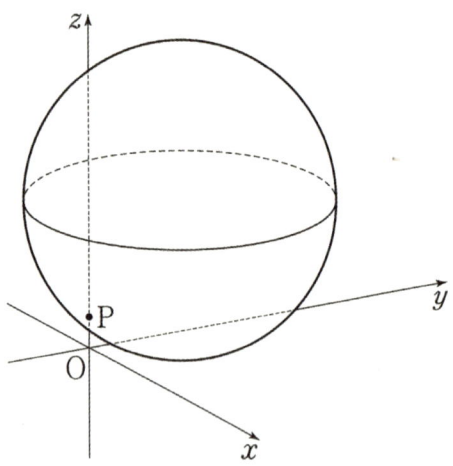

197

좌표공간에서 두 점 $A(1, -3, 2)$, $B(-1, 3, -2)$를 지름의 양 끝점으로 하는 구 C와 $\overline{AC} = \sqrt{5}$을 만족시키는 구 C 위의 점 C가 있다. 또한 직선 AC를 포함하는 평면을 α라 하고 점 B에서 평면 α에 내린 수선의 발을 H라 할 때, 선분 AH는 구 C가 평면 α와 만나서 생기는 원의 지름이고 $\overline{BH} = 7$이다. 삼각형 ABH의 평면 BCH 위로의 정사영의 넓이는 $\dfrac{q}{p}\sqrt{2}$이다. $p+q$의 값을 구하시오. (단, p와 q는 서로소인 자연수이다.) [4점]

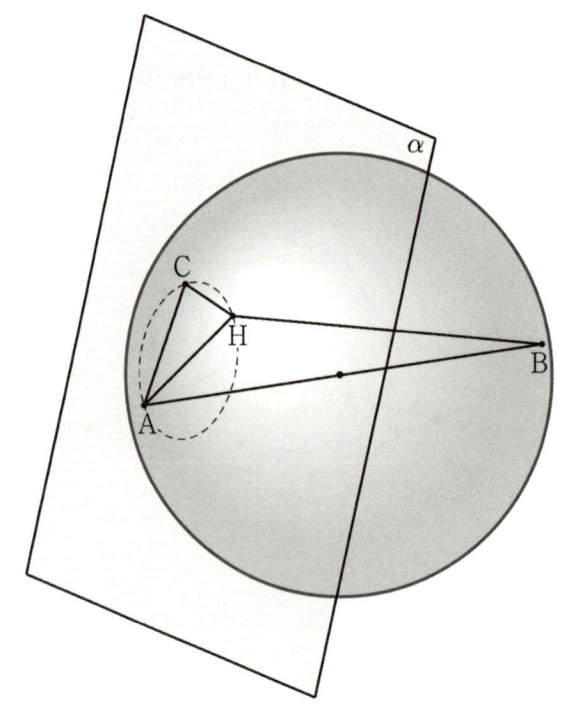

198

그림과 같이 한 모서리의 길이가 4인 정사면체가 있다. 각 모서리의 중점을 연결하였더니 6개의 꼭짓점을 갖는 정다면체가 만들어졌다. 이 정다면체의 평행한 두 면 사이의 거리는? [4점]

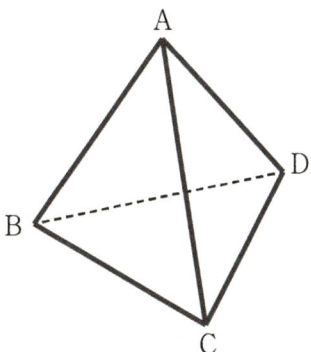

① $\dfrac{\sqrt{2}}{2}$

② $\dfrac{\sqrt{6}}{3}$

③ $\dfrac{\sqrt{3}}{2}$

④ $\sqrt{2}$

⑤ $\dfrac{2\sqrt{6}}{3}$

199

좌표공간에 두 점 $(a,\ 0,\ 0)$ 과 $(0,\ 8,\ 0)$ 을 지나는 직선 l 이 있다. 점 $(0,\ 0,\ 3)$ 과 직선 l 사이의 거리가 5 일 때, a^2 의 값은? [4점]

① 20

② $\dfrac{61}{3}$

③ $\dfrac{62}{3}$

④ 21

⑤ $\dfrac{64}{3}$

200

좌표공간에서 점 $P(-1, 0, 3)$에서 구
$x^2 + y^2 + z^2 - 2x + 4y - 4z - 5 = k$ 위의 점까지의
거리의 최댓값을 M, 최솟값은 m이라 하자.
$M + m = 10$일 때, 상수 k의 값을 구하시오. [4점]

201

좌표공간에서 구 S가 xy평면과 만나서 생긴 원의
방정식이 $(x-3)^2 + (y-2)^2 = a^2$, $z = 0$이고,
yz평면과 만나서 생긴 원의 방정식이
$(y-2)^2 + (z+1)^2 = \dfrac{1}{2}a^2$, $x = 0$일 때, 구 S의
겉넓이는? [4점]

① 60π ② 64π ③ 68π ④ 72π ⑤ 76π

202

좌표공간에서 두 점 $A(0, 0, 1)$, $B(1, 1, 1)$을 지나는 직선이 구 $(x-1)^2 + y^2 + z^2 = 4$와 만나는 두 점을 P, Q라 한다. 이 구의 중심을 C라 할 때, 삼각형 CPQ의 넓이는? [4점]

① $\dfrac{\sqrt{6}}{2}$ ② $\dfrac{4}{3}$ ③ $\sqrt{2}$

④ $\sqrt{3}$ ⑤ $\dfrac{\sqrt{15}}{2}$

203

좌표공간에 있는 점 $A(2, 4, 1)$를 x축과 y축 위로 내린 수선의 발을 각각 B, C라 할 때, 삼각형 ABC의 넓이는 S이다. $\dfrac{S^2}{7}$의 값을 구하시오. [4점]

204

그림과 같이 한 모서리의 길이가 2인 정사면체 ABCD가 있다. 점 B에서 선분 CD에 내린 수선의 발을 H라 하고, 점 B를 지나고 평면 BCD에 수직인 직선과 직선 AH가 만나는 점을 E라 하자. 삼각형 ECD의 넓이는? [4점]

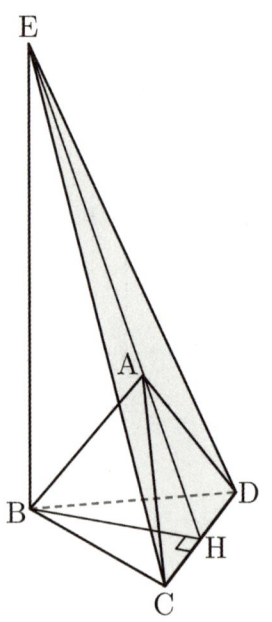

① $2\sqrt{3}$ ② $3\sqrt{3}$ ③ $4\sqrt{3}$

④ $5\sqrt{3}$ ⑤ $6\sqrt{3}$

205

좌표공간에 두 점 $A(1, 2, \sqrt{5})$, $B(6, -1, \sqrt{3})$이 있다. x축 위의 점 P에 대하여 $\overline{AP} + \overline{BP}$의 최솟값은? [4점]

① $4\sqrt{2}$ ② $5\sqrt{2}$ ③ $6\sqrt{2}$

④ $7\sqrt{2}$ ⑤ $8\sqrt{2}$

206

그림과 같은 정육면체 $ABCD-EFGH$에서 모서리 BF를 $2:1$로 내분하는 점을 P, 모서리DH를 $1:2$로 내분하는 점을 Q라 하자. 평면 PGQ와 평면 $EFGH$가 이루는 예각의 크기를 θ라 할 때, $\cos\theta$의 값은? [4점]

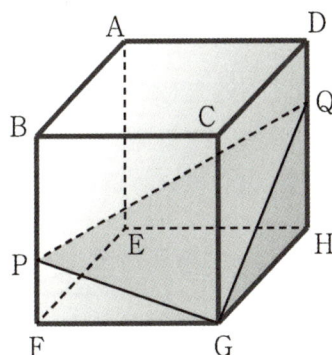

① $\dfrac{\sqrt{14}}{7}$ ② $\dfrac{3}{14}\sqrt{14}$ ③ $\dfrac{2}{7}\sqrt{14}$

④ $\dfrac{5}{14}\sqrt{14}$ ⑤ $\dfrac{3}{7}\sqrt{14}$

207

좌표공간에서 네 점 $A(1, 1, 1)$, $B(1, 5, 3)$ $C(5, 3, 1)$ $D(3, 1, 5)$을 꼭짓점으로 하는 사면체 $ABCD$의 부피는? [4점]

① 12 ② $\dfrac{25}{6}$ ③ $\dfrac{23}{3}$ ④ $\dfrac{9}{2}$ ⑤ $\dfrac{14}{3}$

208

그림과 같이 좌표공간에 zx평면에 포함되고 x축과 평행한 직선 l과 xy평면에 포함되는 직선 m이 있다. 직선 l위의 z좌표가 $a\,(a>0)$인 두 점 A, B에서 직선 m에 내린 수선의 발을 각각 C, D이라 하고 두 직선 AC, BD가 이루는 예각의 크기를 θ라 하자.

$\overline{\mathrm{AC}}=\sqrt{2}$, $\overline{\mathrm{BD}}=\sqrt{6}$이고 $\sin\theta=\dfrac{1}{2}$일 때, a의 값은? [4점]

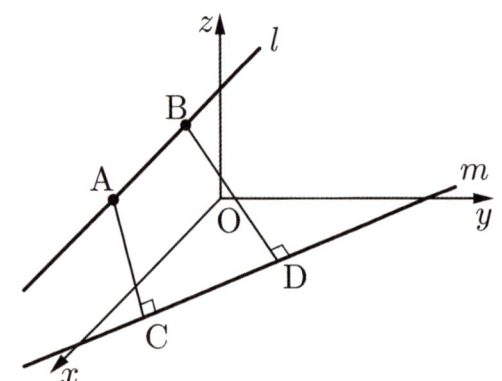

① 1

② $\dfrac{\sqrt{5}}{2}$

③ $\dfrac{\sqrt{6}}{2}$

④ $\dfrac{\sqrt{7}}{2}$

⑤ $\sqrt{2}$

209

그림과 같이 좌표공간에서 중심이 O이고 반지름의 길이가 3인 구 S와 점 O에서 거리가 2인 평면 α가 만나서 생기는 원을 C라 하자. 원 C 위의 점 A에서 원 C의 지름의 양 끝점 P, Q를 이은 선분 $\overline{\mathrm{PQ}}$에 내린 수선의 발을 H라 할 때, $\overline{\mathrm{AH}}=\dfrac{2\sqrt{30}}{5}$이다. 점 P를 지나고 평면 α에 수직인 직선이 구 S와 만나는 또 다른 점을 R라 하자. 삼각형 ARQ의 넓이를 s라 할 때, s^2의 값을 구하시오. (단, $\overline{\mathrm{AP}}<\overline{\mathrm{AQ}}$) [4점]

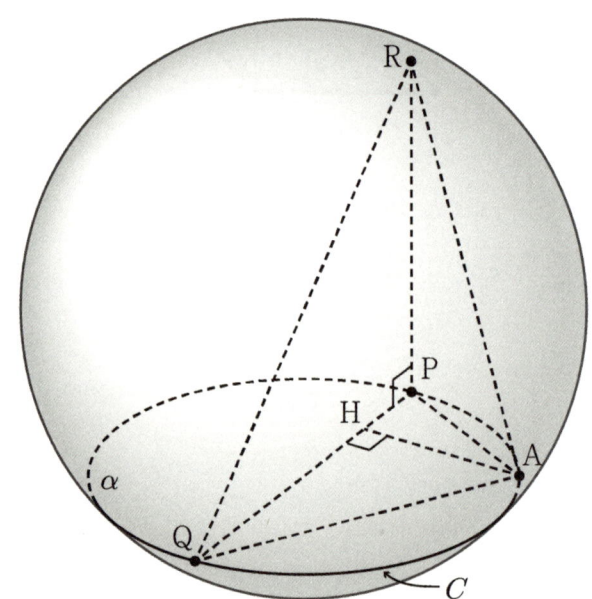

210

두 평면 α, β의 교선 위에 두 점 A, B가 있고 $\overline{AB} = 7$이다. 평면 α 위의 점 C에 대하여 삼각형 ABC는 $\angle C = 90°$인 직각삼각형이고, 점 C의 평면 β 위로의 정사영을 C′이라 할 때, $\overline{AC'} = 5$, $\cos(\angle AC'B) = -\dfrac{1}{5}$이다. 두 평면 α, β가 이루는 각의 크기를 θ라 할 때, $\sin^2\theta = \dfrac{q}{p}$이다. $p+q$의 값을 구하시오. $\left(\text{단, } 0 < \theta < \dfrac{\pi}{2} \text{이고, } p \text{와 } q \text{는 서로소인 자연수이다.}\right)$ [4점]

211

좌표공간에서 점 $A(1, 2, 3)$을 x축에 대하여 대칭이동시킨 점을 A'이라 하고, 점 $B(0, 2, -1)$을 zx평면에 대하여 대칭이동시킨 점을 B'이라 하자. 직선 $A'B'$와 xy평면이 이루는 각을 θ라 할 때, $\cos\theta$의 값은? [4점]

① $\dfrac{1}{2}$ ② $\dfrac{1}{\sqrt{5}}$ ③ $\dfrac{1}{\sqrt{6}}$

④ $\dfrac{1}{\sqrt{7}}$ ⑤ $\dfrac{1}{2\sqrt{2}}$

212

좌표공간의 두 점 A, B 에서 x 축에 내린 수선의 발을 각각 P, Q 라 하면 $\overline{PQ} = \sqrt{3}$ 이다. 선분 AB 의 xy 평면, zx 평면 위로의 정사영의 길이가 각각 $\sqrt{6}$, $\sqrt{13}$ 일 때, 선분 AB 의 길이는? [4점]

① $\sqrt{14}$ ② $\sqrt{15}$ ③ 4
④ $\sqrt{17}$ ⑤ $3\sqrt{2}$

213

좌표공간에서 두 점 $A(1, \ 4, \ 0)$, $B(-4, \ 2, \ 3)$을 이은 선분 AB를 $1 : 2$로 내분하는 점을 P, $1 : 2$로 외분하는 점을 Q 라 하고 선분 PQ를 $2 : 3$으로 외분하는 점을 R라 할 때, 선분 OR의 길이는? (단, O는 원점이다.) [4점]

① $\sqrt{277}$ ② $\sqrt{278}$ ③ $3\sqrt{31}$
④ $2\sqrt{70}$ ⑤ $\sqrt{281}$

214

구 $x^2 + y^2 + z^2 - 2ax - 4by - 1 = 0$과 xy평면,
yz평면, zx평면과 만나는 교선인 원의 넓이를 각각 S_1,
S_2, S_3이라 하자. $ab = 4$일 때, $S_1 + S_2 + S_3$의
최솟값은? [4점]

① 30π ② 33π ③ 35π ④ 37π ⑤ 39π

215

좌표공간에서 두 점 $A(5, 0, 2)$, $B(1, 3, 3)$의 xy평면
위로의 정사영을 각각 A', B'이라 하자. 중심이
원점이고 반지름의 길이가 1인 원이 xy평면 위에 있을
때, 이 원 위의 점 P에 대하여 사각뿔 $P - AA'B'B$의
부피의 최댓값과 최솟값의 합을 구하시오. [4점]

216

좌표공간에서 구

$x^2 + y^2 + z^2 + 2x + 4y + 6z + 11 = 0$과 평면 $z = -4$가

만나서 생기는 도형 위의 한 점을 P 라 할 때, 점

$A(2, 1, 0)$에 대하여 선분 AP 의 길이의 최솟값을

m 이라 하자. m^2 의 값을 구하시오. [4점]

217

그림과 같이 정육면체 ABCD − EFGH 에서 선분

BC 의 중점을 M 선분 CG 의 중점을 N라 하고, 선분

AM와 선분 FN가 이루는 예각의 크기를 θ 라 하자.

$\cos\theta = \dfrac{q}{p}$ 라 할 때, $p+q$ 의 값을 구하시오.

(단, p, q 는 서로소인 자연수이다.) [4점]

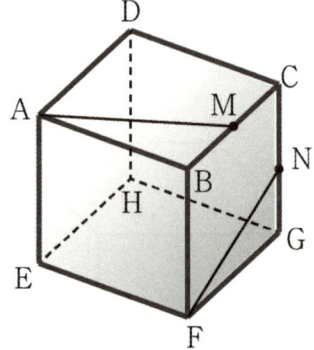

218

평면 α 위에 반지름의 길이가 $\sqrt{19}$ 인 원 O가 있고, 평면 β 위에 반지름의 길이가 5인 원 O'이 있다. 두 평면 α, β가 이루는 예각의 크기는 $\frac{\pi}{6}$ 이고, 두 원 O, O'이 서로 다른 두 점에서 만나서 생긴 공통현의 길이는 8이다. 두 원 O, O'의 중심 사이의 거리를 d라 할 때, d^2의 최솟값을 구하시오. [4점]

219

그림과 같이 모든 모서리의 길이가 4인 정사각뿔 $A-BCDE$ 의 네 옆면의 무게중심을 P, Q, R, S 라 하자. 사각형 $PQRS$ 의 평면 ACD 위로의 정사영의 넓이는? [4점]

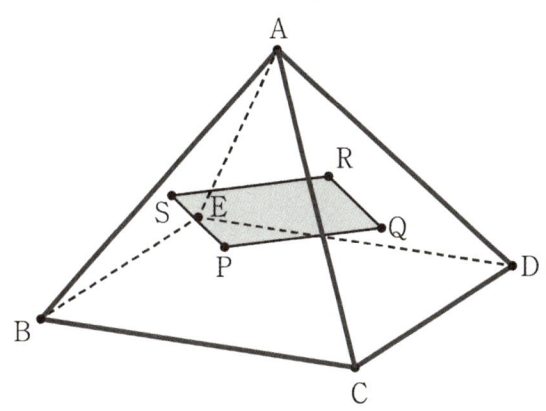

① $2\sqrt{3}$　　　② $\frac{8}{3}\sqrt{3}$　　　③ $\frac{10}{3}\sqrt{3}$

④ $4\sqrt{3}$　　　⑤ $\frac{32}{27}\sqrt{3}$

220

좌표공간에서 두 구

$$C_1 : (x-1)^2 + y^2 + (z-4)^2 = 36,$$
$$C_2 : (x+1)^2 + (y-2)^2 + (z-3)^2 = r^2$$

이 내접하도록 하는 모든 r의 값의 합은? (단, $r > 0$)
[4점]

① 9   ② 10   ③ 11   ④ 12   ⑤ 13

221

좌표공간에서 반지름의 길이가 $2\sqrt{5}$인 구가 xy평면과 만나서 생기는 원 C_1과 yz평면과 만나서 생기는 원 C_2가 한 점에서 만나고, zx평면과 만나서 생기는 원 C_3과 C_2는 두 점 P, Q에서 만난다. 원 C_1의 넓이가 4π이고 선분 PQ의 길이가 2일 때, 구의 중심과 원점 사이의 거리는? [4점]

① $4\sqrt{2}$ ② $\sqrt{33}$ ③ $\sqrt{34}$
④ $\sqrt{35}$ ⑤ 6

222

그림과 같은 정팔면체 ABCDEF에서 직선 AB와 직선 CF가 이루는 예각의 크기를 θ_1, 직선 AB와 직선 BD가 이루는 예각의 크기를 θ_2라 할 때, $\cos\theta_1 \times \cos\theta_2$의 값은? [4점]

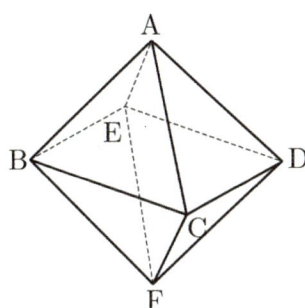

① $\dfrac{1}{4}$ ② $\dfrac{\sqrt{2}}{4}$ ③ $\dfrac{1}{2}$

④ $\dfrac{\sqrt{2}}{2}$ ⑤ $\dfrac{\sqrt{6}}{4}$

223

그림과 같이 두 평면 α, β가 이루는 각의 크기가 60°일 때 각의 크기가 120°인 부분에서 두 평면 α, β의 교선을 l이라 하자. 반지름의 길이가 4인 구에 태양 광선이 평면 α와 30°인 각을 이루면서 비추고, 구의 중심을 지나고 태양 광선과 평행한 직선은 직선 l과 수직으로 만난다. 두 평면 α, β에 생긴 구의 그림자의 넓이의 합을 구하시오. [4점]

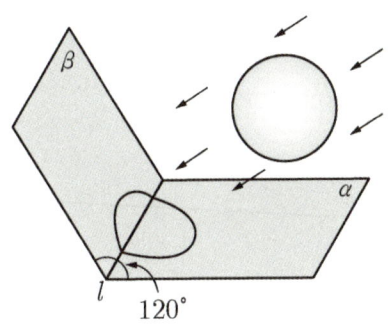

120°

① 16π ② 18π ③ 20π ④ 22π ⑤ 24π

224

좌표공간 위의 점 $A(-2, -2, 1)$에서 xy평면 위의 원 $x^2 + y^2 = 1$, $z = 0$ 위를 움직이는 점까지의 거리의 최댓값을 M, 최솟값을 m이라 할 때, $M^2 \times m^2$의 값을 구하시오. [4점]

225

그림과 같이 반지름의 길이가 4인 반구가 밑면이 평면 α 위에 오도록 놓여있다. 반구의 중심을 지나고, 평면 α 와 $15°$ 의 각을 이루는 평면 β 에 의하여 이 반구가 두 부분으로 나뉘어질 때, 부피가 큰 쪽의 입체를 A 라 하자.

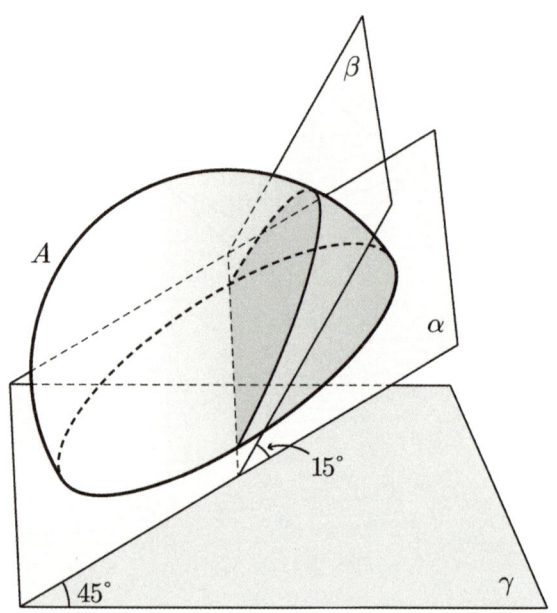

평면 α 와 $45°$ 의 각을 이루고 평면 β 와 $60°$ 의 각을 이루는 평면을 γ 라고 할 때, 입체도형 A 의 평면 γ 위로의 정사영의 넓이를 S 라 할 때, $\dfrac{S}{\pi}$ 의 값을 구하시오.

[4점]

230

그림과 같이 한 모서리의 길이가 2인 정육면체 $ABCD-EFGH$가 있다. 선분 AD의 중점을 M, 선분 CG의 중점을 N이라 할 때, 삼각형 EMN의 넓이는? [4점]

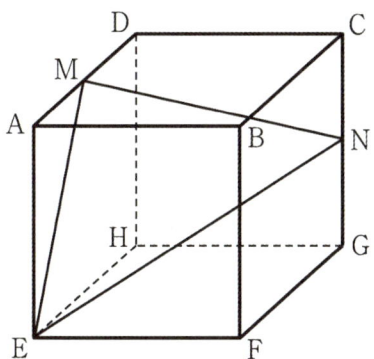

① $\sqrt{6}$

② $\dfrac{5}{4}$

③ $\dfrac{\sqrt{26}}{2}$

④ $\sqrt{7}$

⑤ $\dfrac{\sqrt{29}}{2}$

랑데뷰
N 제

쉬사준킬
기 하

랑데뷰
N 제

하루 중 90%는 겸손하게 10%는 자신있게...

빠른 정답

이차곡선

유형 1	직선과 직선. 직선과 평면, 평면과 평면이 이루는 각							
162	51	163	①	164	②	165	⑤	

유형 2	삼수선의 정리								
166	④	167	⑤	168	64	169	⑤	170	③

유형 3	정사영의 길이와 넓이								
171	24	172	5	173	19	174	④	175	③
176	⑤	177	①	178	①				

유형 4	공간좌표와 두 점 사이의 거리								
179	6	180	120	181	10	182	①	183	⑤

유형 5	선분의 내분점과 외분점							
184	①	185	2	186	9	187	5	

유형 6	구의 방정식								
188	12	189	35	190	①	191	②	192	37
193	④								

단원평가									
194	①	195	12	196	23	197	9	198	⑤
199	⑤	200	11	201	③	202	⑤	203	3
204	②	205	②	206	②	207	①	208	③
209	72	210	194	211	②	212	③	213	⑤
214	③	215	25	216	24	217	7	218	3
219	⑤	220	④	221	④	222	②	223	⑤
224	68	225	12	226	①	227	④	228	96
229	③	230	⑤						

랑데뷰
N 제

하루 중 90%는 겸손하게 10%는 자신있게...

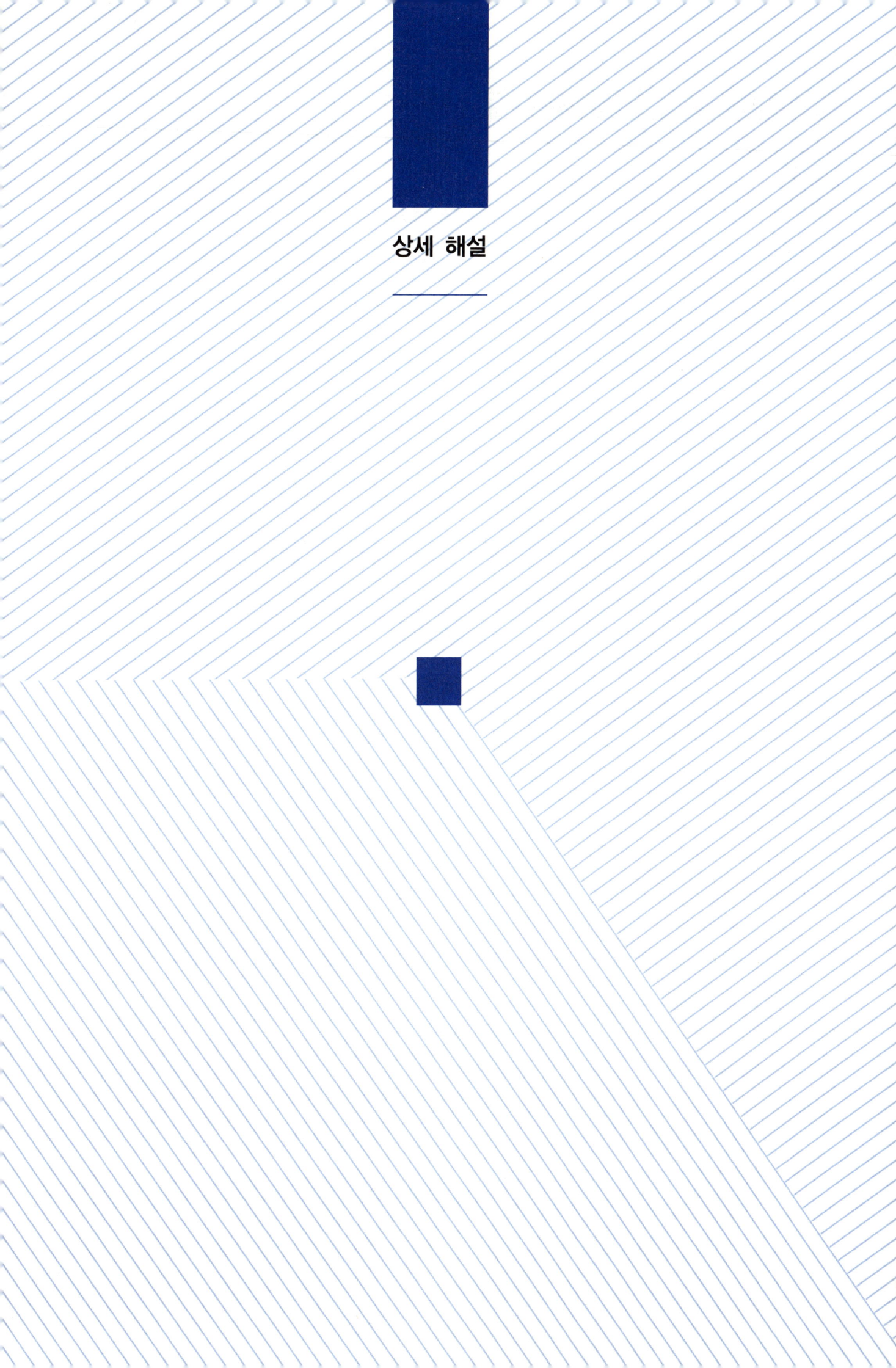

상세 해설

이차곡선

유형 1 포물선의 정의와 활용

01 정답 40

[출제자 : 이정배T]

점 P에서 접선이 x축과 만나는 점을 R라 놓자.

$y^2 = -4x = 4 \times (-1) \times x$ 이므로 초점 F의 좌표는 $(-1, 0)$이고 점 $P(-4, 4)$에서 접선의 방정식은

$4y = 2 \times (-1)(x + (-4))$

$\therefore \ y = -\dfrac{1}{2}x + 2$

이 접선이 x축과 만나는 점 R의 좌표는 $(4, 0)$이므로

$\overline{FR} = 4 - (-1) = 5$

또한 $\overline{PF} = \sqrt{(-1-(-4))^2 + (0-4)^2} = 5$이므로

삼각형 FPR은 $\overline{FP} = \overline{FR}$인 이등변삼각형이다.

이때, $\overline{PQ} = \overline{FP} = \overline{FR}$이므로 $\angle PAF = \theta$,

$\angle FPR = \angle FRP = 2\theta$ $\qquad \therefore \ \angle PFR = \pi - 4\theta$

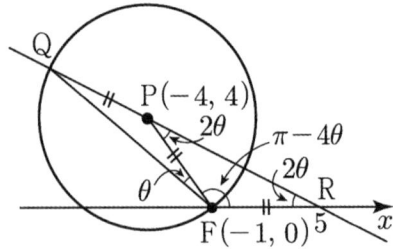

$\tan(\pi - 4\theta) = (\text{직선 PF의 기울기}) = -\dfrac{4}{3}$

$\therefore \ \tan 4\theta = \dfrac{4}{3}$

$30 \times \tan 4\theta = 40$

02 정답 4

$m = \tan\theta$라면 $\overline{FF'} = \dfrac{4}{1 - \cos\theta}$,

$\overline{F'P} = \dfrac{4}{1 - \cos\theta} \times \dfrac{1}{1 + \cos\theta} = \dfrac{4}{\sin^2\theta}$

$\overline{FP} = \dfrac{4}{1 - \cos\theta} - \dfrac{4}{\sin^2\theta} = \dfrac{4\cos\theta}{\sin^2\theta}$

$\overline{FQ} = \dfrac{4}{\cos\theta}$이므로

$\dfrac{4}{\sin^2\theta} : \dfrac{4\cos\theta}{\sin^2\theta} : \dfrac{4}{\cos\theta} = 15 : 9 : 16$

이므로 $\tan\theta = \dfrac{4}{3}$

따라서 $m = \dfrac{4}{3}$

$\therefore \ 3m = 4$

03 정답 ②

점 P를 $P(x_1, y_1)$이라 하면 접선의 방정식은 $y_1 y = 2p(x + x_1)$

따라서 $Q(-x_1, 0)$이고 $F(p, 0)$이므로

$\overline{PF} = \sqrt{(x_1 - p)^2 + y_1^2} = x_1 + p, \ \overline{QF} = x_1 + p$

$\therefore \ \overline{PF} = \overline{QF}$

$\overline{PF} = \overline{QF}$이므로 $\angle PQF = \angle FPQ = \dfrac{\pi}{6}$이고,

삼각형 PQF의 넓이가 $9\sqrt{3}$이면

$\dfrac{1}{2} \times \overline{PF} \times \overline{QF} \times \sin\dfrac{2\pi}{3} = 9\sqrt{3}$

$\overline{PF} \times \overline{QF} = 36$

이므로 $\overline{PF} = \overline{QF} = 6$이다.

점 P에서 포물선 $y^2 = 4px$의 준선인 $x = -p$에 내린 수선의 발을 H라 하고 점 F에서 선분 PH에 내린 수선의 발을 I라 하자.

포물선의 성질에 의하여 $\overline{PF} = \overline{PH} = 6$이고,

삼각형 FPI에서 $\angle FPI = \dfrac{\pi}{3}$이므로

$\overline{PI} = 6 \times \cos\dfrac{\pi}{3} = 3$이다.

따라서 $\overline{PI} = 3$이고 $\overline{HI} = 2p$이므로 $p = \dfrac{3}{2}$이다.

04 정답 18

[출제자 : 최성훈T]

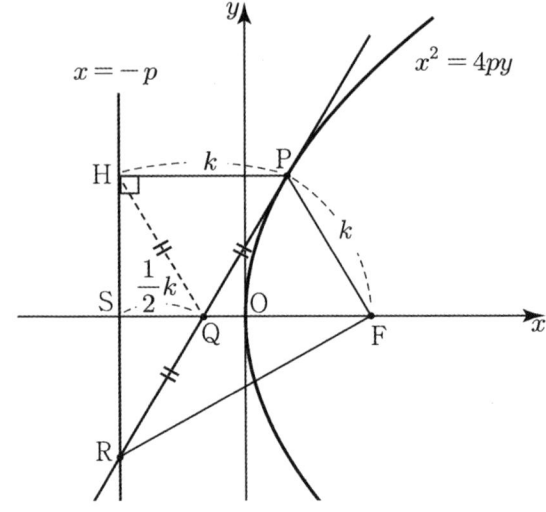

점 P에서 $x = -p$에 내린 수선의 발을 H라 하였을 때,

포물선의 정의에 의하여 $\overline{PF} = \overline{PH}$이다. $\overline{PF} = \overline{PH} = k$라 하자.

$\triangle PQF$에서 $\overline{PF} = \overline{QF}$이고 $\overline{PH} \parallel \overline{QF}$이므로 사각형 PHQF는 평행사변형이고 $\overline{HQ} = k$이다. **[랑데뷰팁 참고]**

따라서 $\triangle PFR \equiv \triangle PHR$ (SAS합동)

삼각형 PHR의 넓이를 구해보자.

직각삼각형 PHR에서 $\overline{PQ} = \overline{QR}$이므로

$\overline{SQ}=\dfrac{1}{2}\overline{PH}=\dfrac{1}{2}k$이다.

$\overline{HQ}:\overline{SQ}=2:1$이므로 $\angle HQS=\dfrac{\pi}{3}$이고 $\overline{HS}=\dfrac{1}{2}\sqrt{3}\,k$이다.

삼각형 PHR 의 넓이는 $\dfrac{1}{2}\times k\times\sqrt{3}\,k=16\sqrt{3}$

따라서 $k=4\sqrt{2}$

그림에서 $\overline{FS}=\dfrac{3}{2}k=2p$이므로

$p=\dfrac{3}{4}k=\dfrac{3}{4}\times 4\sqrt{2}=3\sqrt{2}$

$\therefore\ p^2=18$

[랑데뷰팁]

$y^2=4py\ (p>0)$ 위의 점 $P(x_1,\ y_1)$에서 접선의
방정식은 $y_1y=2p(x+x_1)$이고 x축과의 교점의 좌표는
$Q(-x_1,\ 0)$이다. 초점의 좌표는 $F(p,\ 0)$이므로

$\overline{FQ}=p+x_1$

$\overline{FP}=\sqrt{(x_1-p)^2+y_1^2}=\sqrt{(x_1-p)^2+4px_1}$

$\qquad=\sqrt{(x_1+p)^2}=x_1+p$

따라서 $\overline{FP}=\overline{FQ}$이다.

---

05 **정답** 216

포물선 $y^2=8x=4\times 2\times x$의 초점 F는 $F(2,\ 0)$이고, 준선의
방정식은 $x=-2$이다.

점 $A\!\left(a,\ 2\sqrt{2a}\right)$라 하고, 점 A에서 준선에 내린 수선의 발을
A'라 하자.

포물선의 정의에 의해서, $\overline{AA'}=\overline{AF}=a+2$이다.

점 $B\!\left(b,\ -2\sqrt{2b}\right)$라 하고 점 B에서 준선에 내린 수선의 발을
B'라 하자.

포물선의 정의에 의해서 $\overline{BB'}=\overline{BF}=b+2$이다.

$\overline{AB}=\overline{AF}+\overline{BF}=a+2+b+2=12,\ a+b=8$

점 A에서 x축에 내린 수선의 발을 A'', 점 B에서 x축에 내린
수선의 발을 B''라 하면, 삼각형 AFA''와 삼각형 BFB''는
닮음이다.

$\overline{AF}:\overline{BF}=\overline{A''F}:\overline{B''F},\ a+2:b+2=a-2:2-b$

$a+2:10-a=a-2:a-6$

$a^2-4a-12=-a^2+12a-20,\ 2a^2-16a+8=0$

$a^2-8a+4=0,\ a=4+\sqrt{16-4}=4+2\sqrt{3}\ (\because\ a>2)$

$b=8-a=8-\left(4+2\sqrt{3}\right)=4-2\sqrt{3}$

직선 AB 의 기울기

$=\dfrac{2\sqrt{2a}+2\sqrt{2b}}{a-b}=\dfrac{2\sqrt{2}\left(\sqrt{a}+\sqrt{b}\right)}{a-b}$

$=\dfrac{2\sqrt{2}}{\sqrt{a}-\sqrt{b}}=\dfrac{2\sqrt{2}}{\sqrt{\left(\sqrt{a}-\sqrt{b}\right)^2}}=\dfrac{2\sqrt{2}}{\sqrt{a+b-2\sqrt{ab}}}$

$=\dfrac{2\sqrt{2}}{\sqrt{8-2\sqrt{4}}}=\sqrt{2}$

삼각형 PBA의 넓이가 최대가 되는 점 P는 기울기가 $\sqrt{2}$ 인
접선의 접점일 때이다.

기울기가 $\sqrt{2}$이고 포물선 $y^2=8x$에 접하는 접선의 방정식은
$y=\sqrt{2}\,x+\dfrac{2}{\sqrt{2}},\ \ \sqrt{2}\,x-y+\sqrt{2}=0$이고, 포물선의 초점

F에서 이 접선까지의 거리가 삼각형 PBA의 높이 h이다.

$h=\dfrac{\left|2\sqrt{2}+\sqrt{2}\right|}{\sqrt{2+1}}=\dfrac{3\sqrt{2}}{\sqrt{3}}=\sqrt{6}$

삼각형 PBA의 넓이의 최댓값 $M=\dfrac{1}{2}\times\sqrt{6}\times12=6\sqrt{6}$이다.

따라서 $M^2=216$

---

06 **정답** ①

$\overline{AF}=5$이므로 포물선 정의에 의해 점 A에서 준선
$y=-p$까지의 거리가 5이다.

$5=\overline{AC}+p=4+p$에서 $p=1$이다.

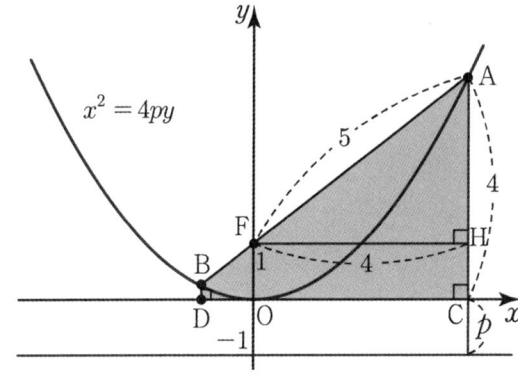

따라서 $\overline{FO}=1$

F에서 $\overline{AC}$에 내린 수선이 발을 H라 하면 $\overline{AH}=3$이므로
직각삼각형 AFH에서 $\overline{FH}=4$이다.

따라서 $\overline{OC}=4$이다.

사다리꼴 AFOC 의 넓이는 $\dfrac{1}{2}\times(1+4)\times4=10$

한편 두 사다리꼴 FBDO와 AFOC와 닮음비는
$\overline{FO}:\overline{AC}=1:4$이다.

따라서 넓이비는 $1:16$이므로

사다리꼴 FBDO의 넓이는 $10\times\dfrac{1}{16}=\dfrac{5}{8}$이다.

그러므로 사각형 ABDC 의 넓이는 $10+\dfrac{5}{8}=\dfrac{85}{8}$

준선 $y=-p$를 긋고 위의 그림과 같이 점을 나타내자.

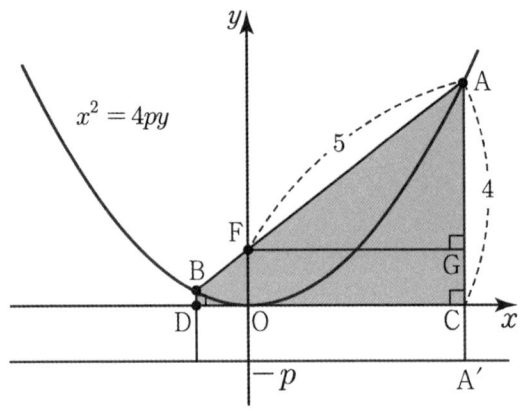

우선 $\overline{\mathrm{AF}}=\overline{\mathrm{AA}'}=5$이고, $\overline{\mathrm{AC}}=4$이므로
$$\overline{\mathrm{CA}'}=p=1$$
또한, $\overline{\mathrm{OF}}=p=1$이므로 $\overline{\mathrm{AG}}=4-1=3$이다.
$\overline{\mathrm{FG}}=\sqrt{5^2-3^2}=4$이므로 $A(4,4)$이다.

직선 AF의 방정식 $y=\dfrac{3}{4}x+1$과 포물선 $x^2=4y$과 연립하면
$$x^2=4\left(\dfrac{3}{4}x+1\right)=3x+4$$
$$x^2-3x-4=0$$
$(x+1)(x-4)=0$ 에서 $x=-1,\,4$

따라서, $B\left(-1,\dfrac{1}{4}\right)$이므로 사각형 ABDC의 넓이는
$$\therefore\ \dfrac{1}{2}\times\left(\dfrac{1}{4}+4\right)\times(1+4)=\dfrac{85}{8}$$

[다른 풀이]2

포물선 정의에 의해 $\overline{\mathrm{AF}}=\overline{\mathrm{AC}}+\overline{\mathrm{OF}}$이므로
$5=4+\overline{\mathrm{OF}}$ 이므로 $p=1$

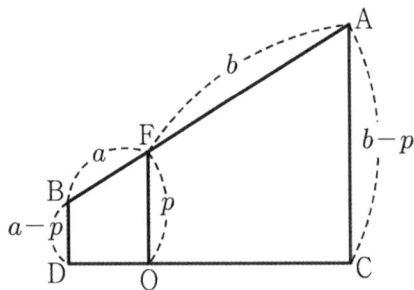

한편, 사다리꼴 ABDC에서
$\overline{\mathrm{BD}}:\overline{\mathrm{FO}}=\overline{\mathrm{FO}}:\overline{\mathrm{AC}}$ 이 성립한다.
따라서 $(a-p):p=p:(b-p)$이고
$$p^2=ab-ap-bp+p^2$$
$$(a+b)p=ab$$
$$p=\dfrac{ab}{a+b}$$
즉, $\dfrac{1}{a}+\dfrac{1}{b}=\dfrac{1}{p}$이므로 $\dfrac{1}{\overline{\mathrm{BF}}}+\dfrac{1}{\overline{\mathrm{AF}}}=\dfrac{1}{\overline{\mathrm{OF}}}$ 이 성립한다.

따라서 $\dfrac{1}{\overline{\mathrm{BF}}}+\dfrac{1}{5}=1$
$$\overline{\mathrm{BF}}=\dfrac{5}{4}=\overline{\mathrm{BD}}+1$$
$$\overline{\mathrm{BD}}=\dfrac{1}{4}$$
$$\overline{\mathrm{DC}}=2\sqrt{\overline{\mathrm{BF}}\times\overline{\mathrm{AF}}}=2\sqrt{\dfrac{5}{4}\times5}=5$$
$$\square\mathrm{ABCD}=\left(\dfrac{1}{4}+4\right)\times5\times\dfrac{1}{2}=\dfrac{85}{8}$$

07 정답 ④

$|p|$의 값이 커질수록 $(x+2)^2=4py$의 폭(포물선 $(x+2)^2=4py$과 $y=t$가 두 점에서 만날 때 x값의 차)이 커진다.
따라서 $p>0$이고 두 포물선 $y^2=4x$와 $(x+2)^2=4py$이 한 점에서 접할 때(공통접선 2개)를 $p=k$라면 $p>k$이면 두 점에서 만나고(공통접선 1개) $0<p<k$이면 만나지 않는다.(공통접선 3개)
따라서 $f(p)$의 그래프는 다음과 같다.

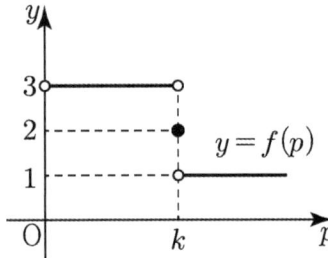

$\displaystyle\lim_{p\to k+}f(p)=1<f(k)=2$이므로 조건을 만족한다.

따라서 $p>0$이고 극한값 k는 두 이차곡선이 접할 때 p의 값이 된다.
두 곡선의 접점을 (x_1,y_1)이라고 하면
$y^2=4x$에서
$y_1^2=4x_1$, 접선의 방정식은 $y_1y=2(x_1+x)$이다.
두 식을 연립하면
$$y=\dfrac{2}{y_1}x+\dfrac{2x_1}{y_1}\ \rightarrow\ y=\dfrac{2}{y_1}x+\dfrac{y_1}{2}\cdots\text{㉠}$$
$(x+2)^2=4py$에서
$(x_1+2)^2=4py_1$, 접선의 방정식은
$(x_1+2)(x+2)=2p(y_1+y)$이다.
두 식을 연립하면
$$y+y_1=\dfrac{(x_1+2)(x+2)}{2p}\ \rightarrow\ y+y_1=\dfrac{2\sqrt{py_1}(x+2)}{2p}$$
$$\rightarrow\ y=\dfrac{\sqrt{y_1}}{\sqrt{p}}x+\dfrac{2\sqrt{y_1}}{\sqrt{p}}-y_1\cdots\text{㉡}$$

$\bigcirc$, $\bigcirc$에서

기울기 같다. $\Rightarrow \dfrac{2}{y_1} = \dfrac{\sqrt{y_1}}{\sqrt{p}}$,

y절편 같다. $\Rightarrow \dfrac{y_1}{2} = \dfrac{2\sqrt{y_1}}{\sqrt{p}} - y_1 \Rightarrow \dfrac{3y_1}{2} = \dfrac{4}{y_1}$

$\therefore \ y_1 = \sqrt{\dfrac{8}{3}}$

따라서 $x_1 > 0$이므로 $x_1 = \dfrac{2}{3}$

$4p = (x_1 + 2)y_1$이므로

$p = \dfrac{2}{3}\sqrt{\dfrac{8}{3}} = \dfrac{4\sqrt{2}}{3\sqrt{3}} = \dfrac{4\sqrt{6}}{9}$ 이다.

$p = \dfrac{4\sqrt{6}}{9}$ 일 때 다음 그림과 같이 공통접선이 2개다.

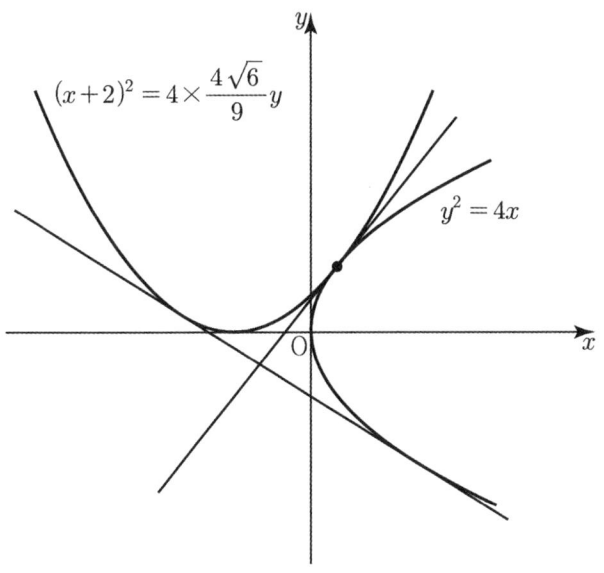

[다른 풀이]–이호진T

$y = \dfrac{1}{4p}(x+2)^2$에서 $|p| \uparrow \Rightarrow$ 폭 $\uparrow$

따라서 $\lim\limits_{p \to k+} f(p) < f(k)$이려면 $k > 0$

조건을 만족시키는 k는 두 포물선이 접하는 상황일 때이다.

$x = \dfrac{1}{4}y^2$와 $x = \sqrt{4ky} - 2$가 제1사분면에서 접하는 경우이다.

따라서 $\dfrac{1}{4}y^2 = \sqrt{4ky} - 2$로부터

$z = \left(\dfrac{y^2}{4} + 2\right)^2$, $z = 4ky$가 제1사분면에서 접하면 된다.

$\begin{cases} 4k = y_1\left(\dfrac{y_1^2}{4} + 2\right) \\ 4ky_1 = \left(\dfrac{y_1^2}{4} + 2\right)^2 \end{cases}$ 로부터 $y_1 = \dfrac{\sqrt{8}}{\sqrt{3}}$이고 이때의

$k = \dfrac{4\sqrt{6}}{9}$ 이다.

---

08 정답 25

점 P의 좌표를 $\left(a, 2\sqrt{pa}\right)$라 하면

포물선 $y^2 = 4px$ 위의 점 P에서의 접선의 방정식은

$2\sqrt{pa}\,y = 2p(x+a) \to y = \sqrt{\dfrac{p}{a}}(x+a)$

포물선의 초점을 점 F, 접선 l과 x축과의 교점을 D라 하면
F$(p, 0)$, D$(-a, 0)$이다.

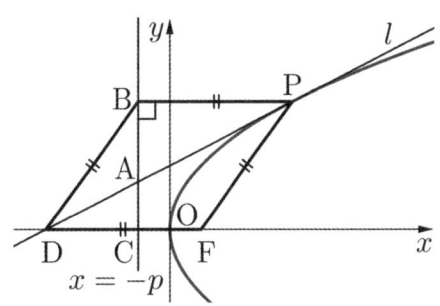

따라서 $\overline{PB} = \overline{FD} = a + p$이고 $\overline{PB} /\!/ \overline{FD}$이므로
사각형 PBDF는 마름모이다.

따라서 $\overline{BP} = \overline{BD}$이다.

한편, 삼각형 ABP과 삼각형 ACD가 닮음이므로

$\overline{AB} : \overline{AC} = \overline{BP} : \overline{CD} = 5 : 3$이므로

$\overline{BP} : \overline{CD} = \overline{BD} : \overline{CD} = 5 : 3$이다.

$\overline{CD} = 3k$라 하면 $\overline{BD} = 5k$이므로 $\overline{CB} = 4k$이다.

따라서 $\dfrac{\overline{CB}}{\overline{DC}} = \dfrac{4}{3}$

$\angle BDC = \theta$라 하면 $\tan\theta = \dfrac{4}{3}$이고 $m = \tan\dfrac{\theta}{2}$이므로

$\dfrac{2m}{1-m^2} = \dfrac{4}{3}$에서 $2m^2 + 3m - 2 = 0$

$(2m-1)(m+2) = 0$

따라서 $m = \dfrac{1}{2}$이다.

$\therefore \ 100m^2 = 25$

---

09 정답 64

$(x_1, y_1) = (x_1, 8)$은 $y^2 = 8x$ 위의 점이므로 $x_1 = 8$이다.

$y^2 = 8x$ 위의 점 $(8, 8)$에서의 접선의 방정식은

$8y = 4(x+8)$이므로 접선의 y절편은 4이다.

따라서 $y_2 = 4$

$(x_2, y_2) = (x_2, 4)$은 $y^2 = -8x$ 위의 점이므로 $x_2 = -2$이다.

$y^2 = -8x$ 위의 점 $(-2, 4)$에서의 접선의 방정식은

$4y = -4(x-2)$이므로 접선의 y절편은 2이다.

따라서 $y_3 = 2$

$(x_3, y_3) = (x_2, 2)$은 $y^2 = 8x$ 위의 점이므로 $x_3 = \dfrac{1}{2}$이다.

$y^2 = 8x$ 위의 점 $\left(\dfrac{1}{2}, 2\right)$에서의 접선의 방정식은

$2y = 4\left(x + \dfrac{1}{2}\right)$이므로 접선의 y절편은 1이다.

따라서 $y_4 = 1$

같은 방법으로 두 수열 $\{x_n\}$, $\{y_n\}$을 알아보면

수열 $\{x_n\}$은 $x_1 = 8$이고 공비가 $-\dfrac{1}{4}$인 등비수열이고 수열

$\{y_n\}$은 $y_1 = 8$이고 공비가 $\dfrac{1}{2}$인 등비수열이다.

따라서

$$x_n = 8 \times \left(-\dfrac{1}{4}\right)^{n-1}, \quad y_n = 8\left(\dfrac{1}{2}\right)^{n-1}$$

$$\dfrac{y_{11}}{x_9} = \dfrac{8 \times \left(\dfrac{1}{2}\right)^{10}}{8 \times \left(-\dfrac{1}{4}\right)^8} = \dfrac{\dfrac{1}{2^{10}}}{\dfrac{1}{2^{16}}} = 2^6 = 64$$

[다른 풀이]–유승희 선생님

(x_{2n-1}, y_{2n-1})에서의 접선은 $y_{2n-1}y = 4(x + x_{2n-1})$이고

y절편이 y_{2n}이므로 $y_{2n-1} \times y_{2n} = 4 \times x_{2n-1}$

$y^2 = 8x$ 위의 점이므로 $(y_{2n-1})^2 = 8 \times x_{2n-1}$

따라서 $y_{2n-1} \times y_{2n} = 4 \times x_{2n-1} = \dfrac{1}{2}(y_{2n-1})^2$

추론에 의해서 $y_{2n-1} \neq 0$이고 $x_{2n-1} \neq 0$이므로

$y_{2n} \neq 0$이고 $x_{2n} \neq 0$임을 알 수 있다.

$y_{2n} = \dfrac{1}{2}y_{2n-1} \ \cdots \ \bigcirc$

같은 방법으로 (x_{2n}, y_{2n})에서 $y^2 = -8x$에 그은 접선은

$y_{2n}y = -4(x + x_{2n})$이고 y절편이 y_{2n+1}이므로

$y_{2n} \times y_{2n+1} = -4 \times x_{2n}$

$y^2 = -8x$ 위의 점이므로 $(y_{2n})^2 = -8 \times x_{2n}$

따라서 $y_{2n} \times y_{2n+1} = -4 \times x_{2n} = \dfrac{1}{2}(y_{2n})^2$

$y_{2n} \neq 0$이므로 $y_{2n+1} = \dfrac{1}{2}y_{2n} \ \cdots \ \bigcirc$

$\bigcirc$, $\bigcirc$에서 수열 $\{y_n\}$은 첫째항이 8이고, 공비가 $\dfrac{1}{2}$인

등비수열이다.

$\therefore \ y_n = 8 \times \left(\dfrac{1}{2}\right)^{n-1}$

$(y_{2n-1})^2 = 8 \times x_{2n-1}$에서 $x_{2n-1} = 8 \times \left(\dfrac{1}{4}\right)^{2n-2}$

$(y_{2n})^2 = -8 \times x_{2n}$에서 $x_{2n} = -8\left(\dfrac{1}{4}\right)^{2n-1}$이므로

수열 $\{x_n\}$은 첫째항이 8이고, 공비가 $-\dfrac{1}{4}$인 등비수열이다.

유형 2 타원의 정의와 활용

10 정답 147

그림과 같이 점 F'을 지나는 포물선의 준선을 l이라 하고 점 P에서 직선 l에 내린 수선의 발을 H라 하면 포물선의 정의에 의하여 $\overline{PF} = \overline{PH}$

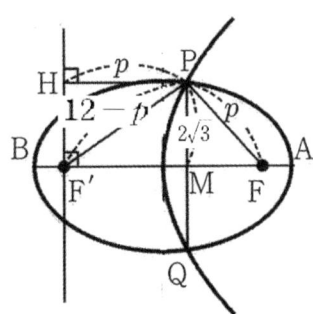

$\overline{PF} = p$라 하면 타원의 장축의 길이가 12이므로 $\overline{PF'} + \overline{PF} = 12$

$\therefore \ \overline{PF'} = 12 - p$

선분 PQ와 타원의 장축이 만나는 점을 M이라 하면

$\overline{PQ} = 4\sqrt{3}$이므로

$\overline{PM} = \overline{QM} = 2\sqrt{3}$

$\therefore \ \overline{HF'} = \overline{PM} = 2\sqrt{3}$

직각삼각형 PHF'에서 $\overline{PF'}^2 = \overline{PH}^2 + \overline{HF'}^2$이므로

$(12 - p)^2 = p^2 + (2\sqrt{3})^2$

$\therefore \ p = \dfrac{11}{2}$

$\therefore \ \overline{PF} = p = \dfrac{11}{2}, \ \overline{PF'} = 12 - p = \dfrac{13}{2}$

따라서 $\overline{PF} \times \overline{PF'} = \dfrac{11}{2} \times \dfrac{13}{2} = \dfrac{143}{4}$이므로 $p = 4$, $q = 143$

$\therefore \ p + q = 4 + 143 = 147$

11 정답 ④

[출제자 : 오세준T]

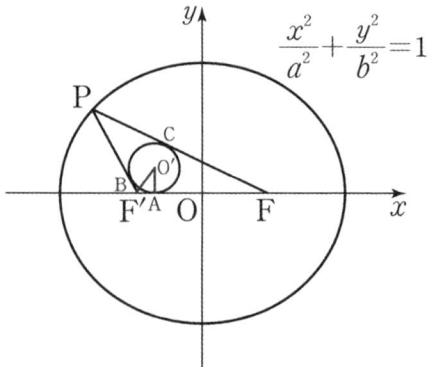

$\angle PF'F = 120\degree$이므로 $\angle O'F'A = 60\degree$

$\overline{O'A} = \sqrt{3}$이므로 $\overline{F'A} = \overline{F'B} = 1$

$\overline{FA}=\overline{FF'}-\overline{F'A}=10-1=9$이므로 $\overline{FC}=9$

$\overline{PF}=14$이고 $\overline{PC}=\overline{PF}-\overline{FC}=14-9=5$이므로 $\overline{PB}=5$

따라서

$\overline{PF'}+\overline{PF}=\overline{PB}+\overline{BF'}+\overline{PF}$

$=5+1+14=20=2a$

$\therefore a=10$

$a^2-b^2=25$이므로 $b^2=a^2-25=10^2-25=75$

$\therefore a+b^2=10+75=85$

---

12 정답 11

타원 $C_1 : \dfrac{x^2}{3}+\dfrac{y^2}{7}=1$의 장축의 길이가 $2\sqrt{7}$이므로

$\overline{PF_1}+\overline{QF_1}=\overline{PF_1}+\overline{PF_2}=2\sqrt{7}$

$\therefore \overline{QF_1}=\overline{PF_2}$

즉, 제 1사분면 위의 점 Q는 점 P를 x축에 대하여 대칭이동한 점이므로 두 점 P, Q의 x좌표는 일치한다.

타원 $C_2 : \dfrac{x^2}{2}+y^2=1$에 접하는 직선의 접점을 $(p,\ q)$라 하면

접선의 방정식은

$\dfrac{px}{2}+qy=1\cdots\text{㉠}$

㉠은 타원 $C_1 : \dfrac{x^2}{3}+\dfrac{y^2}{7}=1$의 초점인 $F_1\left(0,\ \sqrt{7-3}\right)$

즉, $F_1(0,\ 2)$를 지나므로 $2q=1$이다.

$\therefore q=\dfrac{1}{2}$

또한, $\dfrac{p^2}{2}+q^2=\dfrac{p^2}{2}+\dfrac{1}{4}=1$에서 $p^2=\dfrac{3}{2}$이므로 $p=\dfrac{\sqrt{6}}{2}$

즉, 접선의 방정식은 $\dfrac{\sqrt{6}}{4}x+\dfrac{y}{2}=1$, $y=-\dfrac{\sqrt{6}}{2}x+2$이다.

이때 직선 $y=-\dfrac{\sqrt{6}}{2}x+2$를 x축에 대하여 대칭이동한 직선이 l이다.

따라서 직선 l의 방정식은 $y=\dfrac{\sqrt{6}}{2}x-2$이고

직선 l의 y절편은 -2, x절편은 $\dfrac{4}{\sqrt{6}}$이므로

직선 l과 x축, y축으로 둘러싸인 삼각형 부분의 넓이는

$S=\dfrac{1}{2}\times2\times\dfrac{4}{\sqrt{6}}=\dfrac{4}{\sqrt{6}}$이다.

$S^2=\dfrac{16}{6}=\dfrac{8}{3}$

$p=3$, $q=8$이므로 $p+q=11$이다.

---

13 정답 65

[그림 : 배용제T]

두 초점 $F(c,0)$, $F'(-c,0)$은 모두 타원과 쌍곡선의

초점이므로

$c^2=64-a^2=1+b^2$

$\therefore a^2+b^2=63$

따라서 삼각형 AFF'의 넓이는 $\dfrac{63}{2}$

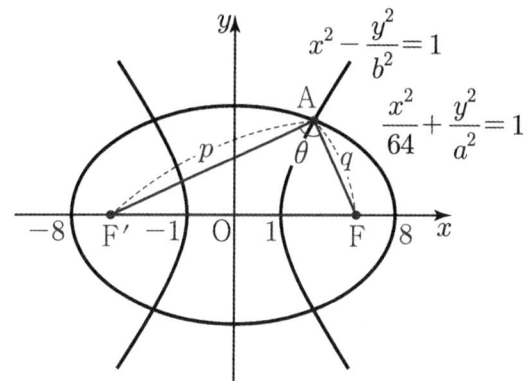

$\overline{AF'}=p$, $\overline{AF}=q$라 하면 타원과 쌍곡선의 정의에 의해

$\overline{AF'}+\overline{AF}=p+q=16$

$\overline{AF'}-\overline{AF}=p-q=2$

연립하여 풀면 $p=9$, $q=7$

$\angle F'AF=\theta$라 하면

$\triangle AF'F=\dfrac{1}{2}\overline{AF'}\times\overline{AF}\times\sin\theta=\dfrac{1}{2}\times9\times7\times\sin\theta=\dfrac{63}{2}$

$\sin\theta=1$이므로 $\theta=\dfrac{\pi}{2}$

따라서 삼각형 $AF'F$는 직각삼각형이므로 피타고라스의 정리에 의해

$p^2+q^2=9^2+7^2=4c^2$

$4c^2=130$

$\therefore 2c^2=65$

---

14 정답 ④

두 초점이 x축 위에 있는 타원의 방정식을

$\dfrac{x^2}{a^2}+\dfrac{y^2}{b^2}=1$ (단, $a>b>0$)라 하면

(가) 조건에 의해 $a^2-b^2=9$이고

(나) 조건에 의해 $a-b=1$이다.

연립하여 풀면 $a=5$, $b=4$

장축의 길이는 $2a=10$이다.

---

15 정답 8

[출제자 : 최성훈T]

$\overline{OF}=\overline{OF'}=\overline{OP}$이므로 $\triangle PF'F$의 외심이 O가 된다.

$\therefore \angle F'PF=\dfrac{\pi}{2}$

x좌표가 음수인 초점을 F'라 할 때,

초점의 좌표는 $F(\sqrt{5},\ 0)$이므로 $\overline{FF'}=2\sqrt{5}$

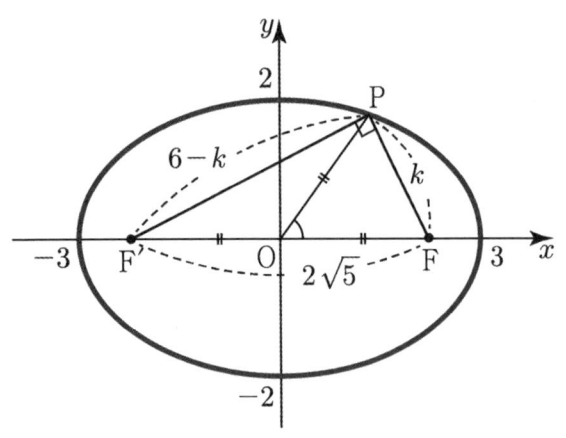

$\overline{PF}=k$라 놓으면 $\overline{PF'}=6-k$

$(6-k)^2+k^2=(2\sqrt{5})^2$

$k^2-6k+8=0$

$(k-2)(k-4)=0$

$k=2$또는 $k=4$

P는 제1사분면의 점이므로 $\overline{PF}<\overline{PF'}$

$\therefore\ k=2$

$\triangle PF'F$에서

$\cos(\angle POF)=\dfrac{\sqrt{5}^2+\sqrt{5}^2-2^2}{2\cdot\sqrt{5}\cdot\sqrt{5}}=\dfrac{3}{5}$

$\therefore\ p+q=8$

16 정답 (1) ③ (2) ①

[출제자 : 최성훈 최성훈수학교습소]

(1)

타원의 초점의 좌표는 $F(4,\ 0)$, $F'(-4,\ 0)$이므로 $\overline{FF'}=8$

$\triangle AF'F$는 정삼각형이므로 $\angle AFF'=\dfrac{\pi}{3}$

타원의 정의에 의하여 $\overline{PF}+\overline{PF'}=10$이므로

$\overline{PF}=k$이므로 $\overline{PF'}=10-k$

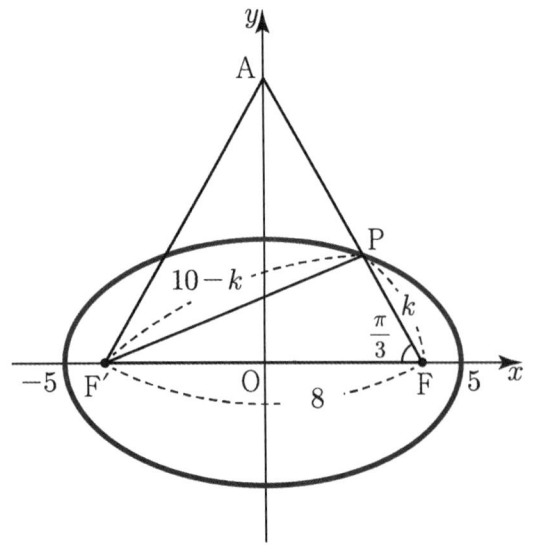

$\triangle PF'F$에서

$(10-k)^2=k^2+8^2-2\cdot k\cdot 8\cdot\cos\dfrac{\pi}{3}$

$k^2-20k+100=k^2+64-8k$

$\therefore\ k=3$

$\overline{AF}=8$이므로 $\overline{AP}=5$

(2)

타원 $\dfrac{x^2}{36}+\dfrac{y^2}{100}=1$ 의 초점의 좌표가

$(0,8)$, $(0,-8)$ 이므로 $F(0,8)$ 이라 하면

$\overline{AC}+\overline{AF}=20$, $\overline{FB}+\overline{BC}=20$

$\therefore\ \overline{AB}+\overline{BC}+\overline{CA}=\overline{AF}+\overline{FB}+\overline{AC}+\overline{BC}=40$

17 정답 ④

$\dfrac{x^2}{\frac{1}{2}k}-\dfrac{y^2}{1-k}=1$이 타원이므로 $1-k<0$이다.

$\dfrac{x^2}{\frac{1}{2}k}+\dfrac{y^2}{k-1}=1$이고 (가)에서 두 초점이 y축 위에 있는

타원이므로 $\dfrac{1}{2}k<k-1\Rightarrow 2<k$

(나)에서 타원의 두 초점의 좌표를

$(0,c)$, $(0,-c)$ $(c>0)$ 라 하면 $2c=2\sqrt{5}$ 이므로

$c^2=(k-1)-\left(\dfrac{1}{2}k\right)=\dfrac{1}{2}k-1=5$

$k=12$

18 정답 ①

타원의 정의에 의해 $\overline{PF'}+\overline{PF}=4$이다.

$\overline{PQ}=\overline{PF}$이므로 $\overline{PF'}+\overline{PQ}=4$

따라서 도형 C 는 중심의 좌표가 타원의 한 초점 F'이고

반지름의 길이가 4인 원이다.

따라서 원 C의 넓이는 16π이다.

19 정답 ②

$\dfrac{x^2+4px}{4}+y^2+qy=-1\ \rightarrow$

$\dfrac{(x+2p)^2}{4}+\left(y+\dfrac{1}{2}q\right)^2=-1+p^2+\dfrac{1}{4}q^2$

양변을 $p^2+\dfrac{1}{4}q^2-1$로 나누면

$$\frac{(x+2p)^2}{4\left(p^2+\frac{1}{4}q^2-1\right)}+\frac{\left(y+\frac{1}{2}q\right)^2}{p^2+\frac{1}{4}q^2-1}=1$$

이 타원은 중심이 $\left(-2p,\ -\frac{1}{2}q\right)$이고 단축의 길이가

$2\sqrt{p^2+\frac{1}{4}q^2-1}=10\cdots$㉠이다.

㉠에서 양변에 2를 나눈 뒤 양변 제곱하면

$p^2+\frac{1}{4}q^2-1=25$ $\therefore$ $p^2+\frac{1}{4}q^2=26\cdots$㉡

한편, 타원이 x축에 접하므로 중심의 y좌표의 절댓값과 단축의

길이의 $\frac{1}{2}$배가 같은 값이다.

따라서 $q\geq0$이므로 $\frac{1}{2}q=5$에서 $q=10$

㉡에 $q=10$을 대입하면 $p=1$ $(p\geq0)$

따라서 $p+q=11$이다.

20 정답 521

$\overline{FF'}=13$, $\sin(\angle AF'F)=\dfrac{\overline{AF}}{\overline{FF'}}=\dfrac{5}{13}$이므로

$\overline{AF}=5$, $\overline{AF'}=12$

타원의 정의에서

$\overline{AF'}+\overline{AF}=\overline{BF'}+\overline{BF}=17$

$\overline{BF}=a$, $\overline{BF'}=b$라 두면

$a+b=17\cdots$㉠

$12^2+(5+a)^2=b^2\cdots$㉡

㉠,㉡에서

$144+25+10a+a^2=289-34a+a^2$

$\therefore$ $a=\dfrac{30}{11}$

$\triangle AF'B=\dfrac{1}{2}\times\overline{AF'}\times\overline{AB}$

$=\dfrac{1}{2}\times12\times\left(5+\dfrac{30}{11}\right)=\dfrac{510}{11}$

$p=11$, $q=510$

$p+q=521$

[다른 풀이]

$\triangle AF'B$의 넓이는 헤론의 공식에서

$S=\sqrt{17\times(17-12)\times(17-5-a)\times(17-b)}$

$=\sqrt{17\times5\times(12-a)\times a}$ $(\because$㉠$)$

$=\sqrt{17\times5\times\dfrac{102}{11}\times\dfrac{30}{11}}=\dfrac{510}{11}$

21 정답 15

점 P에서 x축에 내린 수선의 발을 H라 하면

$\overline{AH}=2$

따라서 점 P의 x좌표는 $a+2$이다.

포물선의 준선이 $x=-a$이므로 점 P에서 준선까지 거리는

$a+(a+2)=2a+2$이다.

따라서 포물선의 정의로 $\overline{PA}=2a+2$

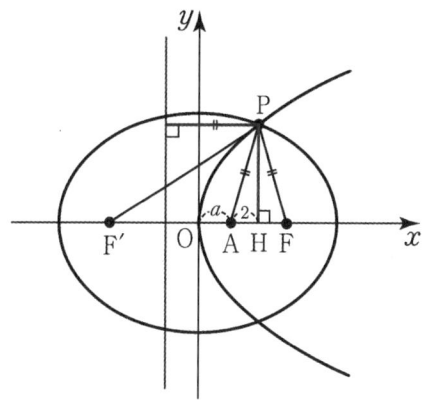

따라서 직각삼각형 PHA에서

$\overline{PH}=\sqrt{(2a+2)^2-(2)^2}=\sqrt{4a^2+8a}$

직각삼각형 PF'H에서

$\overline{PF'}=\overline{F'F}+1=2a+9$, $\overline{F'H}=2a+6$

$\overline{PH}=\sqrt{(2a+9)^2-(2a+6)^2}=\sqrt{12a+45}$

따라서 $\sqrt{4a^2+8a}=\sqrt{12a+45}$

$4a^2-4a-45=0$

$a=\dfrac{2\pm\sqrt{4+180}}{4}$

$\therefore$ $a=\dfrac{1+\sqrt{46}}{2}$

타원의 장축의 길이는

$\overline{PF}+\overline{PF'}=\overline{PA}+\overline{FF'}+1$

$\qquad=(2a+2)+(2a+8)+1=4a+11$

$\qquad=2+2\sqrt{46}+11=13+2\sqrt{46}$

따라서 $p=13$, $q=2$

$p+q=13+2=15$이다.

22 정답 3

타원 $\dfrac{x^2}{16}+\dfrac{3y^2}{4}=1$ 위의 점 $A(2,1)$에서의 접선의 방정식은

$\dfrac{2x}{16}+\dfrac{3y}{4}=1$이다.

따라서 접선이 x축과 만나는 점인 B의 좌표는 $(8,0)$이다.

준선이 x축과 평행하고 $k<0$이므로 점 A와 점 B에서의

준선까지의 거리는 각각 $1-k$와 $-k$이다.

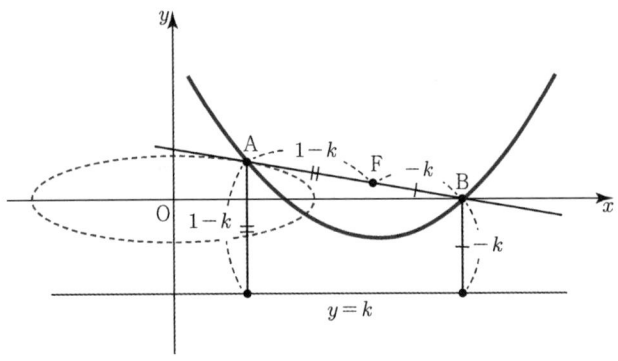

선분 AB 위의 있는 포물선의 초점 F까지 거리도 포물선의 정의에 의해 $1-k$, $-k$이므로

$\overline{AB} = (1-k)+(-k) = 1-2k$

한편, $\overline{AB} = \sqrt{36+1} = \sqrt{37}$

따라서 $1-2k = \sqrt{37}$

$k = \dfrac{1}{2} - \dfrac{1}{2}\sqrt{37}$

$p = \dfrac{1}{2}$, $q = \dfrac{1}{2}$이므로 $5p+q = \dfrac{5}{2} + \dfrac{1}{2} = 3$

23 정답 ⑤

$\overline{AF} = a$, $\overline{AF'} = b$라 하면 타원의 정의에 의해 장축의 길이가 10이므로 $a+b = 10$에서 $b = 10-a$이다.

$\overline{AD} = c$라 두면

사각형 ABCD의 둘레 길이는 $4a+2c = 24$이다.

따라서 $c = 12-2a$

직각삼각형 AFF'에서 $b^2 = a^2 + c^2$이므로

$(10-a)^2 = a^2 + (12-2a)^2$

$100-20a+a^2 = a^2 + 144 - 48a + 4a^2$

$4a^2 - 28a + 44 = 0$, $a^2 - 7a + 11 = 0$

$\therefore a = \dfrac{7 \pm \sqrt{5}}{2}$

$b > a$이므로 $a = \dfrac{7-\sqrt{5}}{2}$

$c = 12 - (7-\sqrt{5}) = 5 + \sqrt{5}$

따라서 사각형 ABCD의 넓이는

$2a \times c = (7-\sqrt{5}) \times (5+\sqrt{5})$
$= 35 + 2\sqrt{5} - 5 = 30 + 2\sqrt{5}$이다.

24 정답 60

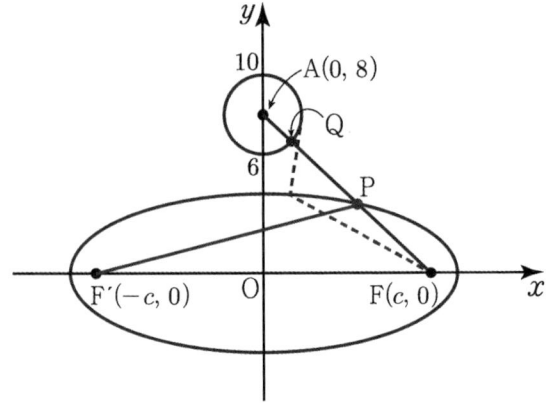

장축의 길이가 20이므로 $\therefore a = 10$

$\overline{PF'} - \overline{PQ} \leq 10 \leftarrow \overline{PF'} - \overline{PQ}$의 최댓값이 10

$\overline{PF'} + \overline{PF} = 20 \leftarrow$ 타원의 정의

두 식을 변변 빼면

$\overline{PQ} + \overline{PF} \geq 10$이고 $\overline{PQ} + \overline{PF} \geq \overline{FA} - 2$ 이므로

$\overline{FA} = 12$

$\therefore \overline{OF}^2 = 12^2 - 8^2 = 80$

$\dfrac{x^2}{100} + \dfrac{y^2}{b^2} = 1$ 에서 $100 - b^2 = \overline{OF}^2 = 80$이므로

$b^2 = 20$

$\therefore a^2 - 2b^2 = 60$

[추가 설명]–강동희T

$20 - (\overline{PQ} + \overline{PF})$의 값이 최대가 되기 위해서는

$\overline{PQ} + \overline{PA}$가 최소일 때다.

25 정답 11

$\overline{OF} = \overline{OF'}$이고 $\overline{OQ}$가 공통이므로

삼각형 $OF'Q$와 삼각형 OFQ는 합동이다.

따라서 $\overline{QF} = 6$

$\overline{PF} = x$라 하면 (나)에서 $6 - x = 2$이므로 $x = 4$이다.

$\overline{PF'} + \overline{PF} = 6+4 = 10$이므로

$2a = 10$이다.

$\therefore a = 5$

따라서 $Q(0, -5)$

따라서 $\overline{OF} = \sqrt{6^2 - 5^2} = \sqrt{11}$이다.

$c = \sqrt{11}$이므로 $c^2 = 11$

26 정답 13

점 F에서 원 C에 그은 접선 중 직선 FP가 아닌 접선과 원 C의 교점을 Q'라 할 때, y축 위에 중심이 있는 원과 타원 그리고 초점의 좌표 모두 y축 대칭이므로 $\overline{F'Q} = \overline{FQ'} = 5$이다.

$\overline{PF}$와 원의 접점을 점 R라 하면 $\overline{FQ'} = \overline{FR} = 5$,

$\overline{PQ} = \overline{PR} = x$라 두면

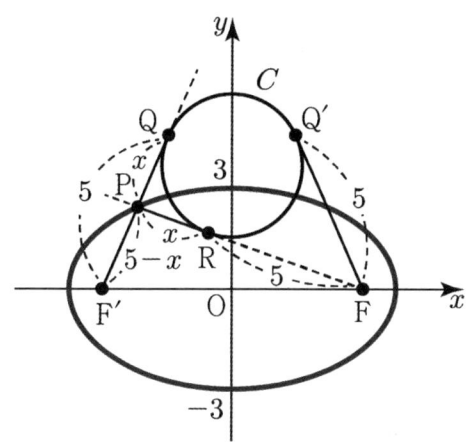

$\overline{F'P} = 5 - x$, $\overline{FP} = 5 + x$

타원 정의에서 $\overline{F'P} + \overline{FP} = 2a$이므로 $10 = 2a$에서

$a = 5$

따라서 초점의 좌표는 $(4, 0)$, $(-4, 0)$

$\therefore \ \overline{F'F} = 8$

$\therefore \ a + \overline{F'F} = 5 + 8 = 13$

27 정답 12

$\angle POF' = \dfrac{\pi}{2}$이므로 선분 PF'는 원 C의 지름이다.

점 Q는 원 C 위의 점이므로 $\angle PQF' = \dfrac{\pi}{2}$이다.

$\overline{PQ} = \overline{QR} = \dfrac{1}{2}\overline{RF}$에서 $\overline{PQ} = k$라 두면 다음 그림과 같다.

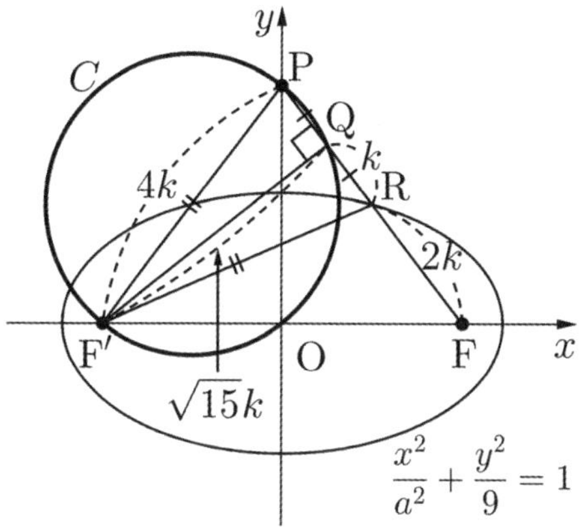

<!-- figure: ellipse x^2/a^2 + y^2/9 = 1 with circle C, points P, Q, R, F', F, labels 4k, k, 2k, √15k -->

$\dfrac{x^2}{a^2} + \dfrac{y^2}{9} = 1$

$\overline{PF} = \overline{PF'}$이므로 $\overline{PF'} = 4k$이므로 직각삼각형
PQF'에서 피타고라스 정리를 적용하면
$\overline{QF'} = \sqrt{15}\,k$

또한, $\triangle PQF' \equiv \triangle RQF'$이므로 $\overline{RF'} = 4k$이다.

직각삼각형 $F'QF$에서 $\left(\sqrt{15}\,k\right)^2 + (3k)^2 = (2c)^2$

$\therefore \ c^2 = 6k^2$

점 R은 타원 위의 점이므로 타원의 정의에 의해

$\overline{F'R} + \overline{FR} = 2a$이다.

따라서 $4k + 2k = 2a$

$\therefore \ a^2 = 9k^2$

$a^2 - 9 = c^2$에서 $9k^2 - 9 = 6k^2$

$k^2 = 3$

원의 반지름의 길이는 $2k$이므로 $S = (2k)^2\pi = 12\pi$

따라서 $\dfrac{S}{\pi} = 12$

28 정답 ④

$\dfrac{x^2}{n^2} + \dfrac{y^2}{(n+1)^2} = \dfrac{1}{n^2(n+1)^2}$의 양변에 $n^2(n+1)^2$을

곱하면 $(n+1)^2 x^2 + n^2 y^2 = 1$ 이므로

P_n에서의 접선의 방정식은 $\dfrac{\sqrt{3}(n+1)}{2}x + \dfrac{n}{2}y = 1$

Q_n에서의 접선의 방정식은 $\dfrac{\sqrt{3}(n+1)}{2}x - \dfrac{n}{2}y = 1$

두 접선의 x절편이 $\dfrac{2}{\sqrt{3}(n+1)}$이므로

$R_n\left(\dfrac{2}{\sqrt{3}(n+1)}, 0\right)$이다.

따라서 $S_n = \dfrac{1}{2} \times \dfrac{\sqrt{3}}{6(n+1)} \times \dfrac{1}{n}$

$\displaystyle\sum_{n=1}^{24} S_n = \dfrac{\sqrt{3}}{12}\sum_{n=1}^{24}\dfrac{1}{n(n+1)}$

$= \dfrac{\sqrt{3}}{12}\left(1 - \dfrac{1}{25}\right) = \dfrac{2\sqrt{3}}{25}$

유형 3 쌍곡선의 정의와 활용

29 정답 24

쌍곡선 $\dfrac{x^2}{9} - \dfrac{y^2}{7} = 1$의 두 초점의 좌표를

$(c, 0)$, $(-c, 0)$ $(c > 0)$이라 하면 $c = \sqrt{9+7} = 4$

두 초점의 좌표는 각각 $(4, 0)$, $(-4, 0)$이므로 점 F는
쌍곡선의 초점이다.

원과 쌍곡선은 각각 y축에 대칭인 곡선이고 원의 두 접선 PC와
PA도 y축에 대칭이므로 $\overline{AB} = \overline{CD} = 12$

또한 $\overline{CD}$와 x축의 교점은 쌍곡선의 다른 초점 F'이다.

쌍곡선의 정의에 의하여

$\overline{CF} - \overline{CF'} = 6$, $\overline{DF} - \overline{DF'} = 6$(주축의 길이)이므로 변변 더하면

$\overline{CF} + \overline{DF} - (\overline{CF'} + \overline{DF'}) = 12$, $\overline{CF} + \overline{DF} - \overline{CD} = 12$

따라서 $\overline{CF} + \overline{DF} = \overline{CD} + 12 = 12 + 12 = 24$

30 정답 ③

조건 (가)에서

$\overline{PF'} < \overline{PF}$ 이고 점 P가 쌍곡선 위의 점이므로

$\overline{PF} - \overline{PF'} = 2a$

$\overline{PF} = \overline{PF'} + 2a = 10 + 2a$

이때, $52 \leq \overline{PF} \leq 60$ 이므로

$52 \leq 10 + 2a \leq 60$

$21 \leq a \leq 25 \cdots \bigcirc$

조건 (나)에서 쌍곡선의 점근선의 방정식이 $y = \pm \dfrac{5}{12}x$ 이므로

$\dfrac{b}{a} = \dfrac{5}{12}$, $b = \dfrac{5}{12}a$ 이다.

점 $A(a, 0)$ $(a > 0)$ 라 하고 $F(c, 0)$ 이므로

$c = \sqrt{a^2 + b^2}$ 에서 $c^2 = a^2 + \dfrac{25}{144}a^2 = \dfrac{169}{144}a^2$

$\therefore c = \dfrac{13}{12}a$

따라서 $F\left(\dfrac{13}{12}a, 0\right)$, $F'\left(-\dfrac{13}{12}a, 0\right)$

조건 (다)에서 선분 AF의 길이와 선분 AF'의 길이가

자연수이므로 $\overline{AF} = \dfrac{1}{12}a$, $\overline{AF'} = \dfrac{25}{12}a$ 에서 a는 12의

배수이다.

(쌍곡선이 y축 대칭이므로 다른 꼭짓점을 $A'(-a, 0)$이라 할

때도 마찬가지이다.)

$\bigcirc$에서 $21 \leq a \leq 25$이므로 $a = 24$

그러므로 $b = 10$

따라서 $a + b = 34$

31 정답 ③

[김진성T] 21년 09월 기하 28번 변형
[그림 : 배용제T]

점 $P\left(-5, \dfrac{3}{2}\sqrt{5}\right)$에서 쌍곡선에 접하는 직선의 방정식은

$\dfrac{-5x}{16} - \dfrac{\frac{3}{2}\sqrt{5}\,y}{20} = 1$ 이고 접선의 x절편 좌표는

$S\left(-\dfrac{16}{5}, 0\right)$이다. 직선FQ와 직선$l$이 평행하므로 삼각형

$F'QF$와 삼각형 $F'RS$는 닮음이고 닮음비는

$\overline{F'F} : \overline{F'S} = 12 : \dfrac{14}{5} = 30 : 7$이 된다.

그리고 선분 $F'R$과 선분 RS의 차

$= |\overline{F'R} - \overline{RS}| = \dfrac{7}{30} \times |\overline{F'Q} - \overline{QF}| = \dfrac{7}{30} \times 8 = \dfrac{28}{15}$

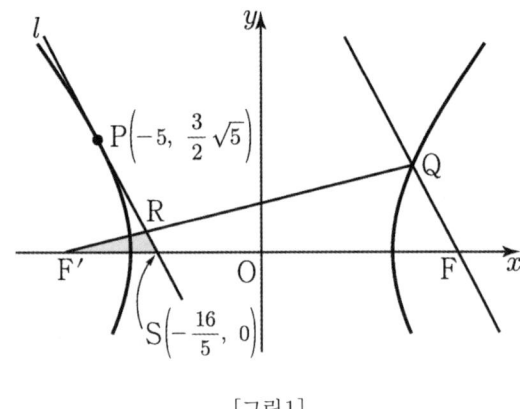

[그림1]

32 정답 88

[출제자 : 김수T]
[그림 : 이호진T]

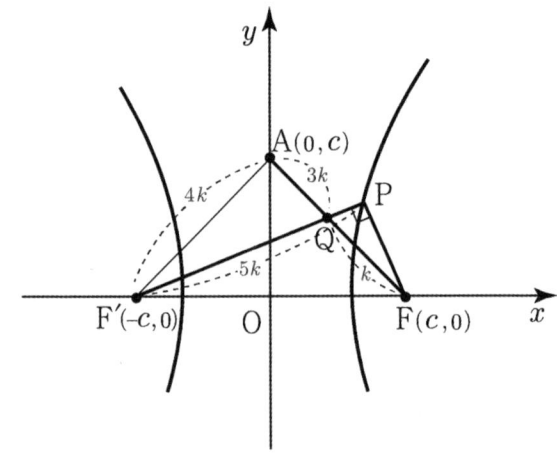

$\overline{AQ} = 3k$, $\overline{QF} = k$ 이고 $\triangle AF'F$는 $\angle F'AF = \dfrac{\pi}{2}$ 를

만족시키는 직각이등변삼각형이다.

이때, $\overline{AF} = \overline{AF'} = 4k$ 이고 $\overline{QF'} = 5k$ 를 만족하면서

$\triangle PFQ$ 와 $\triangle AF'Q$은 닮음이다.

따라서 $\overline{QF} = k$ 이므로 $\overline{PQ} = \dfrac{3}{5}k$, $\overline{PF} = \dfrac{4}{5}k$ 이다.

$\triangle PFQ$ 의 둘레의 길이는 $\dfrac{12}{5}k = 12$이므로 $k = 5$이다.

$\overline{PF'} = \dfrac{28}{5}k = 28$, $\overline{PF} = \dfrac{4}{5}k = 4$ 이므로

주축의 길이 $2a = 28 - 4 = 24$ 이고 $a = 12$이다.

$\overline{FF'} = 2c = \sqrt{28^2 + 4^2} = 4\sqrt{7^2 + 1} = 4\sqrt{50} = 20\sqrt{2}$ 이므로

$c = 10\sqrt{2}$ 이다.

$b^2 = c^2 - a^2 = 200 - 144 = 56$

$\therefore a^2 - b^2 = 144 - 56 = 88$

33 정답 24

쌍곡선의 방정식을 $\dfrac{x^2}{a^2} - \dfrac{y^2}{b^2} = 1$ $(a > 0, \ b > 0)$이라 하면

$a^2 + b^2 = 5^2$ $\qquad \cdots$ ㉠

$\left| \dfrac{b}{a} \right| = k$에서 $b = ak$ $\cdots$ ㉡

조건 (가)에서 $\overline{OP} = 5$이고 $\overline{OF} = \overline{OF'} = 5$이므로 삼각형 $PF'F$는 변 FF'을 빗변으로 하는 직각삼각형이다.

$\overline{PF} = m$, $\overline{PF'} = n$이라 하면 $\overline{FF'} = 10$이므로

$m^2 + n^2 = 10^2$ $\qquad \cdots$ ㉢

조건 (나)에서 삼각형 $PF'F$의 둘레의 길이가 24이므로

$m + n = 14$ $\qquad \cdots$ ㉣

㉢, ㉣에서 $m = 8$, $n = 6$ 또는 $m = 6$, $n = 8$

점 P는 쌍곡선 위의 점이므로

$|m - n| = 2a$에서 $a = 1$

㉠, ㉡으로부터 $b = 2\sqrt{6}$

따라서 $k = 2\sqrt{6}$

$\therefore \ k^2 = 24$

34 정답 (1) ② (2) ①

[출제자 : 최성훈T]

(1)

$\dfrac{b}{a}$는 $O(0, 0)$과 $P(a, b)$의 기울기이다.

P의 x좌표인 a가 커지면 직선 OP는 점근선인 l에 가까워진다.

l의 방정식이 $y = \dfrac{\sqrt{3}}{2}x$이므로 $\dfrac{b}{a}$는 $\dfrac{\sqrt{3}}{2}$에 가까워진다.

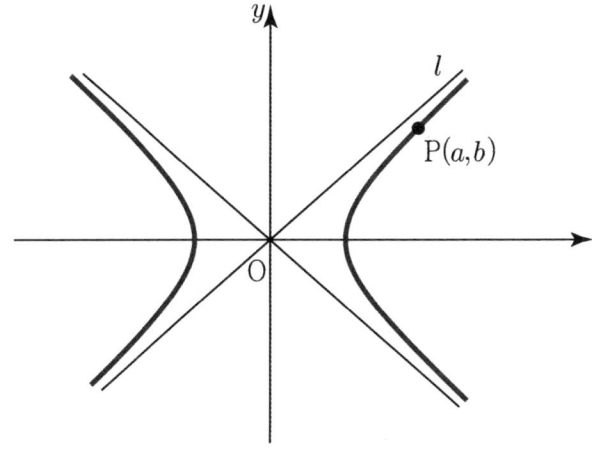

(2) 쌍곡선 $x^2 - \dfrac{y^2}{4} = 1$과 쌍곡선 $\dfrac{x^2}{4} - \dfrac{y^2}{100} = -1$의 점근선의

방정식은 각각 $y = \pm 2x$, $y = \pm 5x$

$2 \leq |m| \leq 5$이므로 정수 m의 개수는 8이다.

35 정답 ①

쌍곡선 사이의 점근선 위의 점을 제외한 점에서 쌍곡선에 두 개의 접선을 그을 수 있다. 따라서 다음 그림과 같이 $y = 3$위의 격자점 $(-5, 3) \sim (5, 3)$중에서 점근선 위의 점 $(-4, 3)$, $(4, 3)$을 제외

따라서 격자점의 개수는 9개다.

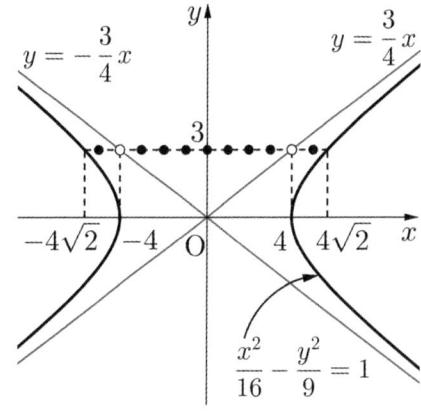

[다른 풀이]

기울기가 m인 접선의 방정식은

$y = mx \pm \sqrt{16m^2 - 9}$이고 $(t, 3)$을 대입하면

$3 = tm \pm \sqrt{16m^2 - 9}$

$3 - tm = \pm \sqrt{16m^2 - 9}$

$9 - 6tm + t^2m^2 = 16m^2 - 9$

$(t^2 - 16)m^2 - 6tm + 18 = 0$

에서 서로 다른 두 실근이 존재해야 하므로 $D > 0$이다.

$9t^2 - 18(t^2 - 16) > 0$

$-9t^2 + 18 \times 16 > 0$

$t^2 - 32 < 0$

$-4\sqrt{2} < t < 4\sqrt{2}$ $(t \neq \pm 4)$

따라서 9개

36 정답 ①

$17 = 9^2 - a^2$이므로 $a = 8$

따라서 $\left| \overline{PF} - \overline{PF'} \right| = 2a = 2 \times 8 = 16$

37 정답 ④

쌍곡선 C는 $\dfrac{x^2}{a^2} - \dfrac{y^2}{b^2} = 1$ $(a > 0, \ b > 0)$꼴이고 점근선의

방정식은 $y = \pm \dfrac{b}{a}x$이다.

$\dfrac{x^2}{3} - \dfrac{y^2}{9} = -1$의 점근선의 방정식은 $y = \pm \sqrt{3}x$이므로

$b = a\sqrt{3}$이다.

따라서 쌍곡선 C의 방정식은 $\dfrac{x^2}{a^2}-\dfrac{y^2}{3a^2}=1$

$P(2, 3)$가 쌍곡선 C위의 점이므로 대입하면 $\dfrac{4}{a^2}-\dfrac{9}{3a^2}=1$에서

$a^2=1$

따라서 $a=1$, $b=\sqrt{3}$

$\therefore\ x^2-\dfrac{y^2}{3}=1$

점 $P(2, 3)$에서의 접선의 방정식은

$2x-y=1 \rightarrow y=2x-1$

$\dfrac{x^2}{3}-\dfrac{y^2}{9}=-1$에 대입해서 정리하면

$3x^2-(2x-1)^2=-9 \rightarrow x^2-4x-8=0$의 두 근이

A, B의 x좌표이므로 두 근의 곱은 -8이다.

38 정답 64

양수 c에 대하여 $F(c, 0)$, $F'(-c, 0)$라 하자.

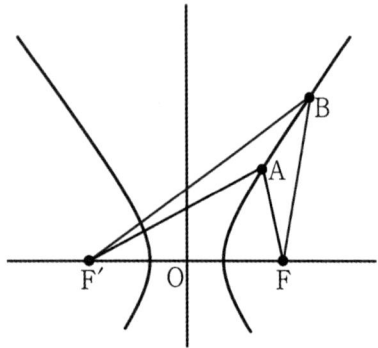

이등변삼각형 $AF'F$에서 $\overline{F'A}=\overline{F'F}=2c$

$\therefore\ \overline{AF}=16-4c$

이등변삼각형 $BF'F$에서

$\overline{FB}=\overline{F'F}=2c$

$\therefore\ \overline{BF'}=24-4c$

쌍곡선 정의에서

$\overline{AF'}-\overline{AF}=\overline{BF'}-\overline{BF}=2a$이므로

$6c-16=24-6c=2a$

$\therefore\ c=\dfrac{10}{3}$, $a=2$

또한 $a^2+b^2=c^2$에서 $a^2+b^2=\dfrac{100}{9}$

$\therefore\ b^2=\dfrac{64}{9}$

$\therefore\ 9b^2=64$

39 정답 14

다음 그림과 같이 $t>4$, $s>0$인 t, s에 대하여
$A(-4, 0)$, $B(4, 0)$, $C(t, s)$, $D(t, -s)$라 두고 두 직선
AC와 BD의 교점 $P(x, y)$라 하자. 그림 세 점 A, P, C와

P, B, D는 각각 한 직선 위에 있다.

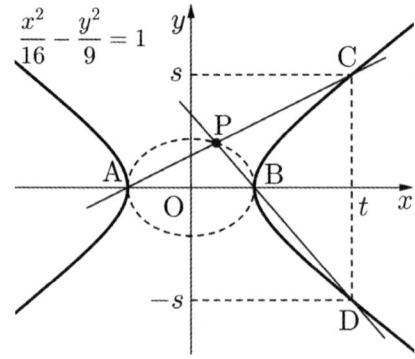

따라서 $\dfrac{y}{x+4}\times\dfrac{y}{x-4}=\dfrac{s}{t+4}\times\dfrac{-s}{t-4}\cdots$㉠이 성립한다.

한편, (t, s)는 $\dfrac{x^2}{16}-\dfrac{y^2}{9}=1$위의 점이므로

$\dfrac{t^2}{16}-\dfrac{s^2}{9}=1$에서 $s^2=\dfrac{9}{16}(t^2-16)$이다.

㉠의 우변에 대입하면

$\dfrac{y^2}{x^2-16}=-\dfrac{9}{16} \rightarrow 9x^2+16y^2=144$

따라서 점 P는 $\dfrac{x^2}{16}+\dfrac{y^2}{9}=1$의 타원이므로 장축의 길이는 8,

단축의 길이는 6이다.

그러므로 장축의 길이와 단축의 길이의 합은 14이다.

[랑데뷰팁]

쌍곡선 $\dfrac{x^2}{a^2}-\dfrac{y^2}{b^2}=1$와 $x=t$가 두 점에서 만나고 그 점과
쌍곡선의 두 개의 꼭짓점을 일대일로 연결한 두 직선이 한
점 P에서 만날 때 점 P가 그리는 도형은
$\dfrac{x^2}{a^2}+\dfrac{y^2}{b^2}=1$이다.

---

40 정답 16

다음 그림과 같이 x좌표가 양수인 초점을 F라 하면
쌍곡선의 정의에 의해 $\overline{PF'}-\overline{PF}=8$이다.

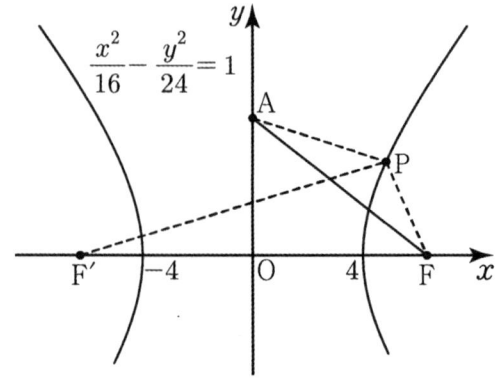

$\overline{PF'}=\overline{PF}+8$에서

$\overline{AP}+\overline{PF'}=\overline{AP}+\overline{PF}+8$

$\qquad\qquad\qquad \geq \overline{AF}+8$

$F(2\sqrt{10},\,0)$이므로 $\overline{AF}=\sqrt{(2\sqrt{10})^2+(2\sqrt{6})^2}=8$

따라서 $\overline{AP}+\overline{PF'}\geq 16$이다.

41 정답 ⑤

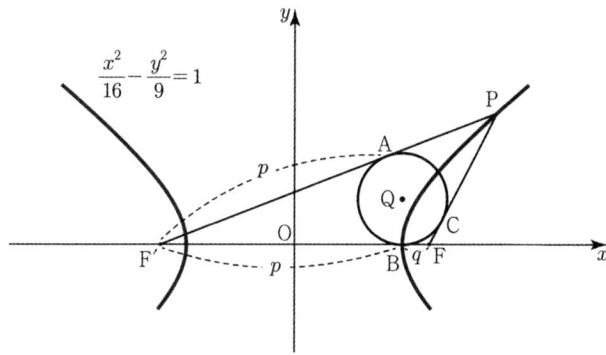

주어진 쌍곡선의 두 초점 F', F 의 좌표는
$F'(-5,\,0)$, $F(5,\,0)$이다.

그림과 같이 삼각형 $PF'F$ 에 내접하는 원과 삼각형의 세 변의
접점을 각각 A, B, C 라 하자.

$\overline{AF'}=\overline{F'B}=p$, $\overline{BF}=\overline{FC}=q$ 라 하면

$\overline{PF'}-\overline{PF}=p-q=8$

$\overline{F'B}+\overline{BF}=p+q=10$

$p=9$이므로 점 B 의 좌표는 $(4,\,0)$이다.

삼각형 $PF'F$ 에 내접하는 원의 중심 Q 의 x좌표는 4이다.

> **[랑데뷰팁]**
>
> 쌍곡선 $\dfrac{x^2}{a^2}-\dfrac{y^2}{b^2}=1$의 문제와 같은 상황에서 원의
>
> 내접원의 중심의 x좌표는 a이다.

42 정답 19

직선 $F'P$가 포물선의 접선일 때 θ가 최소이다.

따라서 직선 $F'P$의 기울기는 $\tan\theta$이다. $\tan\theta=m$이라 하면
직선의 방정식은

$y=mx-2$이고 $x^2=4y-4$에 접하기 위해서는

$x^2=4(mx-2)-4$이 중근을 가져야 한다.

$x^2-4mx+12=0 \rightarrow 4m^2-12=0$

$\therefore m=\sqrt{3}\ (m>0)$

따라서 직선 $F'P$의 방정식은 $y=\sqrt{3}x-2$이고 접점 P의
x좌표는

$x^2-4\sqrt{3}x+12=0 \rightarrow (x-2\sqrt{3})^2=0$에서 $x=2\sqrt{3}$ 이다.

또한 직선 $F'P$와 쌍곡선의 교점 Q, Q'의 x좌표를 각각 x_1,

$x_2 (x_1>x_2)$라 하자.

$\dfrac{x^2}{3}-(\sqrt{3}x-2)^2=-1 \rightarrow 8x^2-12\sqrt{3}x+9=0 \rightarrow$

$x=\dfrac{6\sqrt{3}\pm 6}{8}$

따라서 $x_1=\dfrac{3\sqrt{3}+3}{4}$, $x_2=\dfrac{3\sqrt{3}-3}{4}$

한편, 다음 그림과 같이 직선 $F'P$와 쌍곡선의 교점 Q, Q'에서
선분 PR에 내린 수선의 발을 각각 T, T'라 하면 삼각형
PQT와 삼각형 $PQ'T'$는 닮은 도형이다.

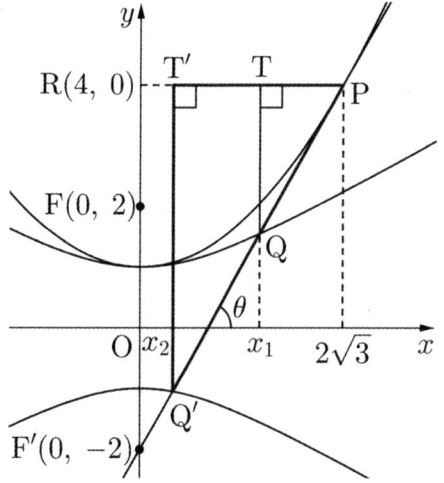

따라서

$\dfrac{\overline{PQ'}}{\overline{PQ}}=\dfrac{\overline{PT'}}{\overline{PT}}=\dfrac{2\sqrt{3}-x_2}{2\sqrt{3}-x_1}=\dfrac{\dfrac{5\sqrt{3}+3}{4}}{\dfrac{5\sqrt{3}-3}{4}}=\dfrac{84+30\sqrt{3}}{66}$

$\therefore \dfrac{\overline{PQ'}}{\overline{PQ}}=\dfrac{14+5\sqrt{3}}{11}$

따라서 $p=14$, $q=5$

$\therefore p+q=19$

43 정답 12

점 P에서 x축에 내린 수선의 발을 H라 하면

$\overline{AH}=2$

따라서 점 P의 x좌표는 $a+2$이다.

포물선의 준선이 $x=-a$이므로 점 P에서 준선까지 거리는
$a+(a+2)=2a+2$이다.

따라서 포물선의 정의로 $\overline{PA}=\overline{PF}=2a+2$

$\overline{FF'}=2a+8$

$\overline{PF'}=\dfrac{1}{2}\overline{FF'}+2a$이므로

$\overline{PF'}=(a+4)+2a=3a+4$

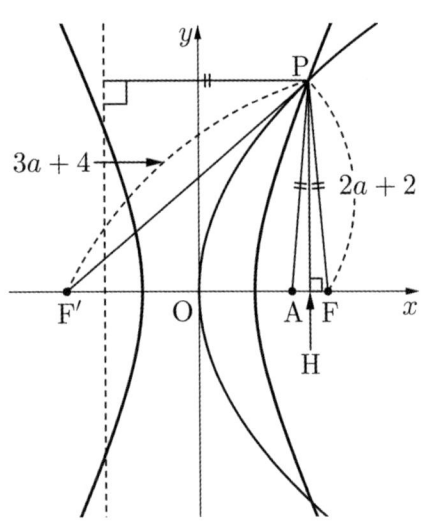

따라서 직각삼각형 PHA에서
$$\overline{PH} = \sqrt{(2a+2)^2 - (2)^2} = \sqrt{4a^2+8a}$$
직각삼각형 PF'H에서
$$\overline{PH} = \sqrt{(3a+4)^2 - (2a+6)^2} = \sqrt{5a^2-20}$$
따라서 $\sqrt{4a^2+8a} = \sqrt{5a^2-20}$
$$a^2 - 8a - 20 = 0 \rightarrow (a+2)(a-10) = 0$$
따라서 $a = 10$
쌍곡선의 주축의 길이는
$$\overline{PF'} - \overline{PF} = (3a+4) - (2a+2)$$
$$= a + 2 = 12$$

44 정답 2

$\dfrac{x^2}{10^2} - \dfrac{y^2}{(2\sqrt{11})^2} = 1$에서 쌍곡선의 주축의 길이가

20이므로 $\overline{F'Q} - \overline{FQ} = 20$이다.

원 $x^2 + (y-5)^2 = 25$의 중심이 $(0, 5)$, 초점

$F'(-12, 0)$이므로 원의 중심과 한 초점 F' 사이

거리는 13이다. 따라서 $8 \le \overline{F'P} \le 18$

$$\overline{PQ} - \overline{FQ} = \overline{F'Q} - \overline{F'P} - \overline{FQ} = 20 - \overline{F'P}$$

$$2 \le 20 - \overline{F'P} \le 12$$

따라서 최솟값은 2이다.

45 정답 28

[그림 : 최성훈T]

직선 $y = m(x+c)$은 쌍곡선의 초점 $F'(-c, 0)$을 지나고 직선

$F'Q$는 $\angle PF'F$의 이등분선이므로 직선 $F'Q$위의 점에서 직선

$y = m(x+c)$와 x축 사이의 거리는 항상 같다.

따라서 $\overline{QP} = \overline{QF}$이므로 $\overline{F'P} = \overline{F'F}$이다.

$\overline{QP} = \overline{QF} = 4$, $\cos(\angle PQF) = -\dfrac{3}{4}$이므로

삼각형 PQF에서 코사인법칙을 적용하면

$$\overline{PF}^2 = 4^2 + 4^2 - 2 \times 4 \times 4 \times \left(-\frac{3}{4}\right)$$
$$= 16 + 16 + 24 = 56$$
$$\therefore \ \overline{PF} = 2\sqrt{14}$$

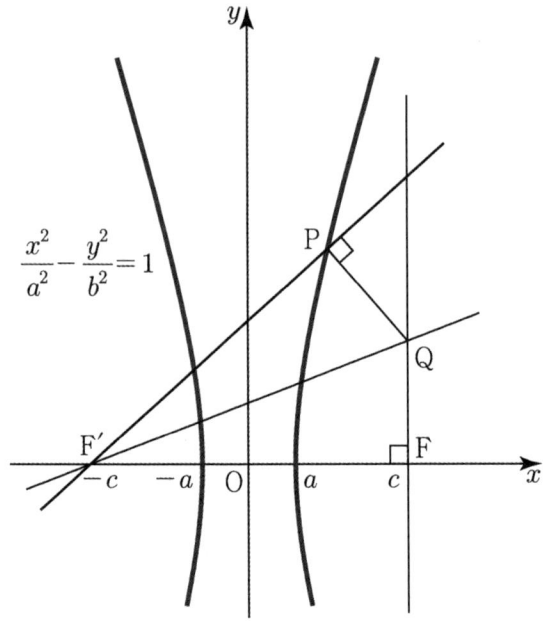

한편,

사각형 $PF'FQ$에서 $\angle QPF' = \angle QFF' = \dfrac{\pi}{2}$이므로

$$\angle PF'F = \pi - \angle PQF$$

따라서 $\cos(\angle PF'F) = \dfrac{3}{4}$이다.

$\overline{PF'} = \overline{FF'} = 2c$이므로

삼각형 $PF'F$에서 코사인법칙을 적용하면

$$56 = 4c^2 + 4c^2 - 2 \times 2c \times 2c \times \frac{3}{4}$$

$$56 = 8c^2 - 6c^2$$

$$c^2 = 28$$

쌍곡선의 정의에서 $a^2 + b^2 = c^2$이므로 $a^2 + b^2 = 28$

46 정답 ⑤

$\angle PAQ = \dfrac{\pi}{3}$이므로 직선 PA와 x축이 이루는 각은 $\dfrac{\pi}{3}$이다.

직선 PA의 기울기는 $\tan\dfrac{\pi}{3} = \sqrt{3}$

따라서 직선 PA의 방정식은 $y = \sqrt{3}\,x - 3p$

$A(0, -3p)$이므로 $k = 3p \cdots \bigcirc$

한편 $F(\sqrt{3}\,p, 0)$, $F'(-\sqrt{3}\,p, 0)$라 둘 수 있다.

$A(0, -3p)$에서 $x^2 = 4py$에 그은 극선의 방정식은

$$0 = \frac{4p(y-3p)}{2}$$에서

$y = 3p$이므로 P, Q의 y좌표는 $3p$이다.

따라서 $x^2 = 12p^2$이므로 $x = \pm 2\sqrt{3}\,p$

따라서 $P\left(2\sqrt{3}p,\,3p\right)$

$\left|\overrightarrow{PF}-\overrightarrow{PF'}\right|=\left|\sqrt{3p^2+9p^2}-\sqrt{27p^2+9p^2}\right|$

$\qquad\qquad\qquad =6p-2\sqrt{3}p=24-8\sqrt{3}$

따라서 $p=4$

㉠에서 $k=12$

$k+p=16$

[랑데뷰팁]–극선의 방정식 ⇨ [랑데뷰세미나 참고]

47 정답 12

쌍곡선의 방정식을 $\dfrac{x^2}{a^2}-\dfrac{y^2}{b^2}=1$이라 할 때,

점근선의 기울기가 $\dfrac{b}{a}=\sqrt{15}$ 이므로

$a=t,\,b=\sqrt{15}\,t\ (t>0)$라 하자.

$\dfrac{x^2}{(t)^2}-\dfrac{y^2}{\left(\sqrt{15}\,t\right)^2}=1$

따라서 초점은 $F\left(4t,\,0\right)$, $F'\left(-4t,\,0\right)$

$A\left(t,\,0\right)$이므로 (나)에서 $\overline{AF}=3t$는 자연수이다.

$\overline{PF'}-\overline{PF}=2t$에서 $\overline{PF}=\overline{PF'}-2t=20-2t$이므로

(가)에서 $7\le 20-2t\le 9$

따라서 $-13\le -2t\le -11$, $\dfrac{11}{2}\le t\le\dfrac{13}{2}$,

$\dfrac{33}{2}\le 3t\le\dfrac{39}{2}$

따라서 $3t=17,\,18,\,19$

따라서 $t=\dfrac{17}{3},\,6,\,\dfrac{19}{3}$이다.

주축의 길이가 $2t$이고 자연수이므로 주축의 길이는 12이다.

48 정답 1

$x_1>0,\,y_1>0$에 대하여 점 $P\left(x_1,\,y_1\right)$라 할 때, 직선 l의
방정식은 $x_1x-y_1y=1$이다.

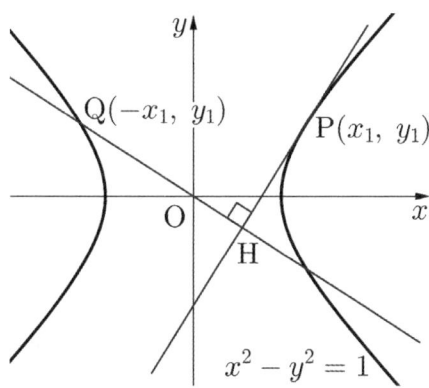

$\therefore\ \overline{OH}=\dfrac{1}{\sqrt{x_1^2+y_1^2}}\ \cdots㉠$

직선 l의 기울기가 $\dfrac{x_1}{y_1}$이므로 직선 OH는

$y=-\dfrac{y_1}{x_1}x$이다.

쌍곡선 $x^2-y^2=1$과 직선 OH의 교점을 구하자.

$x^2-\left(-\dfrac{y_1}{x_1}x\right)^2=1\rightarrow x^2\left(\dfrac{x_1^2-y_1^2}{x_1^2}\right)=1$

$x^2=x_1^2\ (\because\ x_1^2-y_1^2=1)$

따라서 점 Q의 좌표는 $\left(-x_1,\,y_1\right)$이다.

$\therefore\ \overline{OQ}=\sqrt{x_1^2+y_1^2}\ \cdots㉡$

따라서 $\overline{OH}\times\overline{OQ}=1$

49 정답 14

쌍곡선 $\dfrac{x^2}{9}-\dfrac{y^2}{16}=1$의 두 초점은 $F\left(\sqrt{9+16},\,0\right)$,

$F'\left(-\sqrt{9+16},\,0\right)$

즉, $F\left(5,\,0\right)$, $F'\left(-5,\,0\right)$이다.

또한 쌍곡선의 정의에 의해 $\overline{PF'}-\overline{PF}=2\times 3=6$이다.

삼각형 $PF'H$의 둘레의 길이는

$\overline{PF'}+\overline{F'H}+\overline{PH}=\overline{PF'}+9+\overline{PH}$

삼각형 PFH의 둘레의 길이는

$\overline{PF}+\overline{FH}+\overline{PH}=\overline{PF}+1+\overline{PH}$

따라서 두 삼각형의 둘레의 길이의 차는

$\overline{PF'}-\overline{PF}+8$

$=6+8$

$=14$

단원 평가

50 정답 ⑤

[그림 : 서태욱T]

쌍곡선 $\dfrac{x^2}{4}-\dfrac{y^2}{4}=1$ 위의 한 점 $P\left(a,\,b\right)$에서 그은 접선의

방정식은 $\dfrac{ax}{4}-\dfrac{by}{4}=1$

이 직선이 x축과 만나는 점이 A이므로 $A\left(\dfrac{4}{a},\,0\right)$

또한 쌍곡선 $\dfrac{x^2}{4}-\dfrac{y^2}{4}=1$의 두 점근선의 방정식은 각각 $y=x$,

$y=-x$이고 문제의 그림에서와 같이 점 P에서의 접선이
점근선 $y=x$와 만나는 점이 B이므로, 두 직선의 방정식을
연립하면

$\dfrac{ax}{4}-\dfrac{bx}{4}=1$, $\dfrac{a-b}{4}x=1$

에서 $B\left(\dfrac{4}{a-b},\,\dfrac{4}{a-b}\right)$

또한 점 P는 쌍곡선 위의 점이므로

$\dfrac{a^2}{4} - \dfrac{b^2}{4} = \dfrac{a^2 - b^2}{4} = 1$, $b = \sqrt{a^2 - 4}$ $(\because b > 0)$

따라서 삼각형 OAB의 넓이는

$$S(a) = \dfrac{1}{2} \times \dfrac{4}{a} \times \dfrac{4}{a - b} = \dfrac{8}{a(a - b)}$$

$$= \dfrac{8}{a(a - b)} \times \dfrac{a + b}{a + b} = \dfrac{8(a + b)}{a(a^2 - b^2)}$$

$$= \dfrac{2(a + b)}{a} \quad (\because a^2 - b^2 = 4)$$

$$\therefore \lim_{a \to \infty} S(a) = \lim_{a \to \infty} \dfrac{2(a + b)}{a}$$

$$= \lim_{a \to \infty} \dfrac{2a + 2\sqrt{a^2 - 4}}{a} \quad (\because b = \sqrt{a^2 - 4})$$

$$= 2 + 2 = 4$$

51 정답 ②

[그림 : 배용제T]

두 점 $F'(-4, 0)$, $F(4, 0)$이 쌍곡선 $x^2 - \dfrac{y^2}{15} = 1$의 초점이다.

점 Q에서 만나는 두 직선 $y = m(x + 4)$, $y = \dfrac{4 - x}{m}$가 각각 점

$F'(-4, 0)$, $F(4, 0)$을 지나므로 쌍곡선의 정의에 의하여

$\overline{PF'} - \overline{PF} = 2 \cdots$ ㉠

두 직선 $y = m(x + 4)$, $y = \dfrac{4 - x}{m}$가 서로 수직이므로

삼각형 $PF'F$에서
$\overline{PF'}^2 + \overline{PF}^2 = \overline{F'F}^2$

㉠에 대입하면

$(\overline{PF} + 2)^2 + \overline{PF}^2 = 64$

$2\overline{PF}^2 + 4\overline{PF} - 60 = 0$

$\overline{PF}^2 + 2\overline{PF} - 30 = 0$에서 $\overline{PF} > 0$이므로

$\overline{PF} = -1 + \sqrt{31}$이다.

$\overline{PF'} = \overline{PF} + 2 = 1 + \sqrt{31}$

$\overline{PF} \times \overline{PF'} = (\sqrt{31} - 1)(\sqrt{31} + 1) = 30$

52 정답 8

[출제자: 이정배T]

$\overline{PF_1} + \overline{PF_2} = 10$에서 점 P는 두 초점이 $F_1(2, 0)$,

$F_2(-4, 0)$이고 주축의 길이가 10인 타원이다. 타원의 중심의

좌표가 $(-1, 0)$이므로 타원의 방정식은

$$\dfrac{(x + 1)^2}{25} + \dfrac{y^2}{16} = 1 \qquad \cdots\cdots \text{㉠}$$

점 P는 타원 ㉠과 포물선 $y^2 = 8x$의 교점이므로

$$\dfrac{(x + 1)^2}{25} + \dfrac{8x}{16} = 1, \quad 2x^2 + 29x - 48 = 0$$

$(x + 16)(2x - 3) = 0$ $\therefore$ $x = \dfrac{3}{2}$ $(\because x > 0)$

즉, $P\left(\dfrac{3}{2}, 2\sqrt{3}\right)$

이때, 랑데뷰세미나(230)에서 점 Q는 $(-2, 2\sqrt{3})$이므로

$\overline{QF_1} = 2\sqrt{7}$, $\overline{QF_2} = 4$이고

쌍곡선의 주축의 길이는

$\overline{QF_1} - \overline{QF_2} = 2\sqrt{7} - 4$

따라서 $p = -4$, $q = 2$이므로 $|pq| = 8$

[참고] 랑데뷰세미나(230) 포물선에서 입사각과 반사각의 성질

다음 그림과 같이 포물선 위의 점 P에서의 접선과 법선의

x축과의 교점을 각각 T, C라 할 때

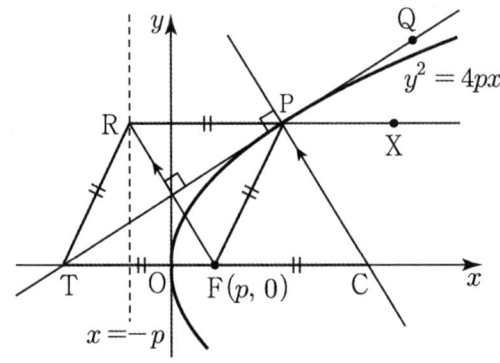

① $\angle QPX = \angle TPF = \angle PTF$

② $\overline{PF} = \overline{TF} = \overline{CF}$

③ 사각형 PRTF는 마름모이다.

④ 사각형 PRFC는 평행사변형이다.

53 정답 104

포물선 $y^2 = 16x$의 초점 F의 좌표는 $F(4, 0)$이고, 준선의

방정식은 $x = -4$이다.

다음 그림과 같이 점 A에서 포물선 $y^2 = 16x$의 준선에 내린

수선의 발을 H'라 하고, 점 A의 x좌표를 a라 하면

$\overline{AF} = \overline{AH'} = a + 4 = 5$

$\therefore a = 1$

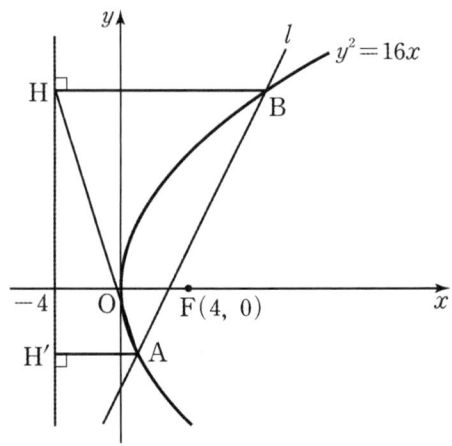

즉, 점 A의 좌표는 A$(1, -4)$이므로 직선 l의 방정식은
$y+4=2(x-1)$
∴ $y=2x-6$
이때 직선 l과 포물선 $y^2=16x$의 교점의 x좌표는
$(2x-6)^2=16x$에서 $x^2-10x+9=0$
∴ $x=1$ 또는 $x=9$
즉, 점 B의 좌표는 B$(9, 12)$이므로
H$(-4, 12)$
∴ $\overline{BH}=4+9=13$
따라서 삼각형 ABH의 넓이는
$\dfrac{1}{2}\times 13\times\{12-(-4)\}=104$

54 정답 16

[그림 : 이정배T]

타원 A의 장축의 길이가 12이므로
타원의 정의에 의해 $\overline{PF}+\overline{PF'}=12$
$\overline{PF}=4$ 이므로 $\overline{PF'}=8$
두 점 P와 F를 초점으로 하고 점 Q를 지나는 타원 B의 장축의
길이는
$\overline{QF}=\overline{QF'}$이므로
$\overline{QP}+\overline{QF}=\overline{QP}+\overline{QF'}=\overline{PF'}=8$이다.
$\overline{RP}+\overline{RF}=8$, $\overline{SP}+\overline{SF}=8$
따라서 삼각형 PRS의 둘레의 길이는
$\overline{RP}+\overline{RS}+\overline{SP}=(\overline{RP}+\overline{RF})+(\overline{SF}+\overline{SP})$
$\qquad\qquad\qquad\qquad =8+8=16$

55 정답 6

[그림 : 서태욱T]

점 P의 좌표를 P(a, b)라 하자. 이때 l은 쌍곡선 $\dfrac{x^2}{12}-\dfrac{y^2}{4}=1$
위의 점 P에서 그은 접선이므로 그 방정식은
$l : \dfrac{ax}{12}-\dfrac{by}{4}=1$
이고 이 직선의 x절편이 점 Q이므로 Q$\left(\dfrac{12}{a}, 0\right)$
한편 직선 l의 기울기가 $\dfrac{a}{3b}$이므로 점 P를 지나고 직선 l에
수직인 직선의 방정식은
$y=-\dfrac{3b}{a}(x-a)+b=-\dfrac{3b}{a}x+4b$
이 직선의 x절편이 점 R이므로 R$\left(\dfrac{4}{3}a, 0\right)$
한편 쌍곡선 $\dfrac{x^2}{12}-\dfrac{y^2}{4}=1$의 두 초점의 좌표가 각각 F$(4, 0)$,
F$'(-4, 0)$이므로 세 삼각형의 넓이는
$\triangle PQF=\dfrac{1}{2}\times\left(4-\dfrac{12}{a}\right)\times b$

$\triangle PFR=\dfrac{1}{2}\times\left(\dfrac{4}{3}a-4\right)\times b$

$\triangle PF'Q=\dfrac{1}{2}\times\left(\dfrac{12}{a}+4\right)\times b$

위 삼각형의 넓이가 순서대로 등차수열을 이루므로
$2\times\triangle PFR=\triangle PQF+\triangle PF'Q$
를 만족하고 대입하면
$2\times\dfrac{b}{2}\left(\dfrac{4}{3}a-4\right)=\dfrac{b}{2}\left(4-\dfrac{12}{a}\right)+\dfrac{b}{2}\left(\dfrac{12}{a}+4\right)$

$\dfrac{8}{3}a-8=8$, $a=6$

따라서 점 P의 x좌표는 6이다.

56 정답 9

[출제자 : 이호진T]

Q(a, b)에 대하여 $\overline{FQ}=2$이므로,
$\left(a-\dfrac{3}{2}\right)^2+b^2=4$, $b^2=6a$로부터
$a^2+3a+\dfrac{9}{4}=4$이고, 제 1사분면에 있는 점이므로
Q$\left(\dfrac{1}{2}, \sqrt{3}\right)$이 된다. 따라서 $\angle OFQ=60°$이고,
$\overline{FR}=6$이므로, 아래 그림과 같이 R은 준선 위의 점이 된다.

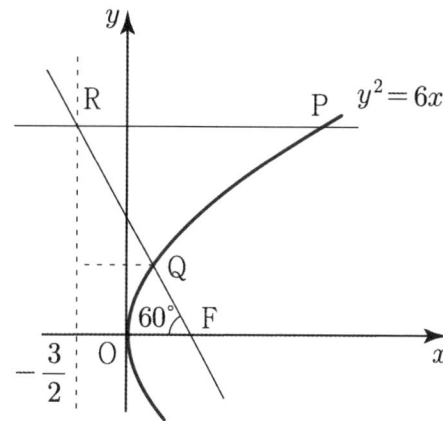

R$\left(-\dfrac{3}{2}, 3\sqrt{3}\right)$이 준선 위의 점이므로 P의 좌표는
$\left(\dfrac{9}{2}, 3\sqrt{3}\right)$이다.

57 정답 ①

[그림 : 최성훈T]

점 P의 좌표를 P(a, b)라 두면
$\dfrac{x^2}{3}+\dfrac{y^2}{2}=1$위의 점 P$(a, b)$에서의 접선의 방정식은
$\dfrac{ax}{3}+\dfrac{by}{2}=1$이다.
접선의 y절편인 점 A의 좌표는 $\left(0, \dfrac{2}{b}\right)$이다. ···㉠

접선 $\dfrac{ax}{3}+\dfrac{by}{2}=1$은 $y=-\dfrac{2a}{3b}x+\dfrac{2}{b}$에서 기울기가

$-\dfrac{2a}{3b}$ 이므로

점 P에서의 접선과 수직인 직선은

$y=\dfrac{3b}{2a}(x-a)+b$이다.

즉, B의 좌표는 $\left(0,\,-\dfrac{b}{2}\right)$ $\qquad\cdots$ ㉡

㉠, ㉡에서

$\overline{AB}=\left|\dfrac{2}{b}+\dfrac{b}{2}\right|$

$0<b<\sqrt{2}$ 이므로

$\overline{AB}=\dfrac{2}{b}+\dfrac{b}{2}=\dfrac{5}{2}$에서 $b=1$이다.

이때 $\dfrac{a^2}{3}+\dfrac{1}{2}=1$이므로 $a^2=\dfrac{3}{2}$

그러므로 $a=\dfrac{\sqrt{6}}{2}$

따라서 삼각형 ABP의 넓이는

$\dfrac{1}{2}\times\overline{AB}\times a$

$=\dfrac{1}{2}\times\dfrac{5}{2}\times\dfrac{\sqrt{6}}{2}=\dfrac{5\sqrt{6}}{8}$

58 정답 45

[그림 : 최성훈T]

점 F의 x좌표를 c라 하면 $c^2=9-a^2$

$\overline{F'Q}=k$라 하면 점 F'은 선분 PQ를 $3:1$로 내분하므로

$\overline{PF'}=3k$

타원의 정의에 의하여

$\overline{PF}=6-3k,\ \overline{QF}=6-k$

직각삼각형 PF'F에서

$(6-3k)^2+(3k)^2=(2c)^2$

$36-36k+9k^2+9k^2=4(9-a^2)$

$18k^2-36k+4a^2=0$

$9k^2-18k+2a^2=0\ \cdots$ ㉠

직각삼각형 PQF에서

$(6-3k)^2+(4k)^2=(6-k)^2$

$36-36k+9k^2+16k^2=36-12k+k^2$

$24k^2-24k=0$

$k=1\ (\because k>0)\ \cdots$ ㉡

㉠, ㉡에 의하여

$\therefore a^2=\dfrac{9}{2}$

따라서 $10a^2=45$

59 정답 ⑤

[그림 : 이정배T]

타원 $\dfrac{x^2}{9}+y^2=1$의 장축의 길이는 6이므로

$\overline{F'Q}=\overline{F'P}+\overline{PQ}=\overline{F'P}+\overline{PF}=6$

이다. 같은 방법으로 $\overline{FR}=6$이다.

$\angle F'PF=\theta$라 하면 사각형 F'FQR의 넓이는

$\dfrac{1}{2}\times\overline{F'Q}\times\overline{FR}\times\sin\theta$

$=\dfrac{1}{2}\times6\times6\times\sin\theta=18\sin\theta\ \cdots$ ㉠

사각형 F'FQR의 넓이가 최대일 때는 $\sin\theta=1$, 즉

$\angle FPF'=\dfrac{\pi}{2}$일 때다.

따라서 점 P는 두 초점 $F(2\sqrt{2},\,0)$, $F(-2\sqrt{2},\,0)$을 지름의 양 끝점으로 하는 원 $x^2+y^2=8$ 위의 점이다.

$y^2=8-x^2$을 $\dfrac{x^2}{9}+y^2=1$에 대입하면

$\dfrac{x^2}{9}+8-x^2=1$

$-\dfrac{8}{9}x^2=-7$

$x^2=\dfrac{63}{8}$

$x=\dfrac{3\sqrt{7}}{2\sqrt{2}}=\dfrac{3\sqrt{14}}{4}\ (\because x>0)$

60 정답 6

[그림 : 최성훈T]

두 점에서 만나는 두 원에 동시에 접하는 접선은 2개 존재하며 두 접선 위의 접점 사이 거리는 같다. 두 원 C_1, C_2에 접하는 접선은 기울기가 음수인 직선 l 외에 포물선의 준선 $x=-1$이 있다. 두 원 C_1, C_2가 $x=-1$과 접하는 접점을 각각 P', Q'라 하면 $\overline{PQ}=\overline{P'Q'}$이다.

점 $A(1,\,0)$은 포물선 $y^2=4x$의 초점이므로 원의 중심과 초점 A사이의 거리와 준선 $x=-1$ 사이의 거리는 서로 같다.

따라서 원 C_1의 중심의 x좌표는 $(-1)+2=1$이므로 중심의 y좌표는 2이고 원 C_2의 중심의 x좌표는 $(-1)+5=4$이므로 중심의 y좌표는 -4이다.

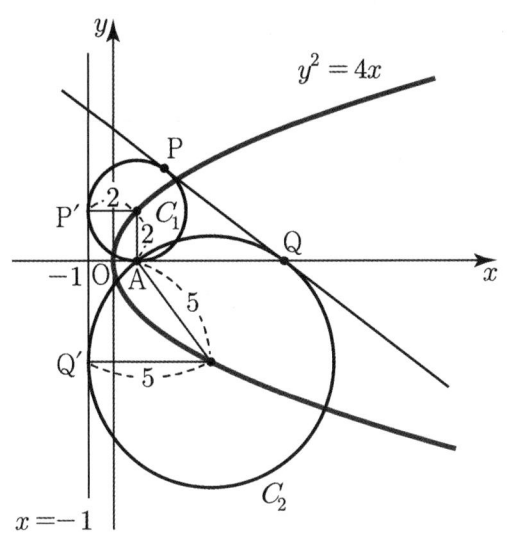

$P'(-1, 2)$, $Q'(-1, -4)$ 이므로 $\overline{P'Q'} = 2 - (-4) = 6$

61 정답 27

두 점 A, B는 쌍곡선 $\dfrac{x^2}{9} - \dfrac{y^2}{7} = 1$의 두 초점이다. 쌍곡선의

주축의 길이가 6이므로

$\overline{AQ} - \overline{BQ} = 6$

원 $x^2 + (y-3)^2 = 1$의 중심을 $R(0, 3)$이라 하면

$\overline{AR} = \sqrt{4^2 + 3^3} = 5$

직각삼각형 ARP에서

$\overline{AP} = \sqrt{\overline{AR}^2 - \overline{PR}^2} = \sqrt{5^2 - 2^2} = \sqrt{21}$

$\overline{AQ} - \overline{BQ} = \overline{AP} + \overline{PQ} - \overline{BQ} = 6$에서

따라서 $\overline{PQ} - \overline{BQ} = 6 - \sqrt{21}$

$p = 6$, $q = 21$

$\therefore p + q = 6 + 21 = 27$

62 정답 ④

타원 $\dfrac{x^2}{25} + \dfrac{y^2}{9} = 1$ 위의 점 $P(x_1, y_1)$에서의 접선의 방정식

$\dfrac{x_1 x}{25} + \dfrac{y_1 y}{9} = 1$이므로 이 접선이 x축, y축과 만나는 점

A, B는 $A\left(\dfrac{25}{x_1}, 0\right)$, $B\left(0, \dfrac{9}{y_1}\right)$

따라서 삼각형의 넓이를 S라 하면

$S = \dfrac{1}{2} \times \dfrac{25}{x} \times \dfrac{9}{y_1} = \dfrac{225}{2x_1 y_1}$

또, $P(x_1, y_1)$은 $\dfrac{x^2}{25} + \dfrac{y^2}{9} = 1$ 위의 점이므로

$\dfrac{x_1^2}{25} + \dfrac{y_1^2}{9} = 1$

$\dfrac{x_1^2}{25} + \dfrac{y_1^2}{9} \geq 2\sqrt{\dfrac{x_1^2}{25} \times \dfrac{y_1^2}{9}} = \dfrac{2}{15} x_1 y_1$

$\therefore x_1 y_1 \leq \dfrac{15}{2}$

$\therefore S = \dfrac{225}{2x_1 y_1} \geq 15$

63 정답 ④

포물선 $y^2 = 4px$의 초점 F의 좌표는 $(p, 0)$이고 준선의

방정식은 $x = -p$이다.

원 C는 중심이 $(p, 0)$이고 직선 $x = -p$에서 접하므로 원 C의

반지름의 길이는 $p - (-p) = 2p$

$\therefore \overline{FA} = 2p$

즉, 점 A의 x좌표는 p이고 y좌표는 $2p$이다.

포물선 $y^2 = 4px$ 위의 점 $A(p, 2p)$에서의 접선의 방정식은

$2py = 4p \times \dfrac{p + x}{2}$

$y = x + p$이다.

접선의 x절편이 $-p$이므로 $B(-p, 0)$이다.

따라서 직각삼각형 ABF의 넓이는

$\dfrac{1}{2} \times (2p)^2 = 8$

$p^2 = 4$

$\therefore p = 2$이다.

64 정답 ⑤

$y^2 - 4x + 4 = 0$

$y^2 = 4x - 4$

$y^2 = 4(x-1)$에서 포물선의 초점은 $(2, 0)$, 준선은

$x = 0$ (y축)이다.

따라서 원의 중심에서 x축과 y축에 이르는 거리가 서로 같고,

원의 중심에서 x축 위의 초점 $(2, 0)$과 준선인 y축에 이르는

거리도 서로 같으므로 원의 중심의 좌표는 $(2, 2)$이고 반지름의

길이는 2이다.

따라서 원의 방정식은 $(x-2)^2 + (y-2)^2 = 4$이다.

$y^2 = 4(x-1)$ 위의 점 $(2, 2)$에서의 접선의 방정식은

$2y = 4\left(\dfrac{x+2}{2} - 1\right)$

$2y = 2x + 4 - 4$

$y = x$

이다.

기울기가 1이고 포물선의 초점 $(2, 0)$을 지나는 직선의 방정식은

$y = x - 2$이다.

따라서 직선 $y = x - 2$와 원 $(x-2)^2 + (y-2)^2 = 4$의 교점을

구해보면

$(x-2)^2 + (x-4)^2 = 4$

$2x^2 - 12x + 16 = 0$

$x^2 - 6x + 8 = 0$

$(x-2)(x-4) = 0$

$x=2$ 또는 $x=4$

따라서 A $(2, 0)$, B $(4, 2)$이다.

$\overline{AB}=\sqrt{2^2+2^2}=2\sqrt{2}$

65 정답 6

타원 C를 $\dfrac{x^2}{a^2}+\dfrac{y^2}{b^2}=1$이라 두면 초점이 x축위에 있으므로

$a>b>0$이다.

C의 초점이 $(\pm 2, 0)$이므로

$a^2-b^2=2^2=4$ $\cdots$ ㉠

또 기울기 2인 타원 S의 접선은

$y=2x\pm\sqrt{2^2a^2+b^2}$

$\therefore \sqrt{4a^2+b^2}=\sqrt{41}$

$\therefore 4a^2+b^2=41$ $\cdots$ ㉡

㉠, ㉡으로부터 $a^2=9\cdots$ ㉢

한편, 타원 C 위의 두 점 P, Q에 대하여 $\overline{PQ}$의 최댓값은

장축의 길이를 나타내므로 ㉢에서 $a=3$이므로 장축의 길이는

$2a=6$

따라서 선분 PQ의 최댓값은 6

66 정답 22

[그림 : 이현일T]

포물선 $y^2=4x$의 준선의 방정식은 $x=-1$이다. 점 P의

x좌표를 a라 하고, 점 P에서 준선 $x=-1$에 내린 수선의

발을 H라 하면 포물선의 정의에 의해 $\overline{PH}=\overline{PF}$이므로

$a-(-1)=10$

$\therefore a=9$

$y^2=4\times 9$에서 $y=6$이다.

따라서 P$(9, 6)$

이때, 두 점 P, Q에서 x축에 내린 수선의 발을 각각

M, N이라 하면 삼각형 PFM과 삼각형 QFN이 닮은

도형이다.

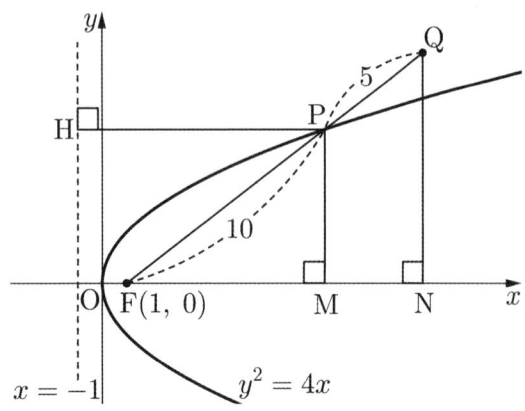

즉, $\overline{FN}:\overline{FM}=\overline{FQ}:\overline{FP}$이고,

$\overline{FQ}:\overline{FP}=(5+10):10=3:2$이므로

$\overline{FN}:\overline{FM}=3:2$

이때, $\overline{FM}=9-1=8$이므로

$\overline{FN}=\dfrac{3}{2}\overline{FM}=12$

따라서 점 N의 x좌표는 $1+12=13$이므로 점 Q의 x좌표도

13이다.

P의 y좌표가 6이므로 Q의 y좌표는 $6\times\dfrac{3}{2}=9$이다.

$(p, q)=(13, 9)$

따라서 $p+q=22$

67 정답 5

포물선 $y^2=4x$의 초점의 좌표는 F $(1, 0)$이다.

점 P는 선분 FQ를 $2:1$로 내분하는 점이므로

P$\left(\dfrac{y^2}{4}, y\right)$, Q$(x', y')$으로 놓으면

F $(1, 0)$, Q(x', y')를 $2:1$로 내분하는 점을 구하면

$\dfrac{y^2}{4}=\dfrac{2x'+1}{2+1}=\dfrac{2x'+1}{3}$ $\cdots$ ㉠

$y=\dfrac{2y'+0}{2+1}=\dfrac{2y'}{3}$ $\cdots$ ㉡

㉡을 ㉠에 대입하면

$\dfrac{4y'^2}{36}=\dfrac{2x'+1}{3}$ $(y')^2=6\left(x'+\dfrac{1}{2}\right)$

따라서 점 Q가 그리는 도형의 방정식은 $y^2=6\left(x+\dfrac{1}{2}\right)$이다.

포물선 $y^2=6x$의 초점은 $\left(\dfrac{3}{2}, 0\right)$, 준선의 방정식 $x=-\dfrac{3}{2}$이다.

포물선 $y^2=6\left(x+\dfrac{1}{2}\right)$은 포물선 $y^2=6x$을 x축의 방향으로

$-\dfrac{1}{2}$만큼 평행이동한 그래프이므로 포물선 $y^2=6\left(x+\dfrac{1}{2}\right)$의

초점은 $(1, 0)$, 준선의 방정식은 $x=-2$이다.

$a=1$, $b=0$, $c=-2$

$\therefore a^2+b^2+c^2=5$

68 정답 ①

포물선 $y^2=4(x+1)$에서 두 점 B, C의 좌표는 각각

$(0, 2)$, $(0, -2)$이다.

타원 $\dfrac{x^2}{a^2}+\dfrac{y^2}{b^2}=1$의 한 초점이 A$(-1, 0)$이므로

$a^2-b^2=(-1)^2$ $\cdots$ ㉠

두 점 B, C가 타원의 꼭짓점이므로 $\dfrac{4}{b^2}=1$에서 $b=2$

㉠에서 $a^2=5$이므로 $a=\sqrt{5}$

따라서 타원의 방정식은 $\dfrac{x^2}{5}+\dfrac{y^2}{2}=1$이다.

타원의 장축의 길이는 $2\sqrt{5}$이다.

69 정답 24

쌍곡선의 방정식을 $\dfrac{x^2}{a^2}-\dfrac{y^2}{b^2}=1$ $(a>0,\ b>0)$이라 하면

$a^2+b^2=5^2 \cdots$ ㉠

$\left|\dfrac{b}{a}\right|=k$에서 $b=ak \cdots$ ㉡

조건 (가)에서 $\overline{\mathrm{OP}}=5$이고 $\overline{\mathrm{OF}}=\overline{\mathrm{OF}'}=5$이므로 삼각형 $\mathrm{PF'F}$는 변 $\overline{\mathrm{FF}'}$을 빗변으로 하는 직각삼각형이다.

$\overline{\mathrm{PF}}=m,\ \overline{\mathrm{PF}'}=n$이라 하면 $\overline{\mathrm{FF}'}=10$이므로

$m^2+n^2=10^2$

조건 (나)에서 삼각형 $\mathrm{PF'F}$의 둘레의 길이가 24이므로

$m+n=14$

따라서 $m=8,\ n=6$ 또는 $m=6,\ n=8$

점 P는 쌍곡선 위의 점이므로

$|m-n|=2a$에서 $a=1$

㉠, ㉡으로부터 $b=2\sqrt{6}$

따라서 $k=2\sqrt{6}$

그러므로 $k^2=24$

70 정답 ④

두 점 $\mathrm{A}(4,0)$, $\mathrm{P}(a,b)$를 이은 직선 AP의 기울기는

$\dfrac{-b}{4-a}$이므로 직선 PQ의 방정식은

$y-b=\dfrac{4-a}{b}(x-a) \cdots$ ㉠

$\dfrac{a^2}{16}+\dfrac{b^2}{4}=1 \cdots$ ㉡

이고 점 Q의 y좌표는 0이므로 ㉠, ㉡에서

$x=\dfrac{-b^2}{4-a}+a=\dfrac{-4}{4-a}\left(1-\dfrac{a^2}{16}\right)+a$

$\quad =\dfrac{-(4-a)(4+a)}{4(4-a)}+a$

$\therefore \displaystyle\lim_{a\to4}x=\lim_{a\to4}\left(\dfrac{4+a}{-4}+a\right)=(-2)+4=2$

71 정답 10

[출제자: 이정배T]

점 P가 y축과 x축 위에 있을 때 각각 $\mathrm{P_1}$, $\mathrm{P_2}$라고 그때 점 Q와 R을 각각 $\mathrm{Q_1}$과 $\mathrm{Q_2}$, $\mathrm{R_1}$과 $\mathrm{R_2}$라 하면 선분QR의 자취는 그림과 같고 넓이는 평행사변형 $\mathrm{Q_1R_1R_2Q_2}$와 같다.

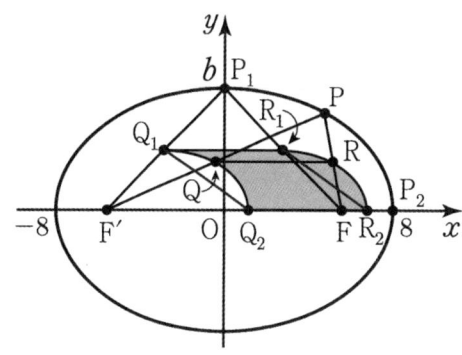

이때, 삼각형의 중점연결 성질에 의하여 평행사변형 $\mathrm{Q_1R_1R_2Q_2}$의

(밑변의 길이)$=\overline{\mathrm{Q_2R_2}}=\overline{\mathrm{Q_1R_1}}=\dfrac{1}{2}\overline{\mathrm{F'F}}=c$,

(높이)$=\dfrac{1}{2}b$

이므로 $\square \mathrm{Q_1R_1R_2Q_2}=\dfrac{1}{2}bc=9$

$\therefore bc=18$ $\qquad$ ㉠

점 $\mathrm{P_2}$의 x좌표를 a라 하면

$a^2=b^2+c^2$

$\quad =(b+c)^2-2bc$

$\quad =(b+c)^2-36$

$(b+c)^2-36=64$

$\therefore b+c=10\ (\because\ b+c>0)$ $\qquad$ ㉡

㉠, ㉡에서 $b=5\pm\sqrt{7}$이므로 합은 10이다.

72 정답 589

[그림 : 이현일T]

점 $(2,\sqrt{3})$에서의 접선의 방정식은

$\dfrac{2x}{16}+\dfrac{\sqrt{3}y}{4}=1$

$\therefore l:x+2\sqrt{3}y-8=0$

초점의 x좌표를 (단, $c>0$)라고 놓으면

$c=\sqrt{16-4}=2\sqrt{3}$

두 초점의 좌표를 $\mathrm{F}(2\sqrt{3},0)$, $\mathrm{F}'(-2\sqrt{3},0)$라 하면

$\overline{\mathrm{FH_1}}=\dfrac{|2\sqrt{3}-8|}{\sqrt{1+12}}=\dfrac{8-2\sqrt{3}}{\sqrt{13}}$

$\overline{\mathrm{F'H_2}}=\dfrac{|-2\sqrt{3}-8|}{\sqrt{1+12}}=\dfrac{8+2\sqrt{3}}{\sqrt{13}}$

$|\overline{\mathrm{FH_1}}-\overline{\mathrm{F'H_2}}|=\dfrac{4\sqrt{3}}{\sqrt{13}}$, $\overline{\mathrm{F'F}}=4\sqrt{3}$

$\therefore \overline{\mathrm{H_1H_2}}^2=(4\sqrt{3})^2-\left(\dfrac{4\sqrt{3}}{\sqrt{13}}\right)^2$

$\qquad\qquad =48\left(1-\dfrac{1}{13}\right)=\dfrac{576}{13}$

$\therefore p+q=576+13=589$

73 정답 ③

[그림 : 배용제T]

$\overline{AB} = 5$이고 사각형 ACDB는 사다리꼴이므로

(사각형 ACDB의 넓이) $= \dfrac{1}{2} \times (\overline{AC} + \overline{BD}) \times \overline{AB}$

$\qquad\qquad\qquad\qquad\quad = \dfrac{1}{2}(\overline{AC} + \overline{BD}) \times 5 = 15$

$\therefore \overline{AC} + \overline{BD} = 6$

포물선의 정의에 의하여 $\overline{CF} = \overline{AC}$, $\overline{DF} = \overline{BD}$

$\therefore \overline{CF} + \overline{DF} = \overline{AC} + \overline{BD} = 6$

따라서 오각형 FDBAC의 둘레의 길이는 $6 + 6 + 5 = 17$이다.

74 정답 ④

[그림 : 최성훈T]

원 C의 반지름의 길이를 r라 하면

$\overline{AP} = 2 + r$, $\overline{BP} = 10 - r$

$\therefore \overline{AP} + \overline{BP} = 12$

따라서 점 P는 두 점 A, B를 초점으로 하고 장축의 길이가 12인 타원 위에 있다.

$\overline{AB} = 6$이므로 A$(3, 0)$, B$(-3, 0)$으로 놓으면 타원의

방정식은 $\dfrac{x^2}{36} + \dfrac{y^2}{27} = 1$

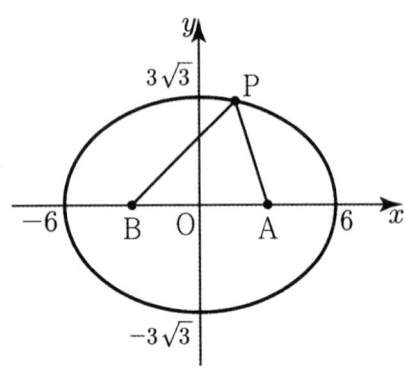

$\triangle ABP$ 의 넓이가 최대이려면 점 P가 이 타원의 단축의 양 끝점에 있어야 한다.

따라서 구하는 넓이의 최댓값은

$\dfrac{1}{2} \times 6 \times 3\sqrt{3} = 9\sqrt{3}$

75 정답 ③

타원 $\dfrac{x^2}{a^2} + \dfrac{y^2}{b^2} = 1$에 접하고, 기울기가 m인 접선의 방정식이

$y = mx \pm \sqrt{a^2 m^2 + b^2}$이므로 l_1, l_2의 방정식은

$y = mx \pm \sqrt{3m^2 + 1}$

접선 l_3, l_4는 접선 l_1, l_2를 y축에 대하여 대칭이동한 것이므로

l_3, l_4의 방정식은

$y = -mx \pm \sqrt{3m^2 + 1}$

네 직선의 x절편이 $\pm \dfrac{\sqrt{3m^2 + 1}}{m}$이고, y절편이

$\pm \sqrt{3m^2 + 1}$이므로 네 직선으로 둘러싸인 사각형의 넓이는

$4 \times \dfrac{1}{2} \times \dfrac{\sqrt{3m^2 + 1}}{m} \times \sqrt{3m^2 + 1} = 13$

$6m^2 - 13m + 2 = 0$

$(m - 2)(6m - 1) = 0$

$\therefore m = \dfrac{1}{6}$ 또는 $m = 2$

따라서 m의 최댓값은 2이다.

76 정답 13

$\dfrac{x^2}{4} + y^2 = 1$과 $y = x + a$를 연립하여 y를 소거하면

$\dfrac{x^2}{4} + x^2 + 2ax + a^2 = 1$

$5x^2 + 8ax + 4(a^2 - 1) = 0 \;\cdots\; \bigcirc$

이때, 교점이 2개 존재하기 위해서는

$(4a)^2 - 20(a^2 - 1) > 0$

$a^2 - 5 < 0$

$\therefore -\sqrt{5} < a < \sqrt{5}$

한편, $\bigcirc$의 두 실근을 α, β라 하면

$\alpha + \beta = -\dfrac{8a}{5}$, $\alpha\beta = \dfrac{4}{5}(a^2 - 1)$

A$(\alpha, \alpha + a)$, B$(\beta, \beta + a)$

선분 $\overline{OA}$와 선분 $\overline{OB}$가 수직이므로

$\overrightarrow{OA} \cdot \overrightarrow{OB} = 0$

(또는 $\overline{OA}$의 기울기 $\times$ $\overline{OB}$의 기울기$= -1$을 이용)

$\alpha\beta + (\alpha + a)(\beta + a) = 0$

$\dfrac{8}{5}(a^2 - 1) + a \times \left(-\dfrac{8a}{5}\right) + a^2 = 0$

$5a^2 - 8 = 0$

$a^2 = \dfrac{8}{5}$

따라서 $p = 5$, $q = 8$

$p + q = 13$

77 정답 17

원 C_1의 중심은 F$'(-1, 0)$, 원 C_2의 중심은 F$(1, 0)$이고 구하고자 하는 원의 반지름의 길이를 r라 하면

$\overline{F'P} = r + 1$, $\overline{FP} = 5 - r$

$\therefore \overline{F'P} + \overline{FP} = 6$ (일정)

즉, 구하는 점 P의 자취는 F$'$, F를 초점으로 하고 장축의 길이가 6인 타원이 된다. 타원의 두 초점의 좌표는

F′ $(-1, 0)$, F $(1, 0)$ 이므로 구하는 타원의 방정식을

$\dfrac{x^2}{a^2}+\dfrac{y^2}{b^2}=1$ 이라 하면 장축의 길이는

$2a=6$

$\therefore a=3$

$b^2=a^2-c^2=3^2-1=8$

$\therefore \dfrac{x^2}{9}+\dfrac{y^2}{8}=1$

따라서 $p=9$, $q=8$

$p+q=17$

78 정답 ③

쌍곡선 $x^2-y^2=1$ 의 두 초점의 좌표는 $(\pm\sqrt{2},\,0)$ 이므로 한

초점을 F $(\sqrt{2},\,0)$ 이라 하면

$\overline{CF}=\sqrt{2+4}=\sqrt{6}$ $\cdots$ ㉠

원 C의 방정식을 $x^2+(y-2)^2=r^2$ 이라 하고 쌍곡선의

방정식과 연립하여 x 를 소거하면

$r^2-(y-2)^2-y^2=1$

$2y^2-4y+5-r^2=0$

원 C와 쌍곡선이 접하려면 판별식 $D=0$ 이어야 하므로

$D/4=4-2(5-r^2)=0$

$\therefore 2r^2=6$

$\therefore r=\sqrt{3}$ $\cdots$ ㉡

삼각형 CFT에서 $\angle CFT$ 의 크기를 θ 라 할 때, ㉠, ㉡에서

$\sin\theta=\dfrac{\overline{CT}}{\overline{CF}}=\dfrac{r}{\overline{CF}}=\dfrac{\sqrt{3}}{\sqrt{6}}$

$\sin\theta=\dfrac{1}{\sqrt{2}}$ 에서 $\theta=\dfrac{\pi}{4}$

$\therefore \overline{TF}=\overline{T'F}=\sqrt{3}$, $\angle TFT'=\dfrac{\pi}{2}$

따라서 사각형 CTFT′는 한 변의 길이가 $\sqrt{3}$ 인

정사각형이므로 넓이는 3이다.

79 정답 ③

[그림 : 이정배T]

점 P을 지나는 타원 $\dfrac{x^2}{3}+y^2=1$ 의 접선의 기울기를 m 이라

하고, 그림과 같이 접점을 P′, P″ 이라 하면 두 직선

CP′, CP″ 의 방정식은

$y=mx-\sqrt{3m^2+1}$

이 직선이 점 C$(0,-2)$ 를 지나므로

$-2=-\sqrt{3m^2+1}$, $3m^2+1=4$, $m=\pm1$

$\therefore y=\pm\,x-2$

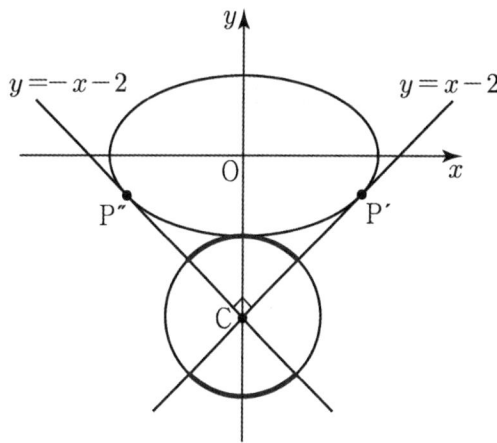

두 직선 CP′, CP″가 서로 수직이므로 두 점 Q , R 가 각각

나타내는 도형의 길이는 원 C에서 중심각의 크기가 $\dfrac{\pi}{2}$ 인 호의

길이이다.

따라서 $2\times1\times\dfrac{\pi}{2}=\pi$

80 정답 ④

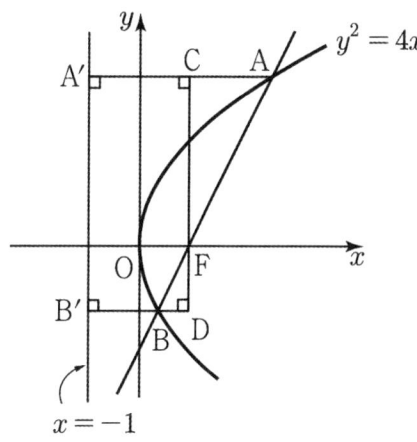

포물선 $y^2=4x$ 에서 F$(1,\,0)$ 이고, 준선은 직선

$x=-1$ 이다.

두 점 A, B에서 준선에 내린 수선의 발을 각각 A′, B′이라

하고, 초점 F를 지나고 y축에 평행한 직선이 선분 AA′과

만나는 점을 C, 선분 BB′의 연장선과 만나는 점을 D 라 하자.

삼각형 FAC와 삼각형 FBD가 서로 닮음이므로

$\overline{AF}:\overline{BF}=3:1$ 에서 $\overline{AC}:\overline{BD}=3:1$

$\overline{BD}=k$라 하면 $\overline{AC}=3k$이므로

$\overline{AA'}=\overline{A'C}+\overline{AC}=2+3k$

$\overline{BB'}=\overline{B'D}-\overline{BD}=2-k$

포물선의 정의에 의하여

$\overline{AF}=2+3k$, $\overline{BF}=2-k$

$(2+3k):(2-k)=3:1$

$6-3k=2+3k$, $6k=4$

$\therefore k=\dfrac{2}{3}$

$\overline{AB}$
$= \overline{AF} + \overline{BF}$
$= (2+3k) + (2-k)$
$= 4 + 2k = 4 + \dfrac{4}{3} = \dfrac{16}{3}$

[랑데뷰팁]–정일권T
포물선의 초점 F를 지나는 직선이 포물선과 만나는 두
점을 A, B라 하고 F$(p, 0)$일 때, $\overline{AF} = a$, $\overline{BF} = b$이면
$p = \dfrac{ab}{a+b}$ 이다.
문제에서 $a = 3k$, $b = k$, $p = 1$이므로
$1 = \dfrac{3k^2}{3k+k}$, $1 = \dfrac{3k}{4}$
$\therefore k = \dfrac{4}{3}$
$\overline{AB} = 4k = \dfrac{16}{3}$

81 정답 ③

그림과 같이 두 초점을 F, F$'$라 하자. F, O, F$'$ 에서 접선에
내린 수선의 발을 각각 Q, H, R 라고 하면 $\overline{FQ}$, $\overline{OH}$, $\overline{F'R}$ 은
평행이고 $\overline{OF}$: $\overline{OF'} = 1 : 1$ 이다.

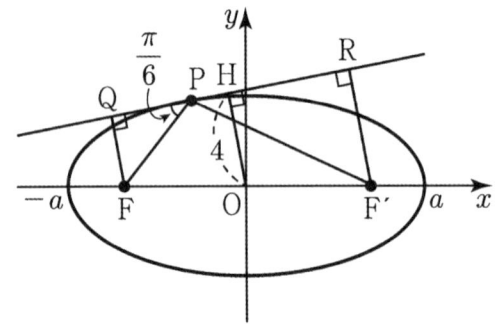

따라서 $\overline{FQ} + \overline{F'R} = 2\overline{OH} = 8$ 접선의 반사성질에 의하여
$\angle FPQ = \angle F'PR = \dfrac{\pi}{6}$ 이므로
$\overline{PF} + \overline{PF'} = \dfrac{\overline{FQ} + \overline{F'R}}{\sin \dfrac{\pi}{6}} = \dfrac{8}{\dfrac{1}{2}} = 16$
$2a = 16$에서 $a = 8$이다.

82 정답 ④

[그림 : 최성훈T]
$\overline{AP} = k$, $\overline{AQ} = 2k$로 놓자.
포물선 위의 두 점 P, Q에서 초점까지의 거리와 준선
$x = -1$까지의 거리는 서로 같으므로 두 점 P, Q의 x좌표는
각각 $k-1$, $2k-1$이다.

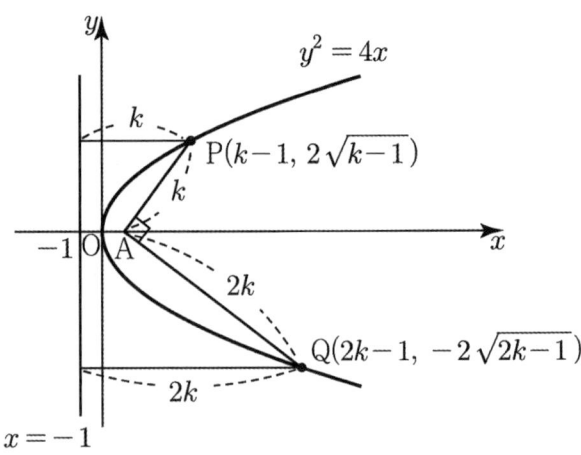

따라서 두 점 P, Q의 좌표는
P$(k-1,\ 2\sqrt{k-1})$, Q$(2k-1,\ -2\sqrt{2k-1})$ $\cdots$ ㉠
이고 $\overline{AP} \perp \overline{AQ}$이므로
$\dfrac{2\sqrt{k-1}}{(k-1)-1} \times \dfrac{-2\sqrt{2k-1}}{(2k-1)-1} = -1$
$\dfrac{2\sqrt{k-1}}{k-2} \times \dfrac{-2\sqrt{2k-1}}{2(k-1)} = -1$
$2\sqrt{k-1} \times \sqrt{2k-1} = (k-1)(k-2)$
양변을 제곱하면
$4(k-1)(2k-1) = (k-1)^2(k-2)^2$
$k \neq 1$이므로
$4(2k-1) = (k-1)(k-2)^2$
$8k-4 = k^3 - 5k^2 + 8k - 4$
$k^3 - 5k^2 = 0$, $k^2(k-5) = 0$
$k \neq 0$이므로 $k = 5$
따라서 ㉠에서 P$(4, 4)$, Q$(9, -6)$이다.
그러므로 $\overline{PQ} = \sqrt{5^2 + (-10)^2} = 5\sqrt{5}$

83 정답 ②

[그림 : 배용제T]
기울기가 $\dfrac{\sqrt{3}}{3}$이므로 $\tan(\angle PQF) = \dfrac{\sqrt{3}}{3}$
따라서 $\angle PQF = \dfrac{\pi}{6}$
점 P를 P(x_1, y_1)이라 하면 접선의 방정식은
$y_1 y = 2p(x + x_1)$
따라서 Q$(-x_1, 0)$이고 F$(p, 0)$이므로
$\overline{PF} = \sqrt{(x_1-p)^2 + y_1^2} = x_1 + p$, $\overline{QF} = x_1 + p$
$\therefore \overline{PF} = \overline{QF}$
$\overline{PF} = \overline{QF}$이므로 $\angle PQF = \angle FPQ = \dfrac{\pi}{6}$이다.
따라서 $\angle PFQ = \dfrac{2\pi}{3}$
삼각형 PQF의 넓이가 $9\sqrt{3}$이면
$\dfrac{1}{2} \times \overline{PF} \times \overline{QF} \times \sin\dfrac{2\pi}{3} = 9\sqrt{3}$

이므로 $\overline{PF}=\overline{QF}=6$이다.

점 P에서 포물선 $y^2=4px$의 준선인 $x=-p$에 내린 수선의 발을 H라 하고 점 F에서 선분 PH에 내린 수선의 발을 I라 하자.

포물선의 성질에 의하여 $\overline{PF}=\overline{PH}=6$이고, 삼각형 FPI에서 $\angle FPI=\dfrac{\pi}{3}$이므로

$\overline{PI}=6\times\cos\dfrac{\pi}{3}=3$이다.

따라서 $\overline{HI}=3$이고 $\overline{HI}=2p$이므로 $p=\dfrac{3}{2}$이다.

84 정답 ③

[그림 : 최성훈T]

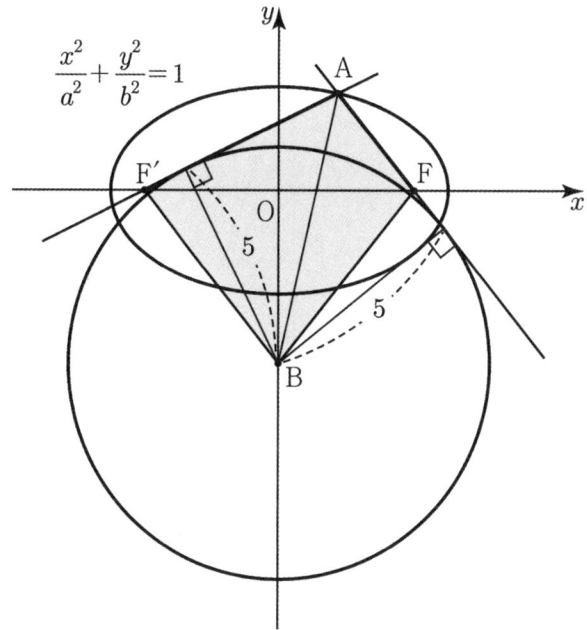

타원의 정의에 의해 $\overline{AF}+\overline{AF'}=2a$이다.

사각형 AFBF′의 넓이
=(삼각형 ABF′의 넓이)+(삼각형 ABF의 넓이)
이고

(삼각형 ABF′의 넓이)$=\dfrac{1}{2}\times\overline{AF'}\times5$

(삼각형 ABF의 넓이)$=\dfrac{1}{2}\times\overline{AF}\times5$

따라서

$20=\dfrac{5}{2}\times\left(\overline{AF'}+\overline{AF}\right)$

$\overline{AF}+\overline{AF'}=8$

$2a=8$이므로 $a=4$이다.

85 정답 ③

[그림 : 이정배T]

그림과 같이 점 P에서 포물선의 준선에 내린 수선의 발을 H, 준선과 x축이 만나는 점을 R라 하자. 한편, 포물선 $y^2=4x$은 꼭짓점이 원점이고 초점의 좌표가 $(1,\,0)$이므로 준선의 방정식은 $x=-1$이다.

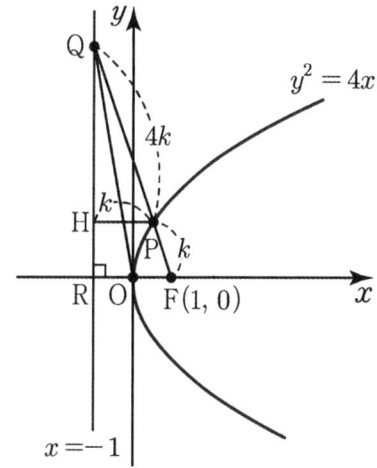

포물선의 정의에 의해 $\overline{PH}=\overline{PF}$이므로 주어진 조건에 의해 $\overline{PH}:\overline{PQ}=1:4$이다.

이때, 삼각형 PQH와 삼각형 FQR는 닮음이고 $\overline{FR}=2$이므로 $\overline{FQ}=4\overline{FR}=8$이다.

직각삼각형 FQR에서 $\overline{QR}=\sqrt{8^2-2^2}=2\sqrt{15}$

$\therefore \triangle OFQ=\dfrac{1}{2}\times\overline{OF}\times\overline{QR}=\dfrac{1}{2}\times1\times2\sqrt{15}=\sqrt{15}$

86 정답 ③

[그림 : 이정배T]

그림과 같이 삼각형 ABC의 무게중심 G가 원점에 오고 점 A가 양의 y축에 오도록 놓으면 포물선의 꼭짓점은 $G(0,\,0)$이고 초점은 $A(0,\,2)$이므로 포물선의 방정식은
$x^2=4\times2\times y$
$\therefore x^2=8y \cdots \bigcirc$

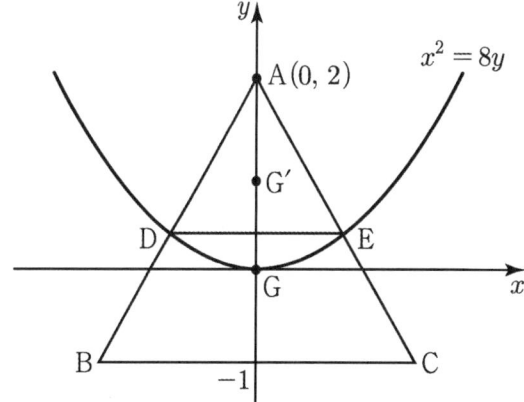

또, 직선 AB 의 기울기는 $\tan 60° = \sqrt{3}$ 이므로
직선 AB 의 방정식은
$y = \sqrt{3}\,x + 2 \cdots$ ㉡
㉠, ㉡을 연립하면
$x^2 = 8(\sqrt{3}\,x + 2)$
$\therefore x^2 - 8\sqrt{3}\,x - 16 = 0$
$\therefore x = 4\sqrt{3} \pm \sqrt{(4\sqrt{3})^2 + 16} = 4\sqrt{3} \pm 8$
따라서 점 D 의 x 좌표는
$x = 4\sqrt{3} - 8\ (\because\ x < 0)$
$\overline{AD} = \dfrac{8 - 4\sqrt{3}}{\sin 30°}$
$\therefore \overline{AD} = 16 - 8\sqrt{3}$
정삼각형 ADE의 한 변의 길이가 $16 - 8\sqrt{3}$ 이므로
$\overline{AG'} = \dfrac{2}{3} \times \dfrac{\sqrt{3}}{2} \times (16 - 8\sqrt{3}) = \dfrac{16\sqrt{3} - 24}{3}$
$\overline{AG} = 2$ 이므로
$\overline{G'G} = 2 - \dfrac{16\sqrt{3} - 24}{3} = 10 - \dfrac{16}{3}\sqrt{3}$

---

87 정답 ⑤

[그림 : 이정배T]

포물선 $y^2 = 4px$ 위의 점 $A\,(x_1, y_1)$ 에서 접선의 방정식은

$y_1 y = 2p(x + x_1) \rightarrow y = \dfrac{2p}{y_1}x + \dfrac{2px_1}{y_1}$ 이다.

접선의 기울기가 $\dfrac{1}{2}$ 이므로 $\dfrac{2p}{y_1} = \dfrac{1}{2}$ 이다.

$\therefore y_1 = 4p$

$y_1^2 = 4px_1$ 에서 $16p^2 = 4px_1$

$\therefore x_1 = 4p$

따라서 접선의 방정식은 $y = \dfrac{1}{2}x + 2p$ 이다.

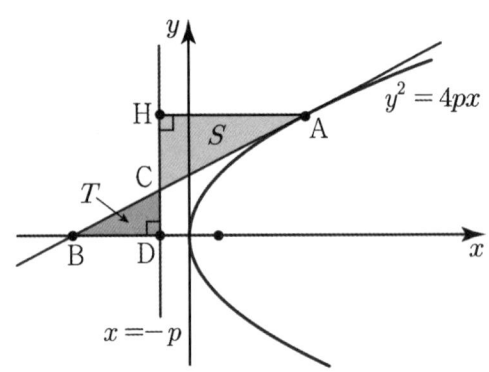

접선이 x축과 만나는 점의 좌표는 $B\,(-4p, 0)$ 이고
두 직각삼각형 삼각형 CAH와 삼각형 CBD은 서로 닮음이고
넓이가 각각 S와 T이므로

$\dfrac{S}{T} = \dfrac{\overline{AH}^2}{\overline{BD}^2}$ 이다.

$\overline{AH} = 5p$, $\overline{BD} = -p - (-4p) = 3p$ 이므로

$\dfrac{S}{T} = \dfrac{\overline{AH}^2}{\overline{BD}^2} = \dfrac{25p^2}{9p^2} = \dfrac{25}{9}$

평면벡터

유형 1 평면벡터의 연산

---

88 정답 109

[출제자 : 서태욱T]

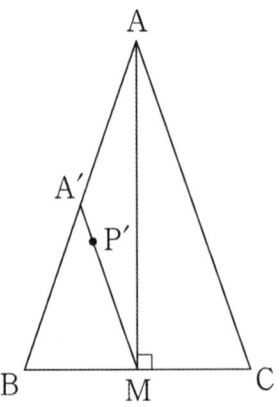

조건 (가)에서 $\dfrac{1}{2}\overrightarrow{BP} = \overrightarrow{BP'}$ 로 놓으면 점 P′는 삼각형 A′BM

위의 점이다. (단, 점 A′, M은 각각 선분 AB, BC의
중점이다.)

따라서 조건 (가)는 $\overrightarrow{BX} = \overrightarrow{BP'} + \overrightarrow{BQ}$ 이므로 점 X 가 존재하는
영역은 [그림 2]에서 색칠한 부분과 같다.

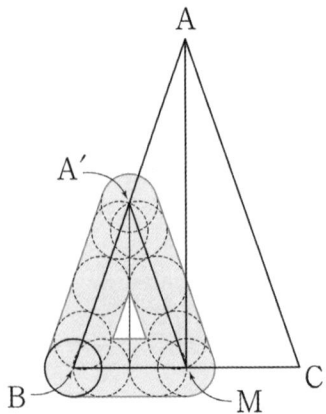

이제 조건 (나)의 식을 정리해보면

$$\overrightarrow{BX} - \frac{1}{2}\overrightarrow{BA} - \frac{1}{3}\overrightarrow{AC} = k\overrightarrow{BC}$$

$$\overrightarrow{BX} - \overrightarrow{BA'} - \overrightarrow{A'D} = k\overrightarrow{BC}$$

(단, 점 D는 선분 A′M을 2 : 1로 내분하는 내분점이다.)

$$\overrightarrow{BX} - (\overrightarrow{BA'} + \overrightarrow{A'D}) = k\overrightarrow{BC}$$

$$\overrightarrow{BX} - \overrightarrow{BD} = k\overrightarrow{BC}$$

$$\overrightarrow{DX} = k\overrightarrow{BC}$$

$k \le 0$이므로 $k = 0$일 때에는 $X = D$이고
$k < 0$일 때에는 $\overrightarrow{DX}$와 $\overrightarrow{BC}$는 평행하고 방향이 반대이다.
따라서 점 X의 자취는 아래 그림과 같다.

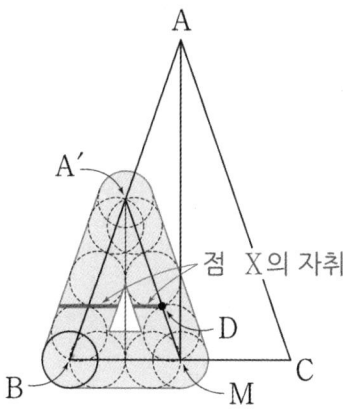

따라서 $|\overrightarrow{BX}|$의 최소는 점 B에서 점 X의 자취를 나타내는
선분 까지의 거리이고, $|\overrightarrow{BX}|$의 최대는 $X = D$일 때이다.

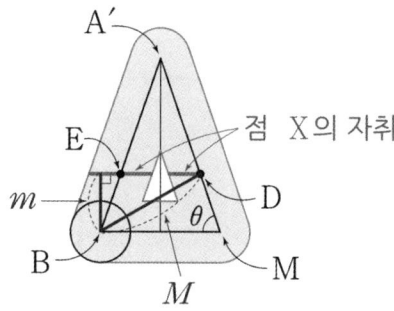

점 X의 자취를 나타내는 선분의 교점을 점 E라 하면
$\sin\theta = \dfrac{2\sqrt{2}}{3}$, $\cos\theta = \dfrac{1}{3}$, $\overline{BE} = \overline{MD} = 2$이다.

따라서 $|\overrightarrow{BX}|$의 최솟값 m은

$$m = \overline{BE} \times \sin\theta = 2 \times \frac{2\sqrt{2}}{3} = \frac{4}{3}\sqrt{2}$$

이다.
$|\overrightarrow{BX}|$의 최댓값 M은 삼각형 BMD에서 코사인법칙에 의하여

$$M^2 = \overline{BD}^2 = \overline{BM}^2 + \overline{MD}^2 - 2 \times \overline{BM} \times \overline{MD} \times \cos\theta$$

$$= 4^2 + 2^2 - 2 \times 4 \times 2 \times \frac{1}{3}$$

$$= 16 + 4 - \frac{16}{3}$$

$$= \frac{44}{3}$$

이므로 $M^2 - m^2 = \dfrac{44}{3} - \dfrac{32}{9} = \dfrac{132 - 32}{9} = \dfrac{100}{9}$이다.

따라서 $p = 9$, $q = 100$이므로 $p + q = 109$이다.

89 정답 7

[그림 : 이호진T]
$\overrightarrow{AB} + \overrightarrow{AP} = \overrightarrow{AQ}$를 만족시키는 사각형 ABQP는
평행사변형이다.

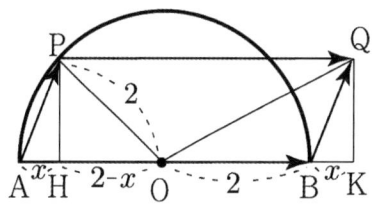

점 Q에서 선분 AB의 연장선에 내린 수선의 발을 K라 하자.
$\overline{BK} = x$로 놓으면 $|\overrightarrow{OQ}| = 3$이므로 직각삼각형 OKQ에서
$\overline{QK} = \sqrt{3^2 - (2+x)^2} = \sqrt{5 - 4x - x^2}$
또한 점 P에서 선분 AB에 내린 수선의 발을 H라 하면
두 삼각형 AHP와 BKQ가 합동이므로 $\overline{PH} = \overline{QK}$
$\overline{HO} = 4 - (2+x) = 2 - x$이고,
$\overline{PH} = \sqrt{4 - (2-x)^2} = \sqrt{4x - x^2}$이므로

$$\sqrt{5 - 4x - x^2} = \sqrt{4x - x^2},\ x = \frac{5}{8}$$

$$\overline{PH} = \overline{QK} = \sqrt{\frac{5}{2} - \left(\frac{5}{8}\right)^2} = \frac{3\sqrt{15}}{8}$$

따라서 삼각형 ABQ의 넓이는

$$\frac{1}{2} \times 4 \times \frac{3\sqrt{15}}{8} = \frac{3}{4}\sqrt{15}$$이다.

$p = 4$, $q = 3$
$\therefore\ p + q = 7$

90 정답 ②

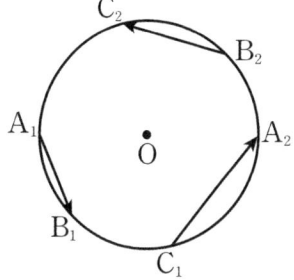

$$\overrightarrow{A_1 B_1} - \overrightarrow{C_1 A_2} + \overrightarrow{B_2 C_2}$$

$$= (\overrightarrow{OB_1} - \overrightarrow{OA_1}) - (\overrightarrow{OA_2} - \overrightarrow{OC_1}) + (\overrightarrow{OC_2} - \overrightarrow{OB_2})$$

$$= -(\overrightarrow{OA_1} + \overrightarrow{OA_2}) + (\overrightarrow{OB_1} - \overrightarrow{OB_2}) + (\overrightarrow{OC_1} + \overrightarrow{OC_2})$$

$$= \vec{0} + (\overrightarrow{OB_1} - \overrightarrow{OB_2}) + \vec{0} = \overrightarrow{B_2 B_1} = 2\overrightarrow{OB_1}$$

91 정답 ②

마름모의 대각선은 각을 이등분하므로

$$\angle DBC = \angle ECH = \frac{\pi}{6}$$

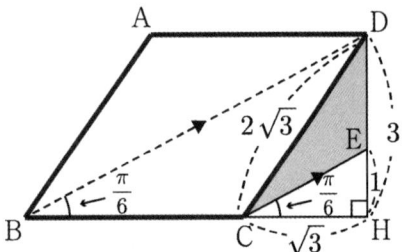

직각삼각형 CHE에서 $\angle ECH = \frac{\pi}{6}$, $\overline{CH} = \sqrt{3}$ 이므로

$\overline{EH} = 1$

직각삼각형 DCH에서 $\angle DCH = \frac{\pi}{3}$, $\overline{CH} = \sqrt{3}$ 이므로

$\overline{DH} = 3$

따라서 $\overline{DE} = 2$

삼각형 DCE의 넓이 $S = \frac{1}{2} \times \overline{DE} \times \overline{CH} = \sqrt{3}$

92 정답 ③

R의 영역은 다음 그림과 같다.

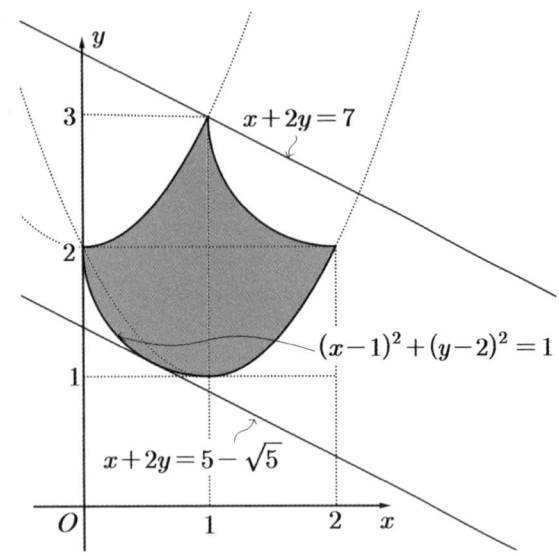

$x + 2y = k$라 하면 $(1, 3)$을 지날 때 $k = 7$로 최댓값을 갖는다.

$\therefore M = 7$

$(x-1)^2 + (y-2)^2 = 1$의 $(0 \le x \le 1, 1 \le y \le 2)$에

$x + 2y = k$이 접할 때, k의 최솟값을 가진다. 따라서 $(1, 2)$에서

$x + 2y = k$까지 거리가 1이므로

$$1 = \frac{|1 + 4 - k|}{\sqrt{1^2 + 2^2}} \rightarrow |5 - k| = \sqrt{5} \rightarrow 25 - 10k + k^2 = 5$$

$$k^2 - 10k + 20 = 0 \rightarrow k = 5 \pm \sqrt{5}$$

$\therefore m = 5 - \sqrt{5}$

$M + m = 12 - \sqrt{5}$

[다른 풀이]–장정보T 풀이 [미적분–삼각함수합성 활용]

$$(x, y) = (a, (a-1)^2 + 2) - (\cos\theta, \sin\theta)$$
$$= (a - \cos\theta, (a-1)^2 - \sin\theta + 2)$$

$\left(\text{단, } 1 \le a \le 2, 0 \le \theta \le \frac{\pi}{2}\right)$

$$x + 2y = a - \cos\theta + 2(a-1)^2 - 2\sin\theta + 4$$
$$= 2a^2 - 3a + 6 - (2\sin\theta + \cos\theta)$$
$$= 2\left(a - \frac{3}{4}\right)^2 + \frac{39}{8} - \sqrt{5}\sin(\theta + \alpha)$$

$\left(\text{단, } \cos\alpha = \frac{2}{\sqrt{5}}, \sin\alpha = \frac{1}{\sqrt{5}}\right)$

$1 \le a \le 2$일 때,

$f(a) = 2\left(a - \frac{3}{4}\right)^2 + \frac{39}{8}$ 라 하면 $5 \le f(a) \le 8$

$0 \le \theta \le \frac{\pi}{2}$일 때,

$g(\theta) = \sqrt{5}\sin(\theta + \alpha)$라 두면 $1 \le g(\theta) \le \sqrt{5}$ 이므로

$5 - \sqrt{5} \le f(a) + g(\theta) \le 8 - 1$

따라서 $M = 7$, $m = 5 - \sqrt{5}$

93 정답 11

그림과 같이 변 AD위에 정사각형 ABCD와 합동이 되도록
정사각형 A′ADD′를 생각하자. $\overrightarrow{BD} = \overrightarrow{AD'}$ 이므로
$-2\vec{p} = \overrightarrow{AQ}$이다.

따라서 $\vec{a} - 2\vec{p} = \overrightarrow{BA} + \overrightarrow{AQ} = \overrightarrow{BQ}$

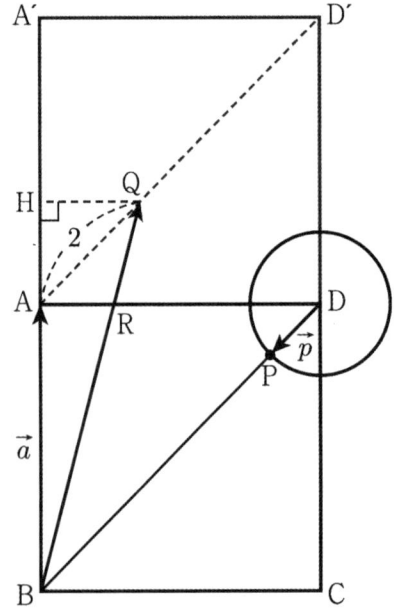

Q에서 $\overline{AA'}$에 내린 수선의 발을 H라 할 때

$\overline{AQ} = 2$이므로 $\overline{QH} = \overline{AH} = \sqrt{2}$

$\triangle QHB \backsim \triangle RAB$ 에서

$\overline{QH} : \overline{HB} = \overline{RA} : \overline{AB}$ 이므로

$\sqrt{2} : 4 + \sqrt{2} = \overline{AR} : 4$

$$\therefore \overrightarrow{AR} = \frac{8\sqrt{2}-4}{7}$$

따라서 $a=-4$, $b=8$, $c=7$

$a+b+c=11$

 유형 2 평면에서 선분의 내분점과 외분점의 위치 벡터

94 정답 8

[그림 : 이호진T]

선분 AB의 $1:2$로 내분하는 점을 E, $2:1$로 내분하는 점을 F라 하면

$$\left(\frac{2\overrightarrow{AP}+\overrightarrow{BP}}{3}\right)\cdot 3\overrightarrow{BP} = \left(\frac{\overrightarrow{AP}+2\overrightarrow{BP}}{3}\right)\cdot 3\overrightarrow{AP} = 15$$

$$\Rightarrow \left(\frac{2\overrightarrow{AP}+\overrightarrow{BP}}{3}\right)\cdot \overrightarrow{BP} = \left(\frac{\overrightarrow{AP}+2\overrightarrow{BP}}{3}\right)\cdot \overrightarrow{AP} = 5$$

$$\Rightarrow \overrightarrow{EP}\cdot\overrightarrow{BP} = \overrightarrow{FP}\cdot\overrightarrow{AP} = 5$$

이다. 한편, 선분 AF의 중점이 E, 선분 BE의 중점이 F이다. 따라서

$$\overrightarrow{EP}\cdot\overrightarrow{BP} = (\overrightarrow{EF}+\overrightarrow{FP})\cdot(\overrightarrow{BF}+\overrightarrow{FP})$$
$$= |\overrightarrow{FP}|^2 - 4 = 5$$
$$\therefore |\overrightarrow{FP}| = 3$$
$$\overrightarrow{FP}\cdot\overrightarrow{AP} = (\overrightarrow{FE}+\overrightarrow{EP})\cdot(\overrightarrow{AE}+\overrightarrow{EP})$$
$$= |\overrightarrow{EP}|^2 - 4 = 5$$
$$\therefore |\overrightarrow{EP}| = 3$$

따라서 점 P는 중심이 E이고 반지름의 길이가 3인 원과 중심이 F이고 반지름의 길이가 3인 원이 만나는 점 중 직사각형 ABCD의 내부의 점이다.

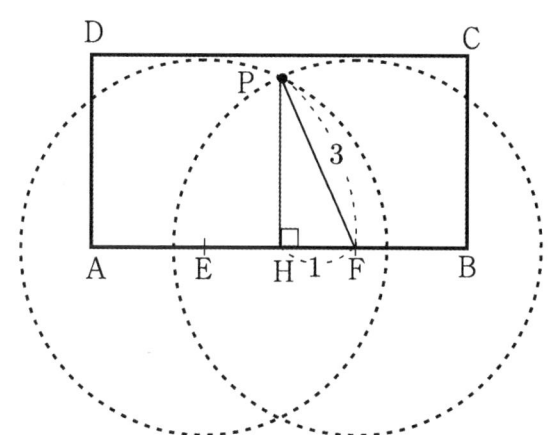

그림에서 점 P에서 선분 AB에 내린 수선의 발을 H라 하면 점 H는 두 점 E와 F의 중점이므로 $\overline{HF}=1$이다. $\overline{FP}=3$이므로

$$d^2 = \overline{PH}^2 = 3^2 - 1^2 = 8$$

95 정답 ④

[출제 : 김경민T]

[그림 : 이정배T]

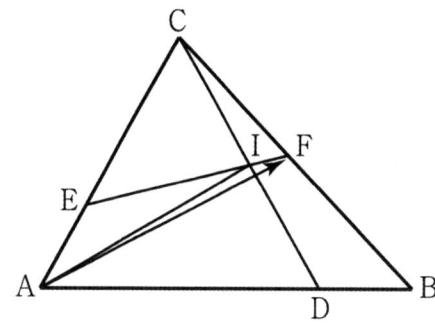

$\overrightarrow{AB} = \vec{a}$, $\overrightarrow{AC} = \vec{b}$ 라 하면 $\overrightarrow{AD} = \frac{3}{4}\vec{a}$, $\overrightarrow{AE} = \frac{1}{3}\vec{b}$ 이다.

$\angle CAB$의 이등분선 성질에 의하여

$$\overrightarrow{AI} = \frac{\overrightarrow{AD}+\overrightarrow{AC}}{2} = \frac{3}{8}\vec{a} + \frac{1}{2}\vec{b}$$이고,

$$\overrightarrow{EI} = \overrightarrow{AI} - \overrightarrow{AE} = \frac{3}{8}\vec{a} + \frac{1}{6}\vec{b}$$

$\overrightarrow{EF}$와 $\overrightarrow{EI}$는 평행하므로 적당한 실수 t에 대하여

$$\overrightarrow{EF} = t\overrightarrow{EI} = \frac{3t}{8}\vec{a} + \frac{t}{6}\vec{b}$$이다. $\cdots\bigcirc$

한편,

$$\overrightarrow{AF} = \overrightarrow{AE} + \overrightarrow{EF} = \frac{3t}{8}\vec{a} + \frac{t+2}{6}\vec{b}$$

$$\overrightarrow{BF} = \overrightarrow{AF} - \overrightarrow{AB} = \frac{3t-8}{8}\vec{a} + \frac{t+2}{6}\vec{b}$$이다. 한편 $\overrightarrow{BF}$와 $\overrightarrow{BC}$는 평행하므로 적당한 실수 s에 대하여

$$\overrightarrow{BF} = s\overrightarrow{BC}$$이므로 $\frac{3t-8}{8}\vec{a} + \frac{t+2}{6}\vec{b} = k(\vec{b}-\vec{a})$이다.

$\vec{a}, \vec{b}$는 평행하지 않으므로 $\frac{3t-8}{8}=-k$, $\frac{t+2}{6}=k$이고

정리하면 $t = \frac{16}{13}$

$$\overrightarrow{EF} = t\overrightarrow{EI} = \frac{3t}{8}\vec{a} + \frac{t}{6}\vec{b}$$

$\bigcirc$에 대입하면

$$\overrightarrow{EF} = \left(\frac{3}{8}\times\frac{16}{13}\right)\vec{a} + \left(\frac{1}{6}\times\frac{16}{13}\right)\vec{b}$$

$$= \frac{6}{13}\overrightarrow{AB} + \frac{8}{39}\overrightarrow{AC}$$

$p = \frac{6}{13}$, $q = \frac{8}{39}$ 따라서 $p+q = \frac{6}{13} + \frac{8}{39} = \frac{26}{39}$

96 정답 12

[출제자 : 이정배T]

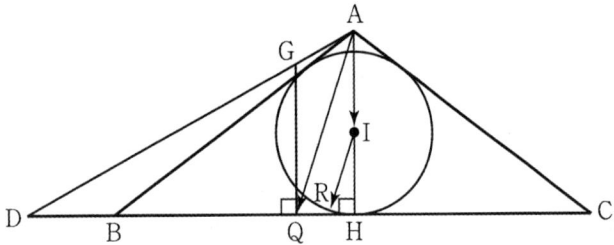

$\overrightarrow{OD} = \dfrac{5\overrightarrow{OB} - \overrightarrow{OC}}{5-1}$ 이므로 점 D는 선분 CB를 5 : 1로 외분하는 점이다.

선분 DA를 5 : 1로 내분하는 점을 G라 하면

$|5\overrightarrow{PA} + \overrightarrow{PD}| = 6|\overrightarrow{PG}|$ 이므로 선분 PG의 길이가 최소일 때 $|5\overrightarrow{PA} + \overrightarrow{PD}|$ 가 최소이다. 즉, 점 Q는 점 G에서 선분 CD에 내린 수선의 발이고 $\overrightarrow{DQ} : \overrightarrow{QH} = 5 : 1$ 이다.

점 A에서 선분 BC에 내린 수선의 발을 H라 하면 $\overrightarrow{AH} = 3$, $\overrightarrow{DH} = 6$, $\overrightarrow{QH} = \dfrac{1}{6}\overrightarrow{DH} = 1$ 이고 $\overrightarrow{AQ} = \sqrt{10}$ 이다.

그러면 점 I는 내심이고 $\overrightarrow{AB} : \overrightarrow{BH} = 5 : 4$ 이므로 $\overrightarrow{AI} : \overrightarrow{IH} = 5 : 4$ 이다. 따라서 점 R은 삼각형 ABC의 내접원 위의 점이고 $\overrightarrow{IR} = \overrightarrow{IH} = \dfrac{4}{9}\overrightarrow{AH} = \dfrac{4}{3}$ 이다.

$\overrightarrow{AQ} \cdot \overrightarrow{AR} = \overrightarrow{AQ} \cdot (\overrightarrow{AI} + \overrightarrow{IR}) = \overrightarrow{AQ} \cdot \overrightarrow{AI} + \overrightarrow{AQ} \cdot \overrightarrow{IR}$
$= |\overrightarrow{AQ}||\overrightarrow{AI}|\cos(\angle QAH) + \overrightarrow{AQ} \cdot \overrightarrow{IR}$
$= \sqrt{10} \times \left(\dfrac{5}{9} \times 3\right) \times \dfrac{3}{\sqrt{10}} + \overrightarrow{AQ} \cdot \overrightarrow{IR} = 5 + \overrightarrow{AQ} \cdot \overrightarrow{IR}$

이때, $\overrightarrow{AQ} \cdot \overrightarrow{IR}$ 는 두 벡터 $\overrightarrow{AQ}$ 와 $\overrightarrow{IR}$ 가 방향이 같을 때 최대이므로

$\overrightarrow{AQ} \cdot \overrightarrow{AR} = 5 + \overrightarrow{AQ} \cdot \overrightarrow{IR} \leq 5 + \sqrt{10} \times \dfrac{4}{3} = 5 + \dfrac{4}{3}\sqrt{10}$

따라서 $p = 5$, $q = \dfrac{4}{3}$ 이므로 $(p+4)q = 12$

97 정답 168

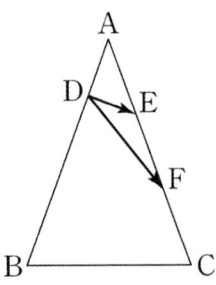

$\overrightarrow{AB} = \vec{a}$, $\overrightarrow{AC} = \vec{b}$ 라 하면 $|\vec{a}| = |\vec{b}| = 12$

점 D는 선분 AB를 1 : 3으로 내분하는 점이므로

$\overrightarrow{AD} = \dfrac{1}{4}\overrightarrow{AB} = \dfrac{1}{4}\vec{a}$

두 점 E, F는 선분 AC를 각각 1 : 2와 2 : 1로 내분하는 점이므로

$\overrightarrow{AE} = \dfrac{1}{3}\overrightarrow{AC} = \dfrac{1}{3}\vec{b}$, $\overrightarrow{AF} = \dfrac{2}{3}\overrightarrow{AC} = \dfrac{2}{3}\vec{b}$

$\overrightarrow{DE} = \overrightarrow{AE} - \overrightarrow{AD} = -\dfrac{1}{4}\vec{a} + \dfrac{1}{3}\vec{b}$ ··· ㉠

$\overrightarrow{DF} = \overrightarrow{AF} - \overrightarrow{AD} = -\dfrac{1}{4}\vec{a} + \dfrac{2}{3}\vec{b}$ ··· ㉡

㉠, ㉡에서 $\overrightarrow{DE} + \overrightarrow{DF} = -\dfrac{1}{2}\vec{a} + \vec{b}$

$|\overrightarrow{DE} + \overrightarrow{DF}| = 2\sqrt{3}$ 에서 $|\overrightarrow{DE} + \overrightarrow{DF}|^2 = 12$

$|\overrightarrow{DE} + \overrightarrow{DF}|^2 = \left| -\dfrac{1}{2}\vec{a} + \vec{b} \right|^2$
$= \left(-\dfrac{1}{2}\vec{a} + \vec{b} \right) \cdot \left(-\dfrac{1}{2}\vec{a} + \vec{b} \right)$
$= \dfrac{1}{4}|\vec{a}|^2 - \vec{a} \cdot \vec{b} + |\vec{b}|^2$

따라서 $12 = \dfrac{1}{4} \times 12^2 - \vec{a} \cdot \vec{b} + 12^2$ 이므로

$\therefore \overrightarrow{AB} \cdot \overrightarrow{AC} = \vec{a} \cdot \vec{b} = 168$

98 정답 ④

피타고라스 정리에서 $\overrightarrow{AC} = 13$ 이다.

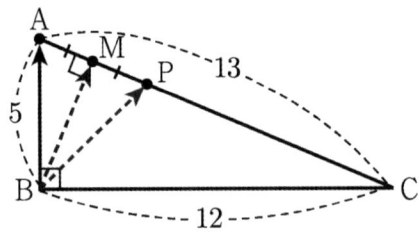

$\overrightarrow{AP}$ 의 중점을 M이라 할 때 $\overrightarrow{BA} + \overrightarrow{BP} = 2\overrightarrow{BM}$ 이므로 $|\overrightarrow{BM}|$ 의 크기가 최소일 때 벡터 $\overrightarrow{BA} + \overrightarrow{BP}$ 의 크기가 최소가 된다.

점 B에서 $\overrightarrow{AC}$ 에 내린 수선의 발이 M일 때 $|\overrightarrow{BM}|$ 의 크기가 최소가 된다.

$\overrightarrow{AC} \perp \overrightarrow{BM}$ 일 때 $\overrightarrow{AB}^2 = \overrightarrow{AC} \times \overrightarrow{AM}$ 이 성립하므로

$\overrightarrow{AM} = \dfrac{25}{13}$

$\overrightarrow{PC} = \overrightarrow{AC} - \overrightarrow{AP} = 13 - 2 \times \dfrac{25}{13} = \dfrac{119}{13}$

99 정답 (1) 601 (2) ②

[출제자 : 최성훈 최성훈수학교습소]

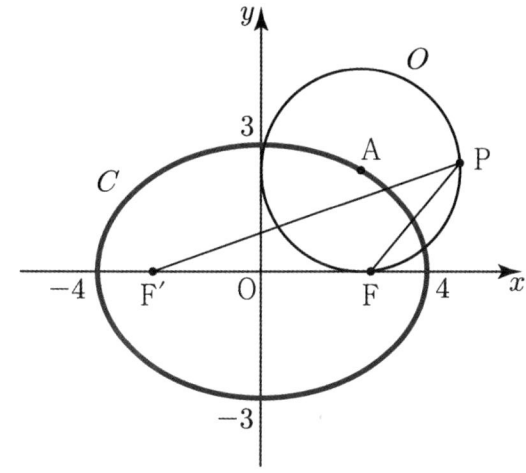

원 O는 x축, y축에 모두 접하므로 원의 중심을 $A(a, a)$라 할 수 있다. 타원 $\dfrac{x^2}{16} + \dfrac{y^2}{9} = 1$에 점 $A(a, a)$를 대입하면 $a = \dfrac{12}{5}$ $(\because a > 0)$

따라서 원 O는 중심이 $A\left(\dfrac{12}{5},\ \dfrac{12}{5}\right)$이고 반지름의 길이가 $\dfrac{12}{5}$인 원이다.

한편, $\left|\overrightarrow{F'P} + \overrightarrow{FP}\right| = 2\left|\dfrac{\overrightarrow{F'P} + \overrightarrow{FP}}{2}\right| = 2\left|\overrightarrow{OP}\right|$ 이다.

$\overrightarrow{OP}$ 길이의 최댓값과 최솟값을 먼저 찾아보자.

$\overrightarrow{OP}$의 최대길이는 $\overline{OA} + (원의 반지름) = \dfrac{12}{5}\sqrt{2} + \dfrac{12}{5}$

$\overrightarrow{OP}$의 최소길이는 $\overline{OA} + (원의 반지름) = \dfrac{12}{5}\sqrt{2} - \dfrac{12}{5}$

$M = 2 \cdot \dfrac{12}{5}(\sqrt{2} + 1),\ m = 2 \cdot \dfrac{12}{5}(\sqrt{2} - 1)$

$\therefore Mm = \dfrac{24}{5}(\sqrt{2}+1) \cdot \dfrac{24}{5}(\sqrt{2}-1) = \dfrac{576}{25}$

$\therefore p + q = 601$

(2) 점 P의 좌표는 $P(2 + 2\cos\theta, 2 + 2\sin\theta)$이므로
$\overrightarrow{OP} + 2\overrightarrow{OA} = (4 + 2\cos\theta, 2\sin\theta)$이다.

따라서

$\left|\overrightarrow{OP} + 2\overrightarrow{OA}\right|$

$= \sqrt{16 + 16\cos\theta + 4\cos^2\theta + 4\sin^2\theta}$

$= \sqrt{20 + 16\cos\theta}$

따라서 $2 \leq \left|\overrightarrow{OP} + 2\overrightarrow{OA}\right| \leq 6$

최댓값 6, 최솟값 2이므로 최댓값과 최솟값의 합은 8이다.

[다른 풀이]

점 B의 좌표를 $(2, -2)$라 하면 $\overrightarrow{OB} = 2\overrightarrow{OA}$이고
$\overrightarrow{OP} = \overrightarrow{BX}$인 점 X는 원 $(x-2)^2 + (y-2)^2 = 4$을 x축으로 2만큼, y축으로 -2만큼 평행이동한 원

$C : (x-4)^2 + y^2 = 4$위의 점이다.

원 C의 중심을 C라 하면 좌표는 $C(4, 0)$이다.

따라서 다음 그림과 같이 $\left|\overrightarrow{OP} + 2\overrightarrow{OA}\right|$는 $X(2, 0)$일 때 최솟값 2, $X(6, 0)$일 때 최댓값 6을 갖는다.

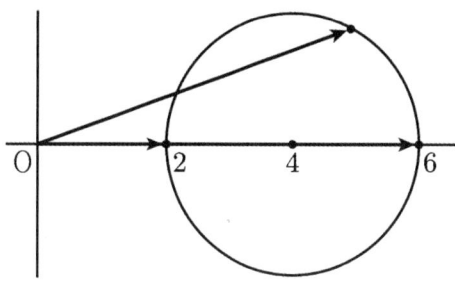

최댓값 6, 최솟값 2이므로 최댓값과 최솟값의 합은 8이다.

100 정답 ④

$\overrightarrow{AB} = \vec{a},\ \overrightarrow{AD} = \vec{b}$라 하자

$5\overrightarrow{BE} = 3\overrightarrow{BD}$에서 $\overline{BE} : \overline{DE} = 3 : 2$

따라서

$\overrightarrow{AE} = \dfrac{2}{5}\overrightarrow{AB} + \dfrac{3}{5}\overrightarrow{AD} = \dfrac{2}{5}\vec{a} + \dfrac{3}{5}\vec{b} \cdots$ ㉠

$5\overrightarrow{CF} = 4\overrightarrow{CD}$에서 $\overline{CF} : \overline{DF} = 4 : 1$

따라서

$\overrightarrow{AF} = \dfrac{4}{5}\overrightarrow{AD} + \dfrac{1}{5}\overrightarrow{AC}$

$\quad = \dfrac{4}{5}\vec{b} + \dfrac{1}{5}(\vec{a} + \vec{b}) = \dfrac{1}{5}\vec{a} + \vec{b} \cdots$ ㉡

$\overrightarrow{AG} = t\overrightarrow{AF} + (1-t)\overrightarrow{AB}$

$\quad = \dfrac{1}{5}t\vec{a} + t\vec{b} + (1-t)\vec{a} \quad (\because ㉡)$

$\quad = \left(1 - \dfrac{4}{5}t\right)\vec{a} + t\vec{b}$

한편, A, E, G가 한 직선 위에 있으므로 $\overrightarrow{AG} = k\overrightarrow{AE}$인 실수 k가 존재한다.

$\left(1 - \dfrac{4}{5}t\right)\vec{a} + t\vec{b} = \dfrac{2}{5}k\vec{a} + \dfrac{3}{5}k\vec{b} \quad (\because ㉠)$

따라서 $t = \dfrac{3}{5}k$에서 $k = \dfrac{5}{3}t$이다.

$1 - \dfrac{4}{5}t = \dfrac{2}{5} \times \dfrac{5}{3}t \Rightarrow 1 = \dfrac{4}{5}t + \dfrac{2}{3}t \Rightarrow \dfrac{22}{15}t = 1$에서

$\therefore t = \dfrac{15}{22}$

101 정답 ②

$4\overrightarrow{EA} + 3\overrightarrow{EB} - 7\overrightarrow{EF} = \vec{0} \Rightarrow \overrightarrow{EF} = \dfrac{4\overrightarrow{EA} + 3\overrightarrow{EB}}{7}$에서

점 F는 $\overline{AB}$를 $3 : 4$로 내분하는 점이다.

따라서 $\overline{AE} : \overline{EC} = \overline{AF} : \overline{FB} = 3 : 4$

$\overrightarrow{DA}=\vec{a}$, $\overrightarrow{DC}=\vec{b}$라 하면 $\overrightarrow{DE}=\dfrac{3\vec{b}+4\vec{a}}{7}$,

$\overrightarrow{DF}=\overrightarrow{DA}+\overrightarrow{AF}=\vec{a}+\dfrac{3}{7}\vec{b}$

따라서

$\overrightarrow{DG}=t\overrightarrow{DF}+(1-t)\overrightarrow{DC}=t\vec{a}+\dfrac{3}{7}t\vec{b}+(1-t)\vec{b}$

$=t\vec{a}+\left(1-\dfrac{4}{7}t\right)\vec{b}$

$\overrightarrow{DG}=k\overrightarrow{DE}$이므로 $t\vec{a}+\left(1-\dfrac{4}{7}t\right)\vec{b}=\dfrac{4}{7}k\vec{a}+\dfrac{3}{7}k\vec{b}$

$t=\dfrac{4}{7}k$, $1-\dfrac{4}{7}t=\dfrac{3}{7}k$

따라서 $k=\dfrac{49}{37}$, $t=\dfrac{28}{37}$이다.

[다른 풀이]-지렛대 원리

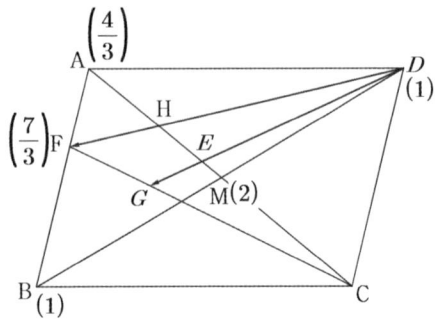

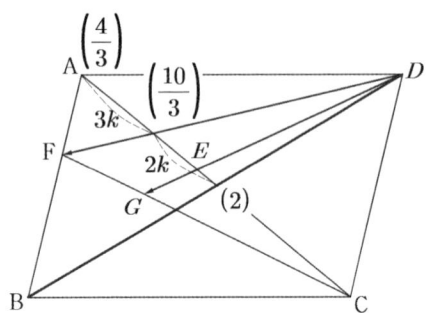

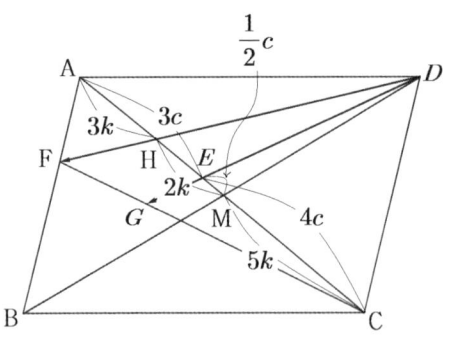

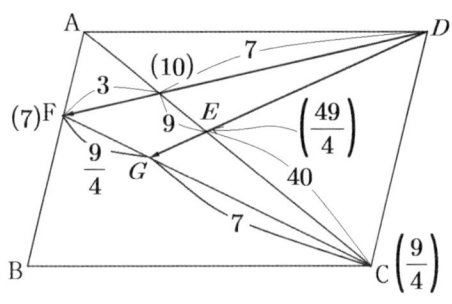

102 정답 8

삼각형 ABC에서 코사인법칙을 이용하면

$\cos A=\dfrac{\overline{AB}^2+\overline{AC}^2-\overline{BC}^2}{2\times\overline{AB}\times\overline{AC}}$

$=\dfrac{2^2+\left(\dfrac{5}{2}\right)^2-3^2}{2\times 2\times\dfrac{5}{2}}=\dfrac{1}{8}$

이므로

$\overline{AP}=\dfrac{1}{4}$, $\overline{AQ}=\dfrac{5}{16}$

따라서 $\overrightarrow{AP}=\dfrac{1}{10}\overrightarrow{AC}$, $\overrightarrow{AQ}=\dfrac{5}{32}\overrightarrow{AB}$

한 직선 위에 있는 세 점 B,R,P에서

$\overrightarrow{AR}=(1-t)\overrightarrow{AB}+t\overrightarrow{AP}=(1-t)\overrightarrow{AB}+\dfrac{1}{10}t\overrightarrow{AC}$

한 직선 위에 있는 세 점 C,R,Q에서

$\overrightarrow{AR}=s\overrightarrow{AC}+(1-s)\overrightarrow{AQ}=s\overrightarrow{AC}+\dfrac{5}{32}(1-s)\overrightarrow{AB}$

따라서 $1-t=\dfrac{5}{32}(1-s)$, $\dfrac{1}{10}t=s$에서

$t=\dfrac{6}{7}$, $s=\dfrac{3}{35}$

$\overrightarrow{AR}=m\overrightarrow{AB}+n\overrightarrow{AC}=\dfrac{1}{7}\overrightarrow{AB}+\dfrac{3}{35}\overrightarrow{AC}$ 이다.

따라서 $m=\dfrac{5}{35}$, $n=\dfrac{3}{35}$

따라서 $35(m+n)=8$

[다른 풀이]-유승희T

$\overrightarrow{AR}\perp\overrightarrow{BC}$이고 $\overrightarrow{BR}\perp\overrightarrow{AC}$이므로
$\overrightarrow{AR}\cdot\overrightarrow{BC}=0$, $\overrightarrow{BR}\cdot\overrightarrow{AC}=0$이다.

우선

$|\overrightarrow{BC}|^2=|\overrightarrow{AC}-\overrightarrow{AB}|^2=|\overrightarrow{AC}|^2+|\overrightarrow{AB}|^2-2\overrightarrow{AC}\cdot\overrightarrow{AB}$에서

$3^2=\left(\dfrac{5}{2}\right)^2+2^2-2\times\overrightarrow{AC}\cdot\overrightarrow{AB}$ 이므로

$\therefore \overrightarrow{AC}\cdot\overrightarrow{AB}=\dfrac{5}{8}$

이제 $\overrightarrow{AR}\cdot\overrightarrow{BC}=0$에서 $\overrightarrow{AR}=m\overrightarrow{AB}+n\overrightarrow{AC}$이므로
$\overrightarrow{AR}\cdot\overrightarrow{BC}=(m\overrightarrow{AB}+n\overrightarrow{AC})\cdot(\overrightarrow{AC}-\overrightarrow{AB})$

$$= m(\overrightarrow{AB} \cdot \overrightarrow{AC} - \overrightarrow{AB} \cdot \overrightarrow{AB}) + n(\overrightarrow{AC} \cdot \overrightarrow{AC} - \overrightarrow{AC} \cdot \overrightarrow{AB})$$

$$= m\left(\frac{5}{8} - 4\right) + n\left(\frac{25}{4} - \frac{5}{8}\right) = -\frac{27}{8}m + \frac{45}{8}n = 0 \therefore \frac{n}{m} = \frac{3}{5}$$

$$\cdots \textcircled{\scriptsize ㄱ}$$

또한, $\overrightarrow{BR} \cdot \overrightarrow{AC} = 0$에서 $\overrightarrow{BR} = \overrightarrow{AR} - \overrightarrow{AB}$이므로

$$\overrightarrow{BR} \cdot \overrightarrow{AC} = (m\overrightarrow{AB} + n\overrightarrow{AC} - \overrightarrow{AB}) \cdot \overrightarrow{AC}$$

$$= \frac{5}{8}m + \frac{25}{4}n - \frac{5}{8} = 0$$

$$\therefore m + 10n - 1 = 0 \quad \cdots \textcircled{\scriptsize ㄴ}$$

$\textcircled{\scriptsize ㄱ}$, $\textcircled{\scriptsize ㄴ}$을 정리해서 풀면 $m = \frac{1}{7}$, $n = \frac{3}{35}$

[추가설명]–김은수T

점 R은 삼각형 ABC의 수심이다.

유형 3 성분으로 나타낸 평면벡터의 연산

103 정답 ①

$|\overrightarrow{OP} + \overrightarrow{OQ}|$의 최댓값이 10인 경우는 다음 그림과 같다.

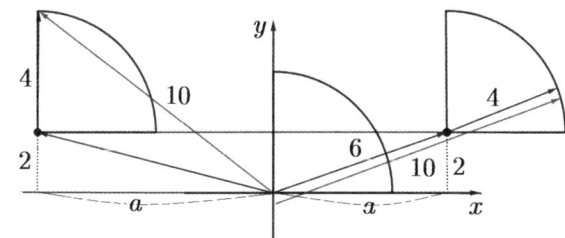

(i) $a > 0$일 때

$a = \sqrt{6^2 - 2^2} = \sqrt{32} = 4\sqrt{2}$

(ii) $a < 0$일 때

$a = -\sqrt{10^2 - 6^2} = -8$

따라서 모든 a의 곱은 $-32\sqrt{2}$이다.

104 정답 4

$A(a, 0)$에서 $\overline{OA} = a$이므로 삼각형 OAB는 한 변의 길이가 a인 정삼각형이다.

따라서 제1사분면에 있는 점 B의 좌표는 $\left(\frac{1}{2}a, \frac{\sqrt{3}}{2}a\right)$이다.

$P(x, y)$라 하면

$$\overrightarrow{PA} = \overrightarrow{OA} - \overrightarrow{OP} = (a, 0) - (x, y) = (a - x, -y)$$

$$\overrightarrow{PB} = \overrightarrow{OB} - \overrightarrow{OP} = \left(\frac{1}{2}a, \frac{\sqrt{3}}{2}a\right) - (x, y)$$

$$= \left(\frac{1}{2}a - x, \frac{\sqrt{3}}{2}a - y\right)$$

따라서

$$\overrightarrow{PA} + \overrightarrow{PB} = \left(\frac{3}{2}a - 2x, \frac{\sqrt{3}}{2}a - 2y\right)$$

$|\overrightarrow{PA} + \overrightarrow{PB}| = 4$에서

$$4\left(\frac{3}{4}a - x\right)^2 + 4\left(\frac{\sqrt{3}}{4}a - y\right)^2 = 16$$

$$\left(x - \frac{3}{4}a\right)^2 + \left(y - \frac{\sqrt{3}}{4}a\right)^2 = 4$$

점 Q는 이 원 위의 점이며 선분 AB의 중점 $M\left(\frac{3}{4}a, \frac{\sqrt{3}}{4}a\right)$으로 이 원의 중심이다.

$\overrightarrow{OB} \cdot \overrightarrow{OP}$가 최대인 P가 Q이므로 $\overrightarrow{MP} /\!/ \overrightarrow{OB}$

$\overrightarrow{MQ}$와 $\overrightarrow{OA}$가 이루는 각은 $\overrightarrow{OB}$와 $\overrightarrow{OA}$가 이루는 각과 같다.

$\overrightarrow{OB}$와 $\overrightarrow{OA}$가 이루는 각은 $\frac{\pi}{3}$이고 $|\overrightarrow{MQ}| = 2$

$$\overrightarrow{OA} \cdot \overrightarrow{MQ}$$

$$= |\overrightarrow{OA}||\overrightarrow{MQ}|\cos\frac{\pi}{3}$$

$$= a \times 2 \times \frac{1}{2} = a$$

따라서 $a = 4$

105 정답 ④

원점 O에 대하여

$$\overrightarrow{AB} = \overrightarrow{OB} - \overrightarrow{OA} = (3, 6) - (1, 2) = (2, 4)$$

이때 $\overrightarrow{AB}$와 방향이 같고 크기가 1인 벡터는

$$\frac{1}{\sqrt{2^2 + 4^2}}(2, 4) = \left(\frac{1}{\sqrt{5}}, \frac{2}{\sqrt{5}}\right)$$

이므로 모든 성분의 곱은 $\frac{2}{5}$이다.

유형 4 평면벡터의 내적

106 정답 ②

원 C의 원점 $(0, 0)$에 대칭인 원을 C'라 하자.

$C' : (x+3)^2 + (y+3)^2 = 9$

원 C'와 두 직선 $x = m$, $y = n$의 교점을 점 P'라 하면 $|\overrightarrow{OP} + \overrightarrow{OP'}| = 0$이 성립한다.

예를 들어 $x = -6$, $y = -3$의 교점 $P'(-6, -3)$라 하면 $P(6, 3)$에 대하여 $|\overrightarrow{OP} + \overrightarrow{OP'}| = 0$

점 Q와 점 R가 모두 점 P'이다.

점 P'는 $(-3, 0)$, $(0, -3)$, $(-3, -6)$, $(-6, -3)$으로 4개다.

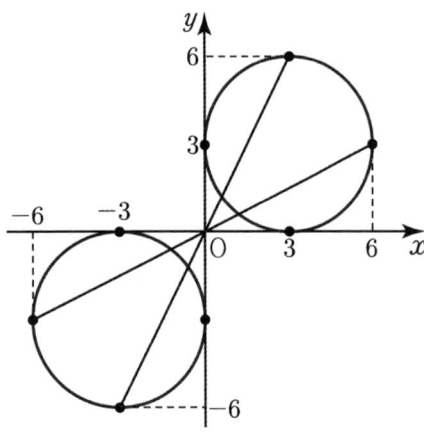

107 정답 24

[그림 : 배용제T]

원의 중심을 O라 하고, O에서 $\overline{AC}$에 내린 수선의 발을 H라 하자. O를 지나고 $\overline{AC}$와 평행인 직선과 원의 교점을 E라 하고, $\angle BAC = \theta$라 하자.

그림에서 $\overrightarrow{AC} \cdot \overrightarrow{PQ}$의 값이 최소이려면 점 P는 E에 있고, 점 Q는 A점에 위치해야 한다.

($\overrightarrow{PQ}$의 $\overrightarrow{AC}$ 위로의 정사영벡터의 길이가 최대이고, 방향은 $\overrightarrow{AC}$와 반대방향)

정사영의 길이가 최대

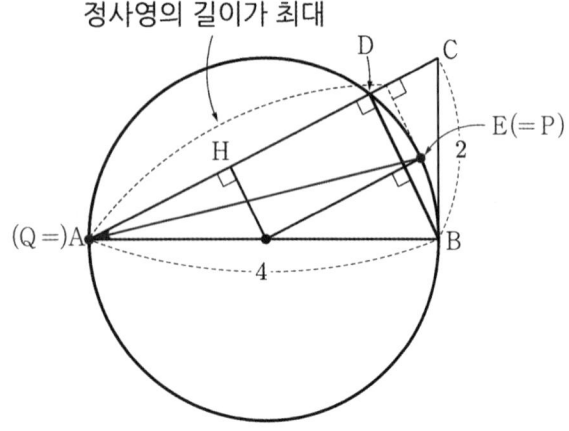

이때, 직각삼각형 ABC에서 $\cos\theta = \dfrac{4}{2\sqrt{5}} = \dfrac{2}{\sqrt{5}}$이므로

$|\overrightarrow{AH}| = 2 \times \dfrac{2}{\sqrt{5}} = \dfrac{4}{\sqrt{5}}$이고,

$|\overrightarrow{OH}| = |\overrightarrow{EF}| = 2 \times \dfrac{1}{\sqrt{5}} = \dfrac{2}{\sqrt{5}}$이다.

또한 $|\overrightarrow{OE}| = |\overrightarrow{HF}| = 2$이므로 $|\overrightarrow{AF}| = 2 + \dfrac{4}{\sqrt{5}}$이다.

삼각형 AEF에서 피타고라스 정리를 적용하면

$|\overrightarrow{AE}|^2 = \left(2 + \dfrac{4}{\sqrt{5}}\right)^2 + \left(\dfrac{2}{\sqrt{5}}\right)^2 = 8 + \dfrac{16}{5}\sqrt{5}$이고,

$p + 5q = 24$이다.

108 정답 24

[그림 : 배용제T]

그림과 같이 점 O에서 AB의 연장선에 내린 수선의 발을 H, 원의 중심을 O라 하자.

$\overline{AM} = \sqrt{3}$이므로 $\overline{AO} : \overline{OH} = 2 : 1$이고 $\angle OAH = \dfrac{\pi}{3}$이다.

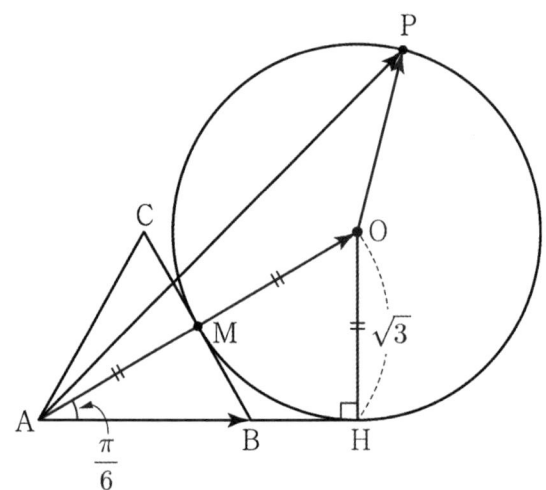

$\overrightarrow{AB} \cdot \overrightarrow{AP} = \overrightarrow{AB} \cdot (\overrightarrow{AO} + \overrightarrow{OP})$

$= \overrightarrow{AB} \cdot \overrightarrow{AO} + \overrightarrow{AB} \cdot \overrightarrow{OP}$

$= 2 \times 2\sqrt{3} \times \dfrac{\sqrt{3}}{2} + 2 \times \sqrt{3} \times \cos\theta$

(단, θ는 $\overrightarrow{AB}$와 $\overrightarrow{OP}$가 이루는 각)

$= 6 + 2\sqrt{3}\cos\theta$

이고 $-1 \le \cos\theta \le 1$이므로 $\overrightarrow{AB} \cdot \overrightarrow{AP}$의 최댓값은 $6 + 2\sqrt{3}$, 최솟값은 $6 - 2\sqrt{3}$이다. 그러므로 $\overrightarrow{AB} \cdot \overrightarrow{AP}$의 최댓값과 최솟값의 곱은 24이다.

109 정답 ②

점 B를 원점으로 하고 반직선 BC, BA를 각각 x축, y축의 양의 방향으로 하는 좌표평면을 정하면

A(0, 2), B(0, 0), C(2, 0), D(2, 2), M(1, 1)이므로

$G_1\left(\dfrac{1}{3}, 1\right)$, $G_2\left(\dfrac{5}{3}, 1\right)$이다.

따라서 $\overrightarrow{AG_2} = \overrightarrow{BG_2} - \overrightarrow{BA} = \left(\dfrac{5}{3}, -1\right)$, $\overrightarrow{BG_1} = \left(\dfrac{1}{3}, 1\right)$

이므로

$\overrightarrow{AG_2} \cdot \overrightarrow{BG_1} = \dfrac{5}{3} \times \dfrac{1}{3} + (-1) \times 1 = \dfrac{5}{9} - 1 = -\dfrac{4}{9}$

110 정답 12

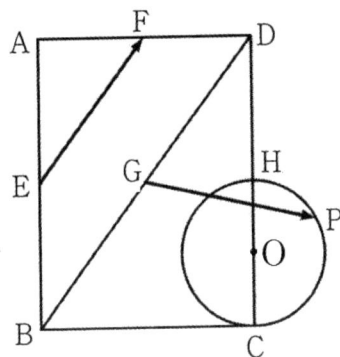

그림에서

$|\overrightarrow{EF}| = \sqrt{6^2+4^2} = 2\sqrt{13}$, $|\overrightarrow{OP}| = 4$

$\overrightarrow{EF} \cdot \overrightarrow{GP} = \overrightarrow{EF} \cdot (\overrightarrow{OP} - \overrightarrow{OG})$

$= \overrightarrow{EF} \cdot \overrightarrow{OP} - \overrightarrow{EF} \cdot \overrightarrow{OG}$

$\overrightarrow{EF} \cdot \overrightarrow{OP}$의 최댓값은 $\overrightarrow{EF}$와 $\overrightarrow{OP}$가 평행할 때

$2\sqrt{13} \times 4 = 8\sqrt{13}$ 이다.

점 B를 원점 직선 BC, BA를 각각 x축, y축으로 하고 점의 좌표를 구하면

$E(0, 6)$, $F(4, 12)$, $G(4, 6)$, $O(8, 4)$

$\overrightarrow{EF} = \overrightarrow{BF} - \overrightarrow{BE} = (4, 6)$, $\overrightarrow{OG} = \overrightarrow{BG} - \overrightarrow{BO} = (-4, 2)$이므로

$\overrightarrow{EF} \cdot \overrightarrow{OG} = (4, 6) \cdot (-4, 2) = -16+12 = -4$

따라서, $\overrightarrow{EF} \cdot \overrightarrow{GP}$의 최댓값은

$8\sqrt{13} - (-4) = 8\sqrt{13}+4$

$p = 12$, $q = 8$

$p+q = 12$

111 정답 ③

$|\vec{a}+\vec{b}+\vec{c}| = \sqrt{3}$의 양변을 제곱하여 정리하면

$\vec{a} \cdot \vec{b} + \vec{b} \cdot \vec{c} + \vec{c} \cdot \vec{a} = 0$ ···㉠

또, $\vec{a}$, $\vec{b}$가 이루는 각의 크기를 θ라 하면

$\vec{a} \cdot \vec{b} = |\vec{a}||\vec{b}|\cos\theta = 1$에서 $\cos\theta = 1$

따라서 $\vec{a} = \vec{b}$이므로 ㉠에서

$0 = \vec{a} \cdot \vec{b} + \vec{b} \cdot \vec{c} + \vec{c} \cdot \vec{a}$

$\quad = 1 + \vec{c} \cdot (\vec{a}+\vec{b}) = 1 + \vec{c} \cdot (\vec{a}+\vec{a})$

$\quad = 1 + 2\vec{c} \cdot \vec{a}$

$\therefore \vec{c} \cdot \vec{a} = -\dfrac{1}{2}$

$|\vec{a}+\vec{c}|^2 = (\vec{a}+\vec{c}) \cdot (\vec{a}+\vec{c})$

$\qquad\quad = 1 + 1 + 2\vec{a} \cdot \vec{c} = 2 - 1 = 1$

$\therefore |\vec{a}+\vec{c}| = 1$

112 정답 ①

[그림 : 이호진T]

직선 OH가 선분 AB와 만나는 점을 C 라 하고

$\overrightarrow{OA} = \vec{a}$, $\overrightarrow{OB} = \vec{b}$라 하자.

이때 점 C는 선분 AB를 $1 : \sqrt{2}$로 내분하는 점이다.

$|\vec{a}| = 1$, $|\vec{b}| = \sqrt{2}$, $\vec{a} \cdot \vec{b} = 1 \times \sqrt{2} \times \cos45° = 1$

$\overrightarrow{OC} = \dfrac{\sqrt{2}}{1+\sqrt{2}}\vec{a} + \dfrac{1}{1+\sqrt{2}}\vec{b}$

$\overrightarrow{AH} = m\vec{a} + n\vec{b}$에서

$\overrightarrow{OH} = \overrightarrow{OA} + \overrightarrow{AH} = (m+1)\vec{a} + n\vec{b}$ ···㉠

$\overrightarrow{BH} = \overrightarrow{OH} - \overrightarrow{OB} = (m+1)\vec{a} + (n-1)\vec{b}$ ···㉡

$\overrightarrow{OH}$는 $\overrightarrow{OC}$와 평행하므로 $\dfrac{m+1}{n} = \dfrac{\sqrt{2}}{1}$ ···㉢

$\overrightarrow{OH}$와 $\overrightarrow{BH}$는 서로 수직이므로

$\overrightarrow{OH} \cdot \overrightarrow{BH} = \{(m+1)\vec{a}+n\vec{b}\} \cdot \{(m+1)\vec{a}+(n-1)\vec{b}\} = 0$

그러므로

$(m+1)^2 + (m+1)n + (m+1)(n-1) + n(n-1) \times 2 = 0$ ···㉣

여기에 ㉢ $m+1 = \sqrt{2}n$을 대입하여 정리하면

$2n^2 + \sqrt{2}n(2n-1) + 2n(n-1) = 0$

$\sqrt{2}n + 2n - 1 + \sqrt{2}n - \sqrt{2} = 0$

$(2\sqrt{2}+2)n = \sqrt{2}+1$

그러므로 $n = \dfrac{1}{2}$, $m = \dfrac{1}{\sqrt{2}} - 1$

따라서 $m+n = \dfrac{\sqrt{2}-1}{2}$

113 정답 4

$(3\vec{a}+4\vec{b}) \cdot (\vec{a}-2\vec{b}) = 0$ 이므로

$3|\vec{a}|^2 - 8|\vec{b}|^2 - 2\vec{a} \cdot \vec{b} = 0$

$3 \times 4^2 - 8 \times (\sqrt{5})^2 - 2\vec{a} \cdot \vec{b} = 0$

$\therefore \vec{a} \cdot \vec{b} = 4$

114 정답 ②

$|\vec{a}-\vec{b}|^2 = 4$이므로 $|\vec{a}|^2 - 2\vec{a} \cdot \vec{b} + |\vec{b}|^2 = 4$

$25 - 2\vec{a} \cdot \vec{b} + 9 = 4$

$\therefore \vec{a} \cdot \vec{b} = 15$

115 정답 ④

$\vec{a}+\vec{b} = \vec{p}$, $\vec{a}-\vec{b} = \vec{q}$라 하면

$\vec{p}$와 $\vec{q}$가 이루는 각은 $\dfrac{\pi}{2}$이다.

따라서 $\vec{p} \cdot \vec{q} = 0$

한편, $\vec{a} = \dfrac{1}{2}(\vec{p}+\vec{q})$이므로

$|\vec{a}+\vec{b}| - |\vec{a}-\vec{b}| = \sqrt{3}|\vec{a}|$

$$|\vec{p}| - |\vec{q}| = \frac{\sqrt{3}}{2}|\vec{p} + \vec{q}| \cdots \text{㉠}$$

양변을 제곱하면

$$|\vec{p}|^2 + |\vec{q}|^2 - 2|\vec{p}||\vec{q}| = \frac{3}{4}(|\vec{p}|^2 + |\vec{q}|^2)$$

$$(\because \vec{p} \cdot \vec{q} = 0)$$

$$|\vec{p}|^2 + |\vec{q}|^2 = 8|\vec{p}||\vec{q}|$$

$$|\vec{p}|^2 + |\vec{q}|^2 - 2|\vec{p}||\vec{q}| = 6|\vec{p}||\vec{q}|$$

$$(|\vec{p}| - |\vec{q}|)^2 = 6|\vec{p}||\vec{q}|$$

$$|\vec{p}| - |\vec{q}| = \sqrt{6|\vec{p}||\vec{q}|} \cdots \text{㉡} \ (\because |\vec{p}| > |\vec{q}|)$$

㉠, ㉡에서 $\frac{\sqrt{3}}{2}|\vec{p} + \vec{q}| = \sqrt{6|\vec{p}||\vec{q}|}$

따라서 $|\vec{p} + \vec{q}| = 2\sqrt{2}\sqrt{|\vec{p}||\vec{q}|}$

따라서 $2|\vec{a}| = 2\sqrt{2}\sqrt{|\vec{a} + \vec{b}||\vec{a} - \vec{b}|}$

2로 나눈 뒤 양변을 네제곱하면

$$|\vec{a}|^4 = 4|\vec{a} + \vec{b}|^2|\vec{a} - \vec{b}|^2$$

$$= 4(2|\vec{a}|^2 + 2|\vec{a}|^2\cos\theta)(2|\vec{a}|^2 - 2|\vec{a}|^2\cos\theta)$$

$$= 16|\vec{a}|^4(1 + \cos\theta)(1 - \cos\theta) \ (\because |\vec{a}| = |\vec{b}|)$$

따라서 $1 - \cos^2\theta = \frac{1}{16}$

$$\therefore \sin^2\theta = \frac{1}{16}$$

[다른 풀이]

$|\vec{a}| = |\vec{b}| = 1$이라 생각해도 무방하다.

그럼 다음 그림과 같이 $\vec{a}$와 $\vec{b}$를 변으로 하는 마름모를 생각할 수 있다.

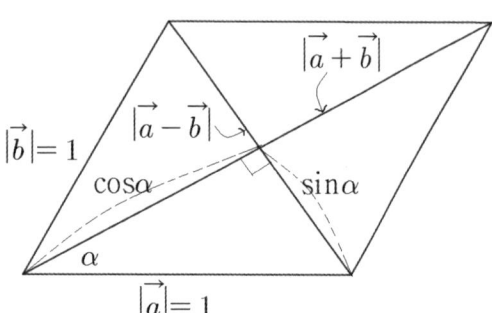

따라서 $\alpha = \frac{\theta}{2}$일 때,

$$\frac{|\vec{a} + \vec{b}|}{2} = \cos\alpha, \ \frac{|\vec{a} - \vec{b}|}{2} = \sin\alpha$$라 하면

$$|\vec{a} + \vec{b}| - |\vec{a} - \vec{b}| = \sqrt{3}|\vec{a}|$$

$$\Rightarrow \cos\alpha - \sin\alpha = \frac{\sqrt{3}}{2} \Rightarrow 1 - \sin2\alpha = \frac{3}{4}$$

$$\Rightarrow 1 - \sin\theta = \frac{3}{4} \Rightarrow \sin\theta = \frac{1}{4}$$

---

116 정답 4

점 P의 좌표를 (x, y)라 할 때 $\overrightarrow{PA} = (-x, 6-y)$,

$\overrightarrow{PB} = (8-x, -y)$이므로

$\overrightarrow{PA} + \overrightarrow{PB} = (8-2x, 6-2y)$이므로

$|\overrightarrow{PA} + \overrightarrow{PB}| = 2\sqrt{(x-4)^2 + (y-3)^2} = 2$

따라서 점 P가 나타내는 도형은 중심이 $(4, 3)$이고 반지름의 길이가 1인 원이다.

같은 방식으로 점 Q가 나타내는 도형을 구해보면 중심이 $(4, 3)$이고 반지름의 길이가 3인 원이다.

한편

$$\overrightarrow{OA} \cdot \overrightarrow{PQ} = \overrightarrow{OB} \cdot \overrightarrow{PQ} \rightarrow \overrightarrow{PQ} \cdot \overrightarrow{AB} = 0$$이므로 $\overrightarrow{PQ} \perp \overrightarrow{AB}$

따라서 다음 그림과 같이 $\overrightarrow{AB}$에 수직이면서 두 원의 중심 $(4, 3)$을 지나는 직선이 두 원과 만날 때 $|\overrightarrow{PQ}|$가 최대가 된다.

따라서 최댓값은 두 반지름의 합 4이다.

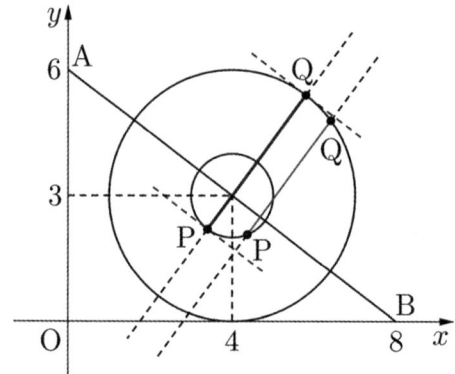

[다른 풀이]

$\overline{AB}$의 중점을 M이라 하면 $\overrightarrow{PA} + \overrightarrow{PB} = 2\overrightarrow{PM}$

이므로 $|\overrightarrow{PA} + \overrightarrow{PB}| = 2|\overrightarrow{PM}| = 2$에서 $|\overrightarrow{PM}| = 1$이므로 점 P는 중심이 M이고 반지름의 길이가 1인 원 위의 점이다.

$|\overrightarrow{QA} + \overrightarrow{QB}| = 2|\overrightarrow{QM}| = 6$에서 $|\overrightarrow{QM}| = 3$이므로 점 Q는 중심이 M이고 반지름의 길이가 3인 원 위의 점이다.

이하 동일

117 정답 104

[출제자 : 정일권T]

정사각형 ABCD의 두 대각선의 교점을 E라 하면

$\overrightarrow{OA} + \overrightarrow{OC} = 2\overrightarrow{OE}$이므로 $\overrightarrow{OE} = (3, 1)$

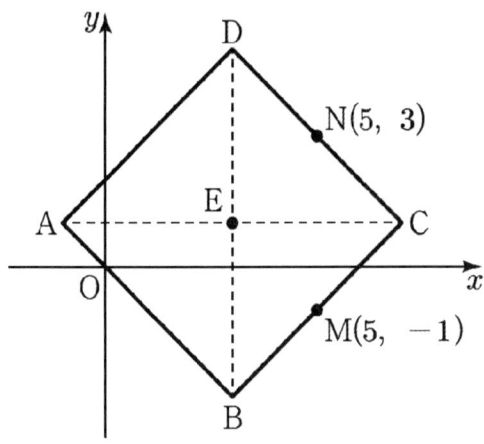

선분 CD 의 중점을 $N(a, b)$ 라 하면
$\overrightarrow{OA} - \overrightarrow{OB} = \overrightarrow{BA} = (-4, 4)$ 이고
$\overrightarrow{BA} \perp \overrightarrow{EN}$ 이므로 $(-4, 4) \cdot (a-3, b-1) = 0$
$-4(a-3) + 4(b-1) = 0$
$b = a - 2$
$|\overrightarrow{BA}| = \sqrt{16 + 16} = 4\sqrt{2}$ 이므로 $|\overrightarrow{EN}| = 2\sqrt{2}$
$(a-3)^2 + (b-1)^2 = 8$, $(a-3)^2 + (a-3)^2 = 8$
$(a-3)^2 = 4$
$a = 1$ 또는 $a = 5$
점 A 의 y 좌표가 점 D 의 y 좌표보다 작고 직선 AB 의 기울기가
음수이므로 점 N 의 x 좌표는 점 E 의 x 좌표보다 크다.
따라서 점 E 의 x 좌표가 3 이므로 점 N 의 x 좌표는 5 이다.
$\therefore N(5, 3)$
한편 선분 BC 의 중점을 $M(c, d)$ 라 하면
$\overrightarrow{BA}$ 와 $\overrightarrow{ME}$ 가 평행이고 정사각형이므로 $\overrightarrow{BA} = 2\overrightarrow{ME}$ 이다.
$(-4, 4) = 2(3-c, 1-d)$
따라서 $c = 5$, $d = -1$
$\therefore M(5, -1)$
$|\overrightarrow{OM} + \overrightarrow{ON}| = |(10, 2)| = \sqrt{10^2 + 2^2}$
$\therefore |\overrightarrow{OM} + \overrightarrow{ON}|^2 = 104$

118 정답 8

[출제자 : 김종렬T]
변 BC 의 중점을 D 이라 하고 내접원의 중심을 O 라 하자.
내접원의 반지름의 길이는 $\frac{1}{2}(6 + 8 - 10) = 2$ 이다.
$\overrightarrow{PA} \cdot (\overrightarrow{PB} + \overrightarrow{PC}) = 2\overrightarrow{PA} \cdot \overrightarrow{PD} = 2(\overrightarrow{OA} - \overrightarrow{OP}) \cdot (\overrightarrow{OD} - \overrightarrow{OP})$
$= 2\{\overrightarrow{OA} \cdot \overrightarrow{OD} - (\overrightarrow{OA} + \overrightarrow{OD}) \cdot \overrightarrow{OP} + |\overrightarrow{OP}|^2\} \cdots \textcircled{\small 1}$
(i) 점 A 를 원점으로, $\overrightarrow{AB}$, $\overrightarrow{AC}$ 를 각각 x 축, y 축으로 놓으면
$A(0, 0), O(2, 2), D(4, 3)$ 이므로
$\overrightarrow{OA} \cdot \overrightarrow{OD} = (-2, -2) \cdot (2, 1) = -4 - 2 = -6$ 이다.
(ii) 선분 AD 의 중점을 E 이라 하면 $E\left(2, \frac{3}{2}\right)$ 이다.
$(\overrightarrow{OA} + \overrightarrow{OD}) \cdot \overrightarrow{OP} = 2\overrightarrow{OE} \cdot \overrightarrow{OP}$ 이고
$|\overrightarrow{OE}||\overrightarrow{OP}|\cos\pi \leq \overrightarrow{OE} \cdot \overrightarrow{OP} \leq |\overrightarrow{OE}||\overrightarrow{OP}|\cos 0$

$2 \cdot \frac{1}{2} \cdot 2 \cdot (-1) \leq 2\overrightarrow{OE} \cdot \overrightarrow{OP} \leq 2 \cdot \frac{1}{2} \cdot 2 \cdot 1$
이므로 $(\overrightarrow{OA} + \overrightarrow{OD}) \cdot \overrightarrow{OP}$ 의 최솟값과 최댓값은 각각
$-2, 2$ 이다.
(i), (ii)의 결과를 $\textcircled{\small 1}$ 에 대입하면
$M = 2(-6 - (-2) + 4) = 0$, $m = 2(-6 - 2 + 4) = -8$ 이다.
$\therefore M - m = 0 - (-8) = 8$

119 정답 ⑤

$P\left(x, \dfrac{k}{x}\right)$ 라 하면
$\overrightarrow{AP} = \left(x - 1, \dfrac{k}{x}\right)$, $\overrightarrow{BP} = \left(x + 1, \dfrac{k}{x}\right)$
따라서
$\overrightarrow{AP} + \overrightarrow{BP} = \left(2x, \dfrac{2k}{x}\right)$
이므로
$|\overrightarrow{AP} + \overrightarrow{BP}| = \sqrt{(2x)^2 + \left(\dfrac{2k}{x}\right)^2}$
산술기하평균에 의해
$4x^2 + \dfrac{4k^2}{x^2} \geq 2\sqrt{(4x^2)\left(\dfrac{4k^2}{x^2}\right)} = 8k$
이므로
$\sqrt{4x^2 + \dfrac{4k^2}{x^2}} \geq \sqrt{8k} = 2\sqrt{6} = \sqrt{24}$
따라서 $k = 3$
등호의 성립조건은
$4x^2 = \dfrac{36}{x^2}$ 에서 , $x^2 = 3$
$\therefore x = \pm\sqrt{3}$
따라서 점 P 의 좌표는 $(\sqrt{3}, \sqrt{3})$, $(-\sqrt{3}, -\sqrt{3})$
그러므로 $a^2 + b^2 = 3 + 3 = 6$

120 정답 50

[그림 : 이정배T]

그림과 같이 $\overrightarrow{O_1P}=\overrightarrow{O_2P'}$, $\overrightarrow{O_3Q}=\overrightarrow{O_3Q'}$ 이다.

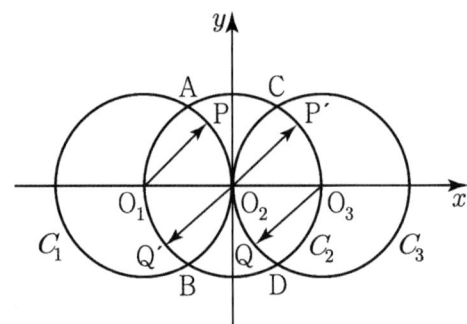

따라서

$\overrightarrow{O_1P} \cdot \overrightarrow{O_2Q}$

$= \overrightarrow{O_2P'} \cdot \overrightarrow{O_2Q'}$

$= |\overrightarrow{O_2P'}||\overrightarrow{O_2Q'}|\cos\theta$

$= \cos\theta$

그러므로 점 P'가 점 C에 되고 점 Q'가 점 A가 될 때, θ의 값이 최소이므로 $\cos\theta$의 값이 최대가 된다.

$\angle AO_2C = \dfrac{\pi}{3}$ 이므로

$\overrightarrow{O_1P} \cdot \overrightarrow{O_2Q} \leq \dfrac{1}{2}$ 이다.

$\therefore M = \dfrac{1}{2}$

$100M = 50$

121 정답 180

[출제자 : 김진성T]

[그림 : 서태욱T]

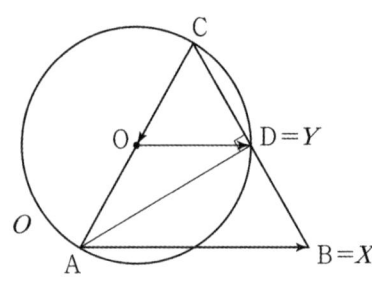

[그림1]

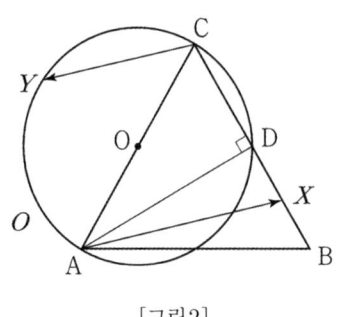

[그림2]

$\overrightarrow{AX} \cdot \overrightarrow{CY} = \overrightarrow{AX} \cdot (\overrightarrow{CO}+\overrightarrow{OY}) = \overrightarrow{AX} \cdot \overrightarrow{CO} + \overrightarrow{AX} \cdot \overrightarrow{OY}$

여기에서

$\overrightarrow{AX} \cdot \overrightarrow{CO} = \overrightarrow{AX} \cdot \overrightarrow{OA} = -\overrightarrow{AX} \cdot \overrightarrow{AO}$

$\qquad = -|\overrightarrow{AO}||\overrightarrow{AX}|\cos(\angle XAO)$

로 나타낼 수 있는데 $|\overrightarrow{AX}|\cos(\angle XAO)$는 점X가 점B에 있을 때 최솟값 $|\overrightarrow{AO}|$를 가지므로

$\overrightarrow{AX} \cdot \overrightarrow{CO} \leq -(|\overrightarrow{AO}|)^2$ 가 된다. 또 $\overrightarrow{AX} \cdot \overrightarrow{OY}$ 는 점 X가 점 B에 있고 점 Y가 점 D에 있을 때 최댓값

$|\overrightarrow{AB}||\overrightarrow{OD}| = 4 \times 2 = 8$을 갖고, 점 X가 점 C에 있고 점 Y가 점 C에 있을 때 최댓값 $|\overrightarrow{AC}||\overrightarrow{OC}| = 4 \times 2 = 8$

을 갖는다.

따라서 $\overrightarrow{AX} \cdot \overrightarrow{CO}$ 와 $\overrightarrow{AX} \cdot \overrightarrow{OY}$ 가 동시에 최댓값을 갖는 경우는 X = B = P이고 Y = D = Q에 존재할 때이다. 이때 삼각형 APQ의 넓이는

$\dfrac{1}{2}\overrightarrow{AB} \times \overrightarrow{BD}\sin\dfrac{\pi}{3} = \dfrac{1}{2} \times 4 \times 2 \times \dfrac{\sqrt{3}}{2} = 2\sqrt{3} = S$ 이다.

$\therefore 15S^2 = 15 \times 12 = 180$

122 정답 ①

조건 (가)에서 $\overrightarrow{AC} \cdot \overrightarrow{BC} = 0$ 이므로 두 벡터 $\overrightarrow{AC}$, $\overrightarrow{BC}$ 는 수직이다. 그러므로 선분 AB는 원의 지름이다.

이때, $|\overrightarrow{AB}| = 6$ 이므로 이 원은 지름의 길이가 6인 원이다.

원의 중심을 O 라 하면 조건 (나)에서

$2\overrightarrow{AD} - \overrightarrow{AB} + 6\overrightarrow{BC} = \overrightarrow{0}$

$2\overrightarrow{AD} = \overrightarrow{AB} + 6\overrightarrow{CB}$

$\overrightarrow{AD} = \dfrac{1}{2}\overrightarrow{AB} + 3\overrightarrow{CB} = \overrightarrow{AO} + 3\overrightarrow{CB}$

이때, $\overrightarrow{AD} = \overrightarrow{AO} + \overrightarrow{OD}$ 이므로 $\overrightarrow{OD} = 3\overrightarrow{CB}$

이때, 점 D는 원 위의 점이므로 $|\overrightarrow{OD}| = 3$에서

$3|\overrightarrow{CB}| = 3$, $|\overrightarrow{CB}| = 1$

또, 두 벡터 $\overrightarrow{CB}$, $\overrightarrow{OD}$ 는 평행하다.

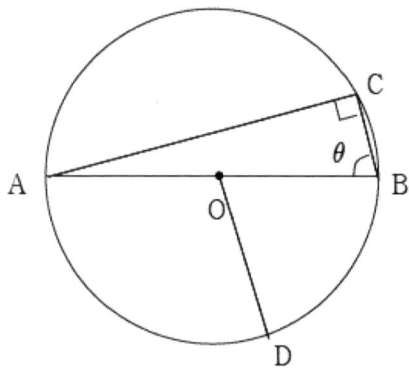

이때, $\angle ABC = \theta$라 하면 $\cos\theta = \dfrac{1}{6}$

한편, 두 벡터 $\overrightarrow{OD}$, $\overrightarrow{CB}$ 는 평행하므로

$\angle BOD = \theta$ ($\because$ 엇각)

따라서
$$|\overrightarrow{\mathrm{BD}}|=\overline{\mathrm{BD}}$$
삼각형 BOD에서 코사인법칙을 적용하면
$$\overline{\mathrm{BD}}^2=3^2+3^2-2\times3\times3\times\cos\theta$$
$$=9+9-3=15$$
$$\therefore\ \overline{\mathrm{BD}}=\sqrt{15}$$

123 정답 63

[출제자 : 서태욱T]

조건 (나)에서 $\overrightarrow{\mathrm{AB}}\cdot\overrightarrow{\mathrm{CM}}=0$이므로 점 C는 선분 AB의
수직이등분선 위에 존재하고 $\overrightarrow{\mathrm{AD}}\cdot\overrightarrow{\mathrm{BD}}=0$이므로 점 D는 선분
AB가 지름인 원 위의 점이다.
조건 (다)에서
$$\overrightarrow{\mathrm{MC}}=\overrightarrow{\mathrm{BM}}-2\overrightarrow{\mathrm{BD}}$$
$$\Rightarrow\overrightarrow{\mathrm{MC}}=\overrightarrow{\mathrm{BM}}+2\overrightarrow{\mathrm{DB}}$$
$$\Rightarrow\overrightarrow{\mathrm{MA}}+\overrightarrow{\mathrm{AC}}=\overrightarrow{\mathrm{BM}}+2\overrightarrow{\mathrm{DB}}$$
$$\Rightarrow\overrightarrow{\mathrm{AC}}=2\overrightarrow{\mathrm{DB}}\ (\because\ \overrightarrow{\mathrm{MA}}=\overrightarrow{\mathrm{BM}})$$
이므로 $\overrightarrow{\mathrm{AC}}/\!/\overrightarrow{\mathrm{DB}}$, $|\overrightarrow{\mathrm{AC}}|=2|\overrightarrow{\mathrm{DB}}|$이다.

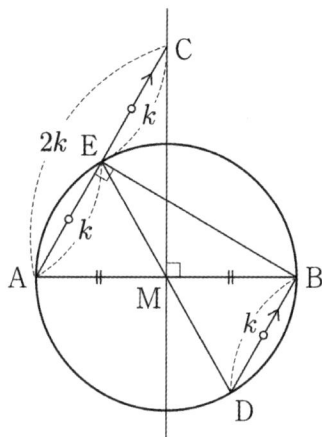

선분 AC가 원과 만나는 점을 E라 하고 $|\overrightarrow{\mathrm{DB}}|=k$라 하면
$|\overrightarrow{\mathrm{AC}}|=2k$이다.
이때 삼각형 AME와 삼각형 BMD는 합동이므로
$\overrightarrow{\mathrm{DB}}=\overrightarrow{\mathrm{AE}}$이다.
따라서 $\overrightarrow{\mathrm{AE}}=k$이다.
$\cos(\angle\mathrm{ACM})=\cos(\angle\mathrm{BAE})$에서 $\dfrac{3}{2k}=\dfrac{k}{6}$이므로
$k=3$이다.
따라서 $\angle\mathrm{ACM}=\angle\mathrm{BAE}=60\degree$이다.
이제 점 M을 좌표평면의 원점 O로 생각하고 두 점 C, D
사이의 거리를 구하자. $\mathrm{C}(0,\ 3\sqrt{3})$, $\mathrm{D}\left(\dfrac{3}{2},\ -\dfrac{3\sqrt{3}}{2}\right)$이므로
$$|\overrightarrow{\mathrm{CD}}|^2=\left(0-\dfrac{3}{2}\right)^2+\left(3\sqrt{3}-\left(-\dfrac{3\sqrt{3}}{2}\right)\right)^2$$
$$=\dfrac{9}{4}+\dfrac{243}{4}$$

$$=\dfrac{252}{4}$$
$$=63$$

[다른 풀이]–유승희T

$|\overrightarrow{\mathrm{AB}}|=6$이고 선분 AB의 중점이 M이므로
$\mathrm{A}(-3,0)$, $\mathrm{M}(0,0)$, $\mathrm{B}(3,0)$이라 놓으면
(나)에서 점 C는 y축 위의 점이므로 $\mathrm{C}(0,a)$라 놓을 수 있다.
또한, $\overrightarrow{\mathrm{AD}}\cdot\overrightarrow{\mathrm{BD}}=0$이므로 $\mathrm{AD}\perp\mathrm{BD}$이다.
따라서, D는 두 점 A, B를 지름의 양끝으로 하는 원 위의
점이다. 즉, 원 $x^2+y^2=9$ 위의 점이므로
$\mathrm{D}(b,c)$라 할 때, $b^2+c^2=9$이다.
(다)에서
$$\overrightarrow{\mathrm{MC}}=\overrightarrow{\mathrm{BM}}-2\overrightarrow{\mathrm{BD}}$$
$$\overrightarrow{\mathrm{MC}}=-\overrightarrow{\mathrm{MB}}-2\overrightarrow{\mathrm{MD}}+2\overrightarrow{\mathrm{MB}}$$
$$\overrightarrow{\mathrm{MC}}=\overrightarrow{\mathrm{MB}}-2\overrightarrow{\mathrm{MD}}$$
$(0,a)=(3-2b,-2c)$이므로 $b=\dfrac{3}{2}$, $a=-2c$
$b^2+c^2=9$에서 $b^2=\dfrac{9}{4}$, $c^2=\dfrac{27}{4}$
$$|\overrightarrow{\mathrm{CD}}|^2=b^2+(c-a)^2$$
$$=b^2+9c^2$$
$$=\dfrac{9}{4}+\dfrac{243}{4}=63$$

124 정답 ⑤

[풀이]–유승희T

$\overrightarrow{\mathrm{BP}}=k\overrightarrow{\mathrm{BM}}$이므로 $\overline{\mathrm{BM}}:\overline{\mathrm{PM}}=1:k-1$
$\overrightarrow{\mathrm{AM}}=\dfrac{(k-1)\overrightarrow{\mathrm{AB}}+\overrightarrow{\mathrm{AP}}}{(k-1)+1}$에서
$$\dfrac{1}{2}\overrightarrow{\mathrm{AC}}=\dfrac{(k-1)\overrightarrow{\mathrm{AB}}+\overrightarrow{\mathrm{AP}}}{k}$$
따라서, $\overrightarrow{\mathrm{AP}}=(1-k)\overrightarrow{\mathrm{AB}}+\dfrac{k}{2}\overrightarrow{\mathrm{AC}}$
따라서, $k=2$, $m=1$
$|\overrightarrow{\mathrm{AP}}|=|-\overrightarrow{\mathrm{AB}}+\overrightarrow{\mathrm{AC}}|$이고,
$|\overrightarrow{\mathrm{AP}}|=\sqrt{3}$, $|\overrightarrow{\mathrm{AB}}|=2$, $|\overrightarrow{\mathrm{AC}}|=3$이므로
양변을 제곱하면
$3=4-2\overrightarrow{\mathrm{AB}}\cdot\overrightarrow{\mathrm{AC}}+9$
따라서 $\overrightarrow{\mathrm{AB}}\cdot\overrightarrow{\mathrm{AC}}=5$

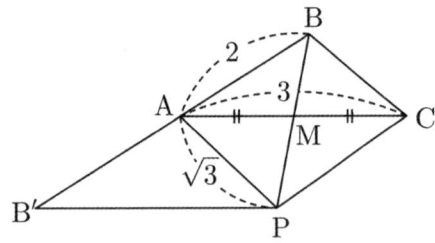

$\overrightarrow{AP} = -\overrightarrow{AB} + m\overrightarrow{AC}$ 가 성립하려면 $\overrightarrow{B'P} /\!/ \overrightarrow{AC}$ 이어야 한다.

$\overline{BA} : \overline{B'A} = \overline{BM} : \overline{MP} = 1 : 1$

대각선이 서로 다른 것을 이등분하므로

□ABCP는 평행사변형이다.

$\overrightarrow{AP} = \overrightarrow{BC} = \sqrt{3}$

△ABC에서

$$\cos A = \frac{2^2 + 3^2 - (\sqrt{3})^2}{2 \times 2 \times 3} = \frac{5}{6}$$

$$\overrightarrow{AB} \cdot \overrightarrow{AC} = 2 \times 3 \times \frac{5}{6} = 5$$

125 정답 16

두 벡터 $\vec{a}$, $\vec{b}$ 가 서로 수직이므로 $\vec{a} \cdot \vec{b} = 0$ 이다.

(나)의 양변을 제곱하면 $x^2 + 4y^2 = 4$ 인 타원이 곡선 C 이다.

즉, 점 P는 $\dfrac{x^2}{4} + y^2 = 1$ 위의 점이다.

따라서 $P(2\cos\theta, \sin\theta)$ 라 할 수 있다.

$\overrightarrow{OA} = (1, 2)$, $\overrightarrow{OP} = (2\cos\theta, \sin\theta)$ 에서

$\overrightarrow{OA} \cdot \overrightarrow{OP} = 2\cos\theta + 2\sin\theta$

$\qquad\qquad = 2\sqrt{2}\sin\left(\theta + \dfrac{\pi}{4}\right)$

따라서 $-2\sqrt{2} \leq \overrightarrow{OA} \cdot \overrightarrow{OP} \leq 2\sqrt{2}$ 이므로

$M = 2\sqrt{2}$, $m = -2\sqrt{2}$

$M^2 + m^2 = 16$

126 정답 ④

$\overrightarrow{OP} = (1 + \cos\theta, 1 + \sin\theta)$

$\overrightarrow{OQ} = (-1, 0)$ 이라 하면

$\overrightarrow{OP} + \overrightarrow{OQ} = (\cos\theta, 1 + \sin\theta)$ 이므로

$|\overrightarrow{OP} + \overrightarrow{OQ}|^2 = \cos^2\theta + (1 + \sin\theta)^2$

$\qquad\qquad\qquad = 2 + 2\sin\theta$

$\qquad\qquad\qquad \leq 4$

$|\overrightarrow{OP} + \overrightarrow{OQ}| \leq 2$

[다른 풀이]-이인호T

$Q'(1, 0)$ 이라 하면 $\overrightarrow{OQ} = -\overrightarrow{OQ'}$ 이므로

$|\overrightarrow{OP} + \overrightarrow{OQ}| = |\overrightarrow{OP} - \overrightarrow{OQ'}| = |\overrightarrow{Q'P}|$ 이다. P는 원 위의 점

이므로 선분 Q'P의 길이가 최대가 되는 점은 $P(1, 2)$ 일 때

이므로 따라서 최댓값은 원의 지름인 2가 된다.

127 정답 ②

$|\overrightarrow{OX}| \leq 1$ 이므로 점 X는 원의 경계 및 내부의 점이다.

$\overrightarrow{OX} \cdot \overrightarrow{OA_k} \geq 0$ 이므로 $\overrightarrow{OX}$ 는 $\overrightarrow{OA_k}$ 와 이루는 각이 0 또는

예각 또는 직각이다.

$\overrightarrow{OA_1} \cdot \overrightarrow{OA_2} = 0$ 이므로 $\angle A_1 O A_2 = \dfrac{\pi}{2}$ 이다.

따라서 점 X는 사분원 $A_1 O A_2$ 의 내부 및 경계에 존재할 수

있다.

또한 $\overrightarrow{OA_3} /\!/ \overrightarrow{A_1 A_2}$ 이고 $\overrightarrow{OX}$ 는 $\overrightarrow{OA_3}$ 와 이루는 각이 0 또는 예각

또는 직각이므로 다음 그림과 같이 점 X가 존재하는 영역 D의

넓이는 $\dfrac{\pi}{8}$ 이다.

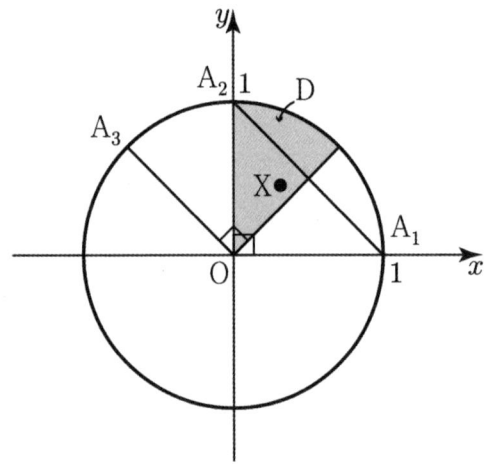

128 정답 ②

$|\vec{p}| = |\vec{q}| = \sqrt{5}$ 이고 $\vec{p} \cdot \vec{x} = \vec{q} \cdot \vec{x}$ 이므로

점 X는 $\angle QAP$ 을 이등분하는 직선 위의 점이다.

따라서 $\angle QAX = \angle PAX = \theta$, $|\vec{x}| = k$ 라 할 때

$\vec{p} \cdot \vec{x} = \sqrt{5} \times k \times \cos\theta = 3 \cdots \circ\!\!\!\!\!\ominus$

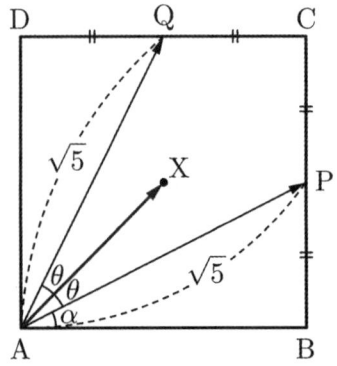

$|\overrightarrow{\mathrm{AP}}|=\sqrt{5}$, $|\overrightarrow{\mathrm{AC}}|=2\sqrt{2}$, $|\overrightarrow{\mathrm{PC}}|=1$이므로

삼각형 APC에서

$$\cos\theta=\frac{(\sqrt{5})^2+(2\sqrt{2})^2-1^2}{2\times\sqrt{5}\times2\sqrt{2}}=\frac{12}{4\sqrt{10}}=\frac{3}{\sqrt{10}}$$

㉠에 대입하면 $k=\sqrt{2}$이다.

[다른 풀이]1-유승희T

A를 원점 직선 AB를 x축, 직선 AD를 y축으로 하는

좌표평면에서 $\overrightarrow{\mathrm{AP}}=\vec{p}=(2, 1)$, $\overrightarrow{\mathrm{AQ}}=\vec{q}=(1, 2)$,

$\overrightarrow{\mathrm{AX}}=\vec{x}=(m, n)$이다.

$\vec{p}\cdot\vec{x}=2m+n=3$

$\vec{q}\cdot\vec{x}=m+2n=3$

$m=1$, $n=1$이므로

$|\vec{x}|=\sqrt{1^2+1^2}=\sqrt{2}$이다.

[다른 풀이]2-미적분 삼각함수 덧셈정리 이용

한편, $\angle\mathrm{PAB}=\alpha$라 할 때

$\cos\alpha=\dfrac{2}{\sqrt{5}}$, $\sin\alpha=\dfrac{1}{\sqrt{5}}$이고

$\theta=\dfrac{\pi}{4}-\alpha$이므로

$$\cos\theta=\cos\left(\frac{\pi}{4}-\alpha\right)=\cos\frac{\pi}{4}\cos\alpha+\sin\frac{\pi}{4}\sin\alpha$$

$$=\frac{\sqrt{2}}{2}\times\frac{2}{\sqrt{5}}+\frac{\sqrt{2}}{2}\times\frac{1}{\sqrt{5}}=\frac{3\sqrt{2}}{2\sqrt{5}}$$

㉠에 대입하면 $k=\sqrt{2}$이다.

129 정답 ③

$\angle\mathrm{B}=90°$인 직각삼각형 ABC를 생각할 수 있다.

꼭짓점 A를 좌표평면의 원점으로 생각하면 B$(4, 0)$,

C$(4, 3)$이므로

$\vec{p}=(4, 0)$, $\vec{q}=(4, 3)$이다.

따라서

$$\overrightarrow{\mathrm{AP}}=\frac{11}{6}\vec{p}-\frac{4}{3}\vec{q}=\left(\frac{22}{3}, 0\right)-\left(\frac{16}{3}, 4\right)=(2, -4)$$

$\overrightarrow{\mathrm{AQ}}=a\vec{p}+b\vec{q}=(4a, 0)+(4b, 3b)=(4a+4b, 3b)$

(가)에서 $(2, -4)\cdot(4a+4b, 3b)=0$이다.

따라서

$8a+8b-12b=0\Rightarrow2a=b\cdots㉠$

(나)에서

$$|\overrightarrow{\mathrm{AQ}}|=\sqrt{16(a+b)^2+9b^2}$$

$$=\sqrt{16\times\left(\frac{1}{2}b+b\right)^2+9b^2}$$

$$=\sqrt{36b^2+9b^2}=3\sqrt{5}\,b\leq18\sqrt{5}$$

따라서 $b\leq6$

$b=6$일 때 $a=3$이고 $a+b\leq9$이다.

130 정답 6

$\overrightarrow{\mathrm{DA}}$와 $\overrightarrow{\mathrm{DP}}$가 이루는 각을 θ라 하면

$$\overrightarrow{\mathrm{DA}}\cdot\overrightarrow{\mathrm{DP}}=3\times\sqrt{3}\times\cos\theta\geq\frac{3\sqrt{3}}{2}$$에서

$\cos\theta\geq\dfrac{1}{2}$이므로 $0\leq\theta\leq\dfrac{\pi}{3}$이다.

따라서 점 P는 $|\overrightarrow{\mathrm{DP}}|=\sqrt{3}$에서 D를 중심으로 하고 반지름의

길이가 $\sqrt{3}$인 원 둘레 중 다음 그림과 같이 $\overrightarrow{\mathrm{DA}}$와

시계방향으로 $\dfrac{\pi}{3}$, 또 반시계방향으로 $\dfrac{\pi}{3}$

인 호 둘레에 위치한다.

따라서

$\overrightarrow{\mathrm{AC}}\cdot\overrightarrow{\mathrm{BP}}$

$=\overrightarrow{\mathrm{AC}}\cdot(\overrightarrow{\mathrm{AP}}-\overrightarrow{\mathrm{AB}})$

$=\overrightarrow{\mathrm{AC}}\cdot\overrightarrow{\mathrm{AP}}-\overrightarrow{\mathrm{AC}}\cdot\overrightarrow{\mathrm{AB}}$

$=\overrightarrow{\mathrm{AC}}\cdot\overrightarrow{\mathrm{AP}}-(\overrightarrow{\mathrm{AB}})^2$

$=2\sqrt{3}\times|\overrightarrow{\mathrm{AP}}|\cos\alpha-3$

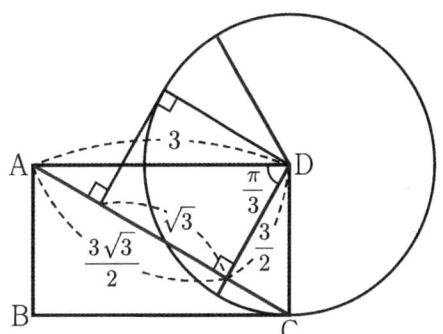

에서 $\angle\mathrm{ADP}=\dfrac{\pi}{3}$일 때 $|\overrightarrow{\mathrm{AP}}|\cos\alpha=\dfrac{3\sqrt{3}}{2}$이고

그때가 최대이다.

$|\overrightarrow{\mathrm{DP}}|=\sqrt{3}$이므로 $|\overrightarrow{\mathrm{AP}}|\cos\alpha$의 최솟값은

$\dfrac{3\sqrt{3}}{3}-\sqrt{3}=\dfrac{\sqrt{3}}{2}$이다.

따라서 $\dfrac{\sqrt{3}}{2}\leq|\overrightarrow{\mathrm{AP}}|\cos\alpha\leq\dfrac{3\sqrt{3}}{2}$

$0\leq\overrightarrow{\mathrm{AC}}\cdot\overrightarrow{\mathrm{BP}}\leq6$

따라서 $M=6$, $m=0$이므로 $M+m=6$

131 정답 ③

$\dfrac{\vec{a}}{|\vec{a}|}$는 $\vec{a}$와 방향이 같고 크기가 1인 벡터를 나타낸다.

따라서 $\dfrac{4}{|\overrightarrow{\mathrm{OP}}|}\overrightarrow{\mathrm{OP}}$는 $\overrightarrow{\mathrm{OP}}$와 방향이 같고 크기가 4인 벡터이고

점 P가 타원의 제1사분면 위의 점이므로 $\dfrac{4}{|\overrightarrow{\mathrm{OP}}|}\overrightarrow{\mathrm{OP}}$는 중심이

O이고 반지름의 길이가 4인 원의 제1사분면 부분을 가리킨다.

$\overrightarrow{\mathrm{XA}}=\dfrac{4}{|\overrightarrow{\mathrm{OP}}|}\overrightarrow{\mathrm{OP}}\Rightarrow\overrightarrow{\mathrm{AX}}=-\dfrac{4}{|\overrightarrow{\mathrm{OP}}|}\overrightarrow{\mathrm{OP}}$

에서 X는 다음 그림과 같이 중심이 A이고 반지름의 길이가 4인 원의 일부이다.

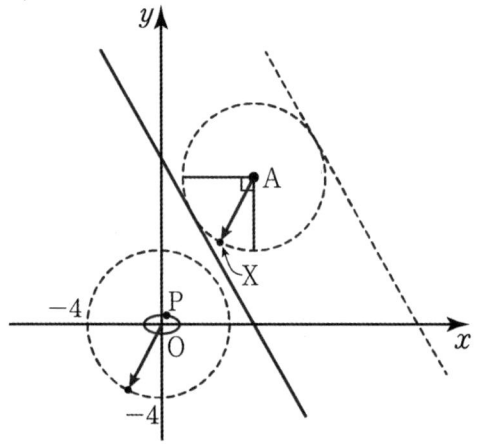

따라서 $\sqrt{3}\,x+y+k=0$이 원에 접하므로 A에서 $\sqrt{3}\,x+y+k=0$까지의 거리 d는 4이다.

$$d=\frac{|9+8+k|}{\sqrt{(\sqrt{3})^2+1^2}}=\frac{|17+k|}{2}=4$$

$|17+k|=8$

따라서 $k=-9$ 또는 $k=-25$

그러므로 $k=-9$이다. (원점에 가까운 직선이므로)

132 정답 ③

$$\overrightarrow{AP}\cdot\overrightarrow{AQ}=(\overrightarrow{AR}+\overrightarrow{RP})\cdot\overrightarrow{AQ}$$
$$=\overrightarrow{AR}\cdot\overrightarrow{AQ}+\overrightarrow{RP}\cdot\overrightarrow{AQ}$$에서

$\overrightarrow{RP}$는 상황에 맞게 설정할 수 있으므로
$\overrightarrow{AR}\cdot\overrightarrow{AQ}$이 최대와 최소가 되는 각각의 Q의 위치를 생각해보자.

$\overrightarrow{AR}\cdot\overrightarrow{AQ}=|\overrightarrow{AR}||\overrightarrow{AQ}|\cos\theta$에서 다음 [그림1]과 같이
$|\overrightarrow{AQ}|\cos\theta=\overline{AH}$이므로
$\overrightarrow{AR}\cdot\overrightarrow{AQ}$는 Q가 $Q_1(B)$에 위치할 때 최댓값, $Q_2(C)$에 위치할 때 최솟값을 갖는다.

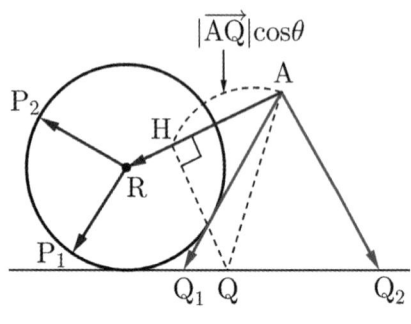

[그림1]

다음 [그림2]과 같이 원의 중심 R에서 $\overline{BC}$의 연장선에 내린 수선의 발을 D, $\overline{AB}$에 내린 수선의 발을 E라 하면
$\overline{RD}=\overline{RE}=1$, $\angle RDB=\angle REB=90°$ $\overline{BD}=\overline{BE}$
이므로 $\triangle RDB\equiv\triangle REB$

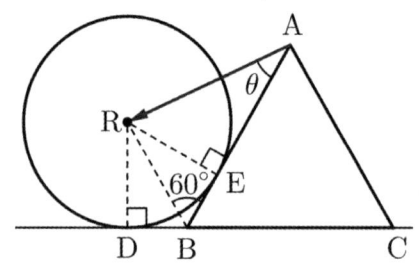

[그림2]

$\therefore \angle RBD=60°$

따라서 $\overline{BE}=\dfrac{1}{\sqrt{3}}$이고 $\overline{AE}=2-\dfrac{1}{\sqrt{3}}$이다.

$\angle RAE=\theta$라 하자.

따라서 Q가 B에 왔을 때

$$\overrightarrow{AR}\cdot\overrightarrow{AQ}\le|\overrightarrow{AB}||\overrightarrow{AR}|\cos\theta$$
$$=\overline{AB}\times\overline{AE}=2\Big(2-\frac{1}{\sqrt{3}}\Big)=4-\frac{2}{\sqrt{3}}$$

따라서 $\overrightarrow{RP}/\!/\overrightarrow{AB}$일 때 (같은 방향) : $\overrightarrow{AP}\cdot\overrightarrow{AQ}$는 최댓값을 갖는다.

$$\overrightarrow{AP}\cdot\overrightarrow{AQ}=\overrightarrow{AR}\cdot\overrightarrow{AQ}+\overrightarrow{RP}\cdot\overrightarrow{AQ}$$
$$\le 4-\frac{2}{\sqrt{3}}+2=6-\frac{2}{\sqrt{3}}$$

최댓값은 $6-\dfrac{2}{3}\sqrt{3}$이다.

[랑데뷰팁]

$\overrightarrow{AP}\cdot\overrightarrow{AQ}$의 최솟값은 다음과 같이 구할 수 있다.

Q가 C에 왔을 때

$$\overrightarrow{AR}\cdot\overrightarrow{AQ}\ge|\overrightarrow{AR}||\overrightarrow{AC}|\cos\Big(\theta+\frac{\pi}{3}\Big)$$
$$=\overline{AC}\times\overline{AR}\Big(\cos\theta\cos\frac{\pi}{3}-\sin\theta\sin\frac{\pi}{3}\Big)$$
$$=2\times\Big(\overline{AE}\cos\frac{\pi}{3}-\overline{RE}\sin\frac{\pi}{3}\Big)$$
$$=2-\frac{1}{\sqrt{3}}-\sqrt{3}=2-\frac{4}{3}\sqrt{3}$$

따라서 $\overrightarrow{RP}/\!/\overrightarrow{AC}$일 때 (반대 방향) : $\overrightarrow{AP}\cdot\overrightarrow{AQ}$는 최솟값을 갖는다.

$$\overrightarrow{AP}\cdot\overrightarrow{AQ}=\overrightarrow{AR}\cdot\overrightarrow{AQ}+\overrightarrow{RP}\cdot\overrightarrow{AQ}$$
$$\ge 2-\frac{4}{3}\sqrt{3}-2=-\frac{4}{3}\sqrt{3}$$

따라서 최솟값은 $-\dfrac{4}{3}\sqrt{3}$이다.

133 정답 ②

$(\vec{p}-\vec{a})\cdot(\vec{p}-\vec{b})=0$에서
$\vec{p}-\vec{a}=\overrightarrow{OP}-\overrightarrow{OA}=\overrightarrow{AP}$,
$\vec{p}-\vec{b}=\overrightarrow{OP}-\overrightarrow{OB}=\overrightarrow{BP}$이므로
$\overrightarrow{AP}\cdot\overrightarrow{BP}=0$
$\therefore \overrightarrow{AP}\perp\overrightarrow{BP}$

즉, 점 P는 $\overline{AB}$를 지름으로 하는 원 위의 점이다.
그러므로 점 P는 $\overline{AB}$의 중점인 점 D(3, 1)를 중심으로 하고
반지름이 2인 원 위의 점이다.
또한, $|\vec{q}-\vec{c}|=1$이므로
점 Q는 점 C를 중심으로 하고 반지름이 1인 원 위의 점이다.
$|2\vec{p}-\vec{q}|$에서 $2\vec{p}=2\overrightarrow{OP}$를 위치벡터로 하는 점을 R이라 하면
$2\overrightarrow{OP}=\overrightarrow{OR}$이므로 점 R는 중심이 점 E(6, 2)이고 반지름이
4인 원 위의 점이다.
$|2\vec{p}-\vec{q}|=|2\overrightarrow{OP}-\overrightarrow{OQ}|$
$\qquad\qquad=|\overrightarrow{OR}-\overrightarrow{OQ}|=|\overrightarrow{QR}|$이므로
$|\overrightarrow{QR}|\leq \overline{EC}+\overline{QC}+\overline{ER}=\sqrt{(6-1)^2+(2-8)^2}+1+4$
$|\overrightarrow{QR}|\geq \overline{EC}+\overline{QC}+\overline{ER}=\sqrt{25+36}-1-4$
$|2\vec{p}-\vec{q}|$의 최댓값과 최솟값의 합은 $2\sqrt{61}$이다.

134 정답 ④

$\overrightarrow{OP}=(x, y)$라 하면
$\overrightarrow{OP}=\overrightarrow{OA}+t\vec{d}$에서 $(x, y)=(2, 3)+t(1, 2)$이므로 점 P가
나타내는 도형은 점 A(2, 3)을 지나고 방향벡터가
$\vec{d}=(1, 2)$인 직선이다. 즉, $\dfrac{x-2}{1}=\dfrac{y-3}{2}$에서 $y=2x-1$

이때, x절편은 $\dfrac{1}{2}$이고, y절편은 -1이므로 구하는 넓이는

$\dfrac{1}{2}\times\dfrac{1}{2}\times 1=\dfrac{1}{4}$이다.

135 정답 ②

다음 그림과 같이 두 직선 l과 m의 교점을 B라 하면
$\angle OBA=\theta$이다.
$\angle OAB=\dfrac{\pi}{2}$이므로 $\angle AOB=\dfrac{\pi}{2}-\theta$이다.

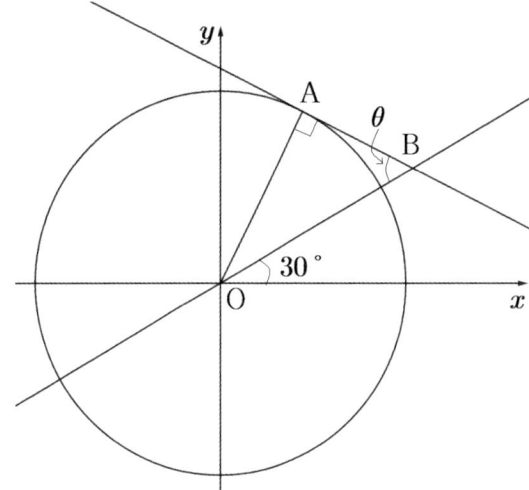

직선 OB의 방향벡터가 $(\sqrt{3}, 1)$이므로 직선 OB와 x축이
이루는 각은 $30^\circ\left(=\dfrac{\pi}{6}\right)$이다.
따라서 직선 OA와 x축이 이루는 각의 크기는
$\alpha=\left(\dfrac{\pi}{2}-\theta\right)+\dfrac{\pi}{6}=\dfrac{2}{3}\pi-\theta$이고 $\cos\theta=\dfrac{2\sqrt{6}}{7}$이므로
$\sin\left(\dfrac{\pi}{3}+\alpha\right)$
$=\sin(\pi-\theta)$
$=\sin\theta$
$=\dfrac{5}{7}$

평면벡터 단원 평가

136 정답 ③

직선 l은 $\dfrac{x+1}{a}=\dfrac{y-\frac{1}{2}}{1}$이다.

점 P의 x좌표를 t라 하면 $P\left(t, \dfrac{t+1}{a}+\dfrac{1}{2}\right)$이다.

따라서 $Q(t, 0)$, $R\left(0, \dfrac{t+1}{a}+\dfrac{1}{2}\right)$이다.

$\overrightarrow{QR}=\left(-t, \dfrac{t+1}{a}+\dfrac{1}{2}\right)$와 $\vec{u}=(a, 1)$가 수직이므로

$\overrightarrow{QR}\cdot\vec{u}=0$에서 $-at+\dfrac{t+1}{a}+\dfrac{1}{2}=0 \Rightarrow 2t+2+a=2a^2 t$

$\cdots\bigcirc$
$\overrightarrow{OP}$, $\overrightarrow{OA}$가 서로 수직이므로
$\overrightarrow{OP}\cdot\overrightarrow{OA}=0$에서 $-t+\dfrac{t+1}{2a}+\dfrac{1}{4}=0 \Rightarrow 2t+2+a=4at$
$\cdots\bigcirc$
$\bigcirc-\bigcirc$을 하면 $2at(a-2)=0$
$t=0$이면 P $=$ R이 되어 모순

$a > 1$이므로 $a = 2$이다.

따라서 $a = 2, t = \dfrac{2}{3}$

$P\left(t, \dfrac{t+1}{a} + \dfrac{1}{2}\right) = P\left(\dfrac{2}{3}, \dfrac{4}{3}\right)$

따라서

$|\overrightarrow{OP}| = \sqrt{\dfrac{4}{9} + \dfrac{16}{9}} = \dfrac{2\sqrt{5}}{3}$

137 정답 ③

[그림 : 이호진T]

선분 $\overline{OH}$, $\overline{AB}$의 교점을 C라 하면

$\overline{OA} : \overline{OB} = \overline{AC} : \overline{CB} = 3 : 5$

따라서, $\overline{AC} = \dfrac{3}{2}$, $\overline{BC} = \dfrac{5}{2}$이므로 $\overline{OC} = \dfrac{3\sqrt{5}}{2}$

삼각형 BOH와 삼각형 COA는 닮음이므로

$\overline{BO} : \overline{OH} = \overline{CO} : \overline{OA}$

즉, $5 : \overline{OH} = \dfrac{3\sqrt{5}}{2} : 3 = \sqrt{5} : 2$

따라서, $\overline{OH} = 2\sqrt{5}$이므로 $\overline{OC} : \overline{OH} = 3 : 4$에서

$\overrightarrow{OC} = \dfrac{3}{4} \times \overrightarrow{OH}$

$\overrightarrow{OC} = \dfrac{5\overrightarrow{OA} + 3\overrightarrow{OB}}{8}$ 이므로 $\overrightarrow{OC} = \dfrac{3}{4} \times \overrightarrow{OH} = \dfrac{5\overrightarrow{OA} + 3\overrightarrow{OB}}{8}$

에서

$\overrightarrow{OH} = \dfrac{4}{3} \times \left(\dfrac{5\overrightarrow{OA} + 3\overrightarrow{OB}}{8}\right) = \dfrac{5\overrightarrow{OA} + 3\overrightarrow{OB}}{6}$

따라서, $s - t = \dfrac{5}{6} - \dfrac{3}{6} = \dfrac{1}{3}$

138 정답 75

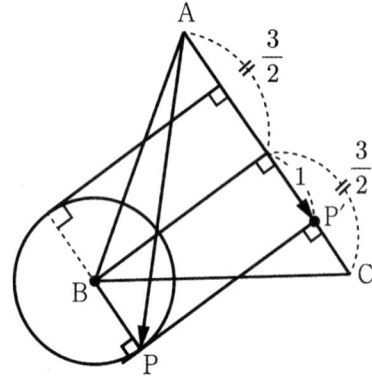

$\overrightarrow{AP} \cdot \overrightarrow{BC} - \overrightarrow{AP} \cdot \overrightarrow{BA} = \overrightarrow{AP} \cdot (\overrightarrow{BC} - \overrightarrow{BA}) = \overrightarrow{AP} \cdot \overrightarrow{AC}$

$\overrightarrow{AP} \cdot \overrightarrow{AC}$의 최댓값은 점 P의 직선 AC 위로의 정사영 P′가 점 A에서 점 C의 방향으로 가장 멀어졌을 때 갖게 되므로

$|\overrightarrow{AP'}| = \dfrac{5}{2}$일 때, 최대이다.

$\therefore \overrightarrow{AP} \cdot \overrightarrow{AC}$의 최댓값 $M = \dfrac{5}{2} \times 3 = \dfrac{15}{2}$이다.

따라서 $10M = 75$

139 정답 30

조건 (가)에서

$2\overrightarrow{CB} + 3\overrightarrow{DE} = 2\overrightarrow{CH} + 3\overrightarrow{DP}$

$3(\overrightarrow{DE} - \overrightarrow{DP}) = 2(\overrightarrow{CH} - \overrightarrow{CB})$

$3\overrightarrow{PE} = 2\overrightarrow{BH}$

$\overrightarrow{PE} = \dfrac{2}{3}\overrightarrow{BH}$

벡터 $\overrightarrow{PE}$는 벡터 $\overrightarrow{BH}$와 방향이 같고, $|\overrightarrow{PE}| = \dfrac{2}{3}|\overrightarrow{BH}|$이므로 점 P의 위치는 다음과 같다.

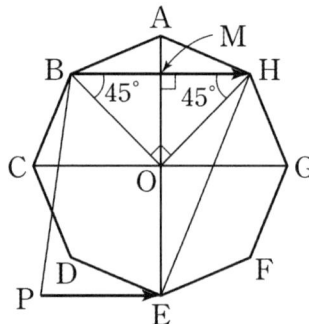

두 대각선 AE, CG가 만나는 점을 O라 하자.

$\overrightarrow{AD} = \overrightarrow{HE}$이므로 조건 (나)에서

$|\overrightarrow{DE} - \overrightarrow{AD}| = |\overrightarrow{DE} - \overrightarrow{HE}| = |\overrightarrow{DE} + \overrightarrow{EH}|$
$= |\overrightarrow{DH}| = 2\overline{OH} = 6\sqrt{2}$

그러므로 $\overline{OH} = 3\sqrt{2}$

직각이등변삼각형 BOH에서 $\angle HBO = 45°$이므로

$\overline{BH} = \sqrt{2} \times \overline{OH} = \sqrt{2} \times 3\sqrt{2} = 6$

$\overline{PE} = \dfrac{2}{3} \times \overline{BH} = \dfrac{2}{3} \times 6 = 4$

점 E에서 변 BH에 내린 수선의 발을 M이라 하면 선분 EM은 점 O를 지나므로

$\overline{EM} = \overline{EO} + \overline{OM} = \overline{OH} + \dfrac{\overline{OH}}{\sqrt{2}} = 3\sqrt{2} + 3$

$\overrightarrow{PE} \,/\!/\, \overrightarrow{BH}$에서 사각형 EHBP는 사다리꼴이므로 사각형 EHBP의 넓이는

$\dfrac{1}{2} \times (\overline{BH} + \overline{PE}) \times \overline{EM} = \dfrac{1}{2} \times (6+4) \times (3+3\sqrt{2}) = 15 + 15\sqrt{2}$

따라서 $p = 15$, $q = 15$이므로
$p + q = 15 + 15 = 30$

140 답 4

[그림 : 최성훈T]

(가)에서 $\overrightarrow{OP} \cdot \overrightarrow{AB} = 0$이므로 $\overrightarrow{OP} \perp \overrightarrow{AB}$

$\overrightarrow{OP} \cdot \overrightarrow{OA} = -4 < 0$이므로 두 벡터 $\overrightarrow{OP}$, $\overrightarrow{OA}$가 이루는 각은 둔각이다.

(나)에서 $|\overrightarrow{AP}| = |\overrightarrow{AB}| = 13$이고

$|\overrightarrow{PA}| > |\overrightarrow{PB}|$이므로 세 점 A, B, P의 위치는 그림과 같다.

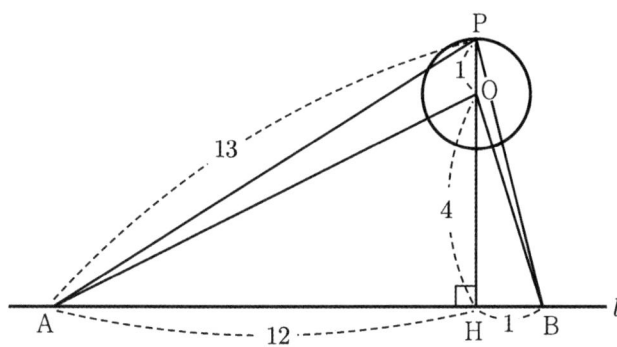

점 O에서 직선 l에 내린 수선의 발을 H라 하면

$$\overrightarrow{OP} \cdot \overrightarrow{OA} = \overrightarrow{OP} \cdot (\overrightarrow{HA} - \overrightarrow{HO})$$
$$= \overrightarrow{OP} \cdot \overrightarrow{HA} - \overrightarrow{OP} \cdot \overrightarrow{HO}$$
$$= -\overrightarrow{OP} \times \overrightarrow{OH} = -4$$

이므로 $\overrightarrow{OP} \times \overrightarrow{OH} = 4$

이때, $\overrightarrow{OP} = 1$이므로 $\overrightarrow{OH} = 4$

직각삼각형 APH에서 $\overline{AP} = 13$, $\overline{PH} = 5$이므로 $\overline{AH} = 12$이고,

$\overline{AB} = 13$이므로 $\overline{BH} = 1$이다.

$\therefore \overrightarrow{OA} \cdot \overrightarrow{OB}$
$= (\overrightarrow{OH} + \overrightarrow{HA}) \cdot (\overrightarrow{OH} + \overrightarrow{HB})$
$= \overrightarrow{OH} \cdot \overrightarrow{OH} + \overrightarrow{OH} \cdot \overrightarrow{HB} + \overrightarrow{HA} \cdot \overrightarrow{OH} + \overrightarrow{HA} \cdot \overrightarrow{HB}$
$= \overrightarrow{OH}^2 + 0 + 0 - \overrightarrow{HA} \times \overrightarrow{HB}$ ($\because \overrightarrow{OH} \perp \overrightarrow{HB}$, $\overrightarrow{OH} \perp \overrightarrow{HA}$)
$= 4^2 - 12 \times 1 = 4$

141 정답 93

[그림 : 서태욱T]

조건 (가)에서 $\overrightarrow{AP} + \dfrac{1}{2}\overrightarrow{BD} = \overrightarrow{BC} + \dfrac{1}{2}\overrightarrow{AB}$이므로

$$\overrightarrow{AP} = \overrightarrow{BC} + \frac{1}{2}\overrightarrow{AB} - \frac{1}{2}\overrightarrow{BD}$$
$$= \overrightarrow{BC} - \frac{1}{2}(\overrightarrow{BA} + \overrightarrow{BD}) \cdots \ominus$$

선분 AD의 중점을 M이라 하면 $\dfrac{1}{2}(\overrightarrow{BA} + \overrightarrow{BD}) = \overrightarrow{BM}$이므로

$\ominus$에서

$$\overrightarrow{AP} = \overrightarrow{BC} - \overrightarrow{BM} = \overrightarrow{MC}$$

따라서 점 P는 선분 BC의 중점이다.

조건 (나)에 의해 $\dfrac{1}{2} \times 3 \times \overline{AB} = 6$이므로 $\overline{AB} = 4$

따라서 점 C에서 거리가 3인 위치의 점 R에 대하여

$$\overrightarrow{AP} + \overrightarrow{AQ}$$
$$= \overrightarrow{AB} + \overrightarrow{BP} + \overrightarrow{AD} + \overrightarrow{DQ}$$
$$= \overrightarrow{AD} + \overrightarrow{AB} + \overrightarrow{BP} + \overrightarrow{DQ}$$
$$= \overrightarrow{AD} + \overrightarrow{DC} + \overrightarrow{CR} + \overrightarrow{RQ}$$

으로 다음 그림과 같다.

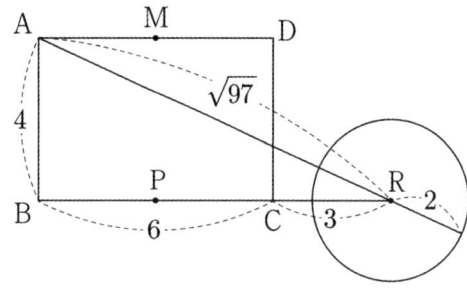

따라서

$\sqrt{97} - 2 \leq |\overrightarrow{AP} + \overrightarrow{AQ}| \leq \sqrt{97} + 2$

$M = \sqrt{97} + 2$, $m = \sqrt{97} - 2$

$M \times m = 97 - 4 = 93$

142 정답 360

원 $x^2 + y^2 = 1$의 중심을 O라 하자.

원의 반지름의 길이가 1이고 이 원 위의 두 점 P, Q에 대해서

$\overrightarrow{PQ} = \sqrt{2}$이므로 $\angle POQ = 90°$이고 $\overrightarrow{OP} \cdot \overrightarrow{OQ} = 0$

R(2, 4)에 대해

$$\overrightarrow{RP} \cdot \overrightarrow{RQ} = (\overrightarrow{RO} + \overrightarrow{OP}) \cdot (\overrightarrow{RO} + \overrightarrow{OQ})$$
$$= |\overrightarrow{RO}|^2 + \overrightarrow{RO} \cdot (\overrightarrow{OP} + \overrightarrow{OQ}) + \overrightarrow{OP} \cdot \overrightarrow{OQ}$$
$$= 20 + \overrightarrow{RO} \cdot (\overrightarrow{OP} + \overrightarrow{OQ})$$

$\overrightarrow{OP} + \overrightarrow{OQ} = \overrightarrow{OT}$라 하면 $|\overrightarrow{OT}| = \sqrt{2}$이고 $\overrightarrow{OT}$가 $\overrightarrow{RO}$와

이루는 각의 크기를 θ라 할 때 주어진 식의 값은

$20 + \sqrt{20} \times \sqrt{2} \times \cos\theta = 20 + 2\sqrt{10}\cos\theta$

이때 θ의 범위는 $0° \leq \theta \leq 180°$이므로

최댓값은 $20 + 2\sqrt{10}$

최솟값은 $20 - 2\sqrt{10}$

따라서 $M \times m = (20 + 2\sqrt{10})(20 - 2\sqrt{10}) = 400 - 40 = 360$

143 정답 7

$\overrightarrow{AP} = m\overrightarrow{AB} + n\overrightarrow{AC}$에서

$\overrightarrow{AD} = \dfrac{2}{3}\overrightarrow{AB}$이므로 $\overrightarrow{AB} = \dfrac{3}{2}\overrightarrow{AD}$,

$\overrightarrow{AE} = \dfrac{1}{4}\overrightarrow{AC}$이므로 $\overrightarrow{AC} = 4\overrightarrow{AE}$이다.

$\overrightarrow{AP} = m\overrightarrow{AB} + n\overrightarrow{AC} = \dfrac{3}{2}m\overrightarrow{AD} + n\overrightarrow{AC}$

$\overrightarrow{AP} = m\overrightarrow{AB} + n\overrightarrow{AC} = m\overrightarrow{AB} + 4n\overrightarrow{AE}$

점 P는 $\overrightarrow{CD}$, $\overrightarrow{BE}$를 내분하므로

$$\frac{3}{2}m+n=1, \quad m+4n=1$$

위 두 식을 연립하면

$6m+4n=4, \quad m+4n=1$에서

$$m=\frac{3}{5}, \quad n=\frac{1}{10}$$

$$10(m+n)=10\left(\frac{6+1}{10}\right)=7$$

144 정답 35

$$\overrightarrow{OA}\cdot\overrightarrow{OB}=3\times2\times\cos(\angle AOB)$$

$$=3\times2\times\frac{9+4-7}{2\times3\times2}=3$$

이때 $\overrightarrow{OD}=k\overrightarrow{OA}$ (k는 실수)로 놓으면

$$\overrightarrow{DC}\cdot\overrightarrow{OA}=0$$

$$(\overrightarrow{OC}-\overrightarrow{OD})\cdot\overrightarrow{OA}=0$$

$$\overrightarrow{OC}\cdot\overrightarrow{OA}-\overrightarrow{OD}\cdot\overrightarrow{OA}=0$$

$$\left(\frac{1}{3}\overrightarrow{OA}+\frac{2}{5}\overrightarrow{OB}\right)\cdot\overrightarrow{OA}-k\overrightarrow{OA}\cdot\overrightarrow{OA}=0$$

$$\left(\frac{1}{3}\overrightarrow{OA}+\frac{2}{5}\overrightarrow{OB}\right)\cdot\overrightarrow{OA}-k\overrightarrow{OA}\cdot\overrightarrow{OA}=0$$

$$\left(\frac{1}{3}-k\right)\overrightarrow{OA}\cdot\overrightarrow{OA}+\frac{2}{5}\overrightarrow{OB}\cdot\overrightarrow{OA}=0$$

$$\left(\frac{1}{3}-k\right)9+\frac{6}{5}=0$$

$$3-9k+\frac{6}{5}=0$$

$$9k=\frac{21}{5}$$

$$\therefore k=\frac{7}{15}$$

$$\therefore |\overrightarrow{OD}|=\frac{7}{15}\cdot3=\frac{7}{5}$$

그러므로 $25|\overrightarrow{OD}|=35$

145 정답 4

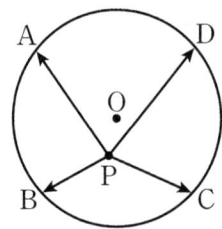

네 점 A, B, C, D는 원의 둘레를 4등분하는 점이므로

$$\overrightarrow{OA}+\overrightarrow{OB}+\overrightarrow{OC}+\overrightarrow{OD}=(\overrightarrow{OA}+\overrightarrow{OC})+(\overrightarrow{OB}+\overrightarrow{OD})=\vec{0}$$

따라서

$$\overrightarrow{PA}+\overrightarrow{PB}+\overrightarrow{PC}+\overrightarrow{PD}$$
$$=(\overrightarrow{OA}-\overrightarrow{OP})+(\overrightarrow{OB}-\overrightarrow{OP})+(\overrightarrow{OC}-\overrightarrow{OP})+(\overrightarrow{OD}-\overrightarrow{OP})$$

$$=(\overrightarrow{OA}+\overrightarrow{OB}+\overrightarrow{OC}+\overrightarrow{OD})-4\overrightarrow{OP}$$

$$=-4\overrightarrow{OP}=4\overrightarrow{PO}$$

이므로 $k=4$

146 정답 ④

k가 실수일 때, 조건 (가)에서 $\vec{a}=k\vec{b}$라 할 수 있다.

이것을 조건 (나)의 등식

$3(\vec{a}-\vec{b})+2\vec{c}=3(3\vec{a}+\vec{b}+\vec{c})$을 정리한 뒤 대입하면

$$\vec{c}=-6\vec{a}-6\vec{b}$$

$$\vec{c}=-6k\vec{b}-6\vec{b}$$

$$\vec{c}=-6(k+1)\vec{a}$$

$\vec{a}//\vec{c}$이고 $|\vec{a}|=1$, $|\vec{c}|=12$이므로

$k=1$ 또는 $k=-3$이다.

따라서

$|\vec{b}|=1$ 또는 $|\vec{b}|=3$이다.

147 정답 50

[출제자 : 최성훈T]

타원 $\dfrac{x^2}{9}+\dfrac{y^2}{16}=1$와 타원 $\dfrac{x^2}{16}+\dfrac{y^2}{9}=1$은 $y=x$에 대칭이다.

두 점 A, B의 중점을 M이라 하면

$\overrightarrow{OA}+\overrightarrow{OB}=2\times\overrightarrow{OM}$이므로 $2|\overrightarrow{OM}|$의 최댓값을 찾자.

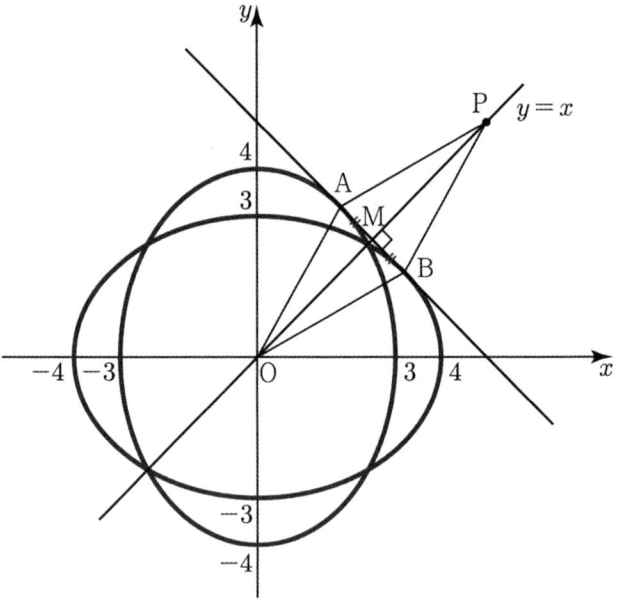

그림과 같이 기울기 -1인 공통접선은 $y=x$에 수직이고 이때

$\overrightarrow{OM}$ 길이가 최대가 됨을 알 수 있다.

기울기 -1인 접선의 방정식은

$$y=-x\pm\sqrt{3^2(-1)^2+4^2}=-x\pm5$$

원점에서 $y=-x+5$까지의 거리

$$\overrightarrow{OM}=\frac{|0+0-5|}{\sqrt{1^2+1^2}}=\frac{5}{\sqrt{2}}$$

$$\therefore |\vec{a}+\vec{b}| \leq 2 \times \frac{5}{\sqrt{2}} = 5\sqrt{2}$$

$M = 5\sqrt{2}$ 이므로

$M^2 = 50$

148 정답 15

(가)의

$\overrightarrow{OA} \cdot \overrightarrow{AX} = 0$에서 $\overrightarrow{OA} \perp \overrightarrow{AX}$

$\overrightarrow{OA} \cdot \overrightarrow{OY} = 0$에서 $\overrightarrow{OA} \perp \overrightarrow{OY}$

즉, 두 점 X, Y는 각각 선분 OA의 양 끝점을 지나며 $\overrightarrow{OA}$에 수직인 직선 위의 점이다. ···㉠

(나)의

$|\overrightarrow{AX}| = 2$에서 점 X는 중심이 A이고 반지름의 길이가 2인 원 위의 점이고 $|\overrightarrow{OY}| = 1$에서 점 Y는 중심이 O이고 반지름의 길이가 1인 원 위의 점이다. ···㉡

㉠, ㉡에서

사각형 $X_1 Y_1 Y_2 X_2$는 $\overline{X_1 X_2} = 4$, $\overline{Y_1 Y_2} = 2$이고 $\overline{X_1 X_2} // \overline{Y_1 Y_2}$인 사다리꼴이다.

㉠에서 사다리꼴 $X_1 Y_1 Y_2 X_2$의 높이는 $\overline{OA} = 5$이다.

그러므로

$$\frac{1}{2} \times (2+4) \times 5 = 15$$

149 정답 10

$F(1, 0)$이고 준선의 방정식은 $x = -1$이다.

$|\overrightarrow{PH}| = a$이므로 $P(a-1, b)$, $H(-1, b)$으로 놓을 수 있다.

$\overrightarrow{PH} = (-1, b) - (a-1, b) = (-a, 0)$

$\overrightarrow{PF} = (1, 0) - (a-1, b) = (-a+2, -b)$

$\overrightarrow{PH} \cdot \overrightarrow{PF} = a^2 - 2a = 80$에서

$a^2 - 2a - 80 = 0$

$(a-10)(a+8) = 0$

$a = 10$

150 정답 ③

$\angle CAB = \alpha$라 하면 $\overrightarrow{AB} \cdot \overrightarrow{AC} = 2 \times 3 \times \cos\alpha = 3$

$\therefore \cos\alpha = \frac{1}{2}$

$\alpha = \frac{\pi}{3}$

$\angle DAC = \beta$라 하면

$\overrightarrow{AC} \cdot \overrightarrow{AD} = |\overrightarrow{AC}| \times |\overrightarrow{AD}| \times \cos\beta = |\overrightarrow{AD}|^2 = \frac{9}{4}$

$\therefore |\overrightarrow{AD}| = \frac{3}{2}$

즉, $\cos\beta = \frac{|\overrightarrow{AD}|}{|\overrightarrow{AC}|} = \frac{\frac{3}{2}}{3} = \frac{1}{2}$이므로 $\beta = \frac{\pi}{3}$

따라서 $\alpha + \beta = \frac{2}{3}\pi$

$\therefore \overrightarrow{AB} \cdot \overrightarrow{AD} = 2 \times \frac{3}{2} \times \cos\left(\frac{2}{3}\pi\right)$

$\qquad = 2 \times \frac{3}{2} \times \left(-\frac{1}{2}\right) = -\frac{3}{2}$

151 정답 7

[그림 : 이정배T]

그림과 같이 두 변 AB, AC의 중점을 각각 M, N이라 하자.

$\overrightarrow{PA} + \overrightarrow{PB} = 2\overrightarrow{PM}$, $\overrightarrow{PA} + \overrightarrow{PC} = 2\overrightarrow{PN}$이므로

$(\overrightarrow{PA} + \overrightarrow{PB}) \cdot (\overrightarrow{PA} + \overrightarrow{PC}) = 0 \Rightarrow 2\overrightarrow{PM} \cdot 2\overrightarrow{PN} = 0 \Rightarrow$

$\overrightarrow{PM} \cdot \overrightarrow{PN} = 0 \Rightarrow \overrightarrow{PM} \perp \overrightarrow{PN}$

따라서 점 P가 나타내는 도형은 선분 MN을 지름으로 하는 원 중에서 정삼각형 ABC의 둘레 또는 그 내부에 있는 부분이다.

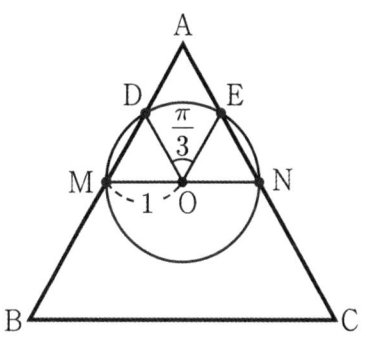

그림과 같이 선분 MN의 중점을 O, 원과 선분 AB가 만나는 점 중 M이 아닌 점을 D, 원과 선분 AC가 만나는 점 중 N이 아닌 점을 E라 하자. 점 P가 나타내는 도형은 부채꼴 DOE의 호 DE와 반원 MNO이다.

삼각형 AMN은 한 변의 길이가 2인 정삼각형이므로 $\overline{MN} = 2$이다.

삼각형 DMO와 삼각형 EON이 한 변의 길이가 1인 정삼각형이므로

$\overline{DO} = \overline{EO} = 1$, $\angle DOE = \frac{\pi}{3}$

따라서 (호 DE의 길이) $= 1 \times \frac{\pi}{3} = \frac{\pi}{3}$

(반원의 원주 MN의 길이) $= \frac{1}{2} \times 2 \times \pi = \pi$

따라서

$\frac{\pi}{3} + \pi = \frac{4}{3}\pi$

$p = 3$, $q = 4$이므로

$p + q = 7$

152 정답 ④

$\overrightarrow{AG}=\dfrac{1}{3}(\overrightarrow{AB}+\overrightarrow{AC})\cdots\ㄱ$

$\overrightarrow{AD}=\dfrac{a}{a+(1-a)}\overrightarrow{AB}=a\overrightarrow{AB}\cdots\ㄴ$

$\overrightarrow{AE}=\dfrac{3a-2}{(3a-2)+(3-3a)}\overrightarrow{AC}=(3a-2)\overrightarrow{AC}\cdots\ㄷ$

ㄱ, ㄴ, ㄷ에서

$\overrightarrow{AG}=\dfrac{1}{3}(\overrightarrow{AB}+\overrightarrow{AC})$

$\quad=\dfrac{1}{3}\left(\dfrac{1}{a}\overrightarrow{AD}+\dfrac{1}{3a-2}\overrightarrow{AE}\right)$

$\quad=\dfrac{1}{3a}\overrightarrow{AD}+\dfrac{1}{9a-6}\overrightarrow{AE}$

따라서 세 점 D, G, E가 한 직선 위에 있을 조건은

$\dfrac{1}{3a}+\dfrac{1}{9a-6}=1$에서 $\dfrac{9a-6+3a}{3a(9a-6)}=1$

$4a-2=9a^2-6a$

$9a^2-10a+2=0$

$\therefore a=\dfrac{5\pm\sqrt{7}}{9}$

$\dfrac{2}{3}<a<1$이므로 $a=\dfrac{5+\sqrt{7}}{9}$

153 정답 ①

$\overrightarrow{FP}$와 $\overrightarrow{FQ}$이 이루는 각을 θ라 할 때,

$\overrightarrow{FP}\cdot\overrightarrow{FQ}=|\overrightarrow{FP}||\overrightarrow{FQ}|\cos\theta$

θ가 커질수록 $\overrightarrow{FP}\cdot\overrightarrow{FQ}$의 값이 작아지므로 점 P가 점 A, 점 Q가 점 D에 있을 때 $\overrightarrow{FP}\cdot\overrightarrow{FQ}$의 값이 최소이다.

한 변의 길이가 2인 정삼각형의 높이는 $\sqrt{3}$이므로

$|\overrightarrow{FA}|=|\overrightarrow{FD}|=2\sqrt{3}$

$\angle BFA=\angle CFD=\dfrac{\pi}{6}$이므로 $\angle AFD=\dfrac{2}{3}\pi$

$\overrightarrow{FP}\cdot\overrightarrow{FQ}\geq 2\sqrt{3}\times 2\sqrt{3}\times\cos\dfrac{2}{3}\pi=-6$

154 정답 5

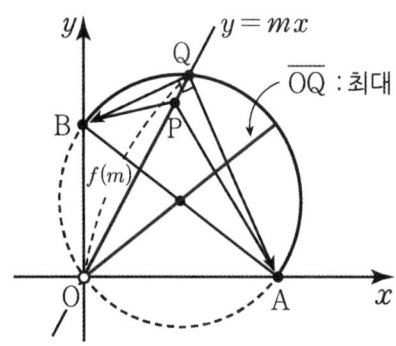

두 벡터 $\overrightarrow{PA}$, $\overrightarrow{PB}$가 이루는 각의 크기를 θ라 하면

$\overrightarrow{PA}\cdot\overrightarrow{PB}=|\overrightarrow{PA}||\overrightarrow{PB}|\cos\theta\leq 0$이므로 θ는 둔각 또는 직각이다.

$m>0$이므로 제1사분면에서 점 P는 $\overline{AB}$를 지름으로 하는 원의 내부 및 경계선에 있다.

직선 $y=mx$와 원의 교점 중 원점이 아닌 점을 Q라 할 때, $f(m)=\overline{OQ}$이다. $\overline{OQ}$가 최대인 경우는 $\overline{OQ}$가 이 원의 지름의 길이와 같을 때이다.

$\overline{AB}=\sqrt{3^2+4^2}=5$

따라서 $M=\overline{AB}=5$이다.

155 정답 73

[그림 : 이현일T]

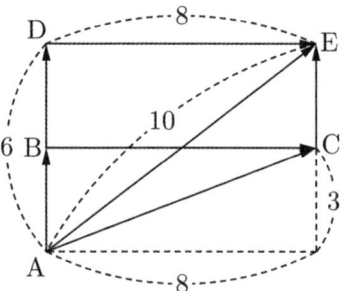

그림과 같이 $\overrightarrow{AB}=\overrightarrow{BD}=\overrightarrow{CE}$인 점 D, E를 그리면 $|\overrightarrow{AB}-\overrightarrow{AC}|=8$에서 $|\overrightarrow{DE}|=|\overrightarrow{BC}|=8$이다.

또한 $\overrightarrow{AB}+\overrightarrow{AC}=\overrightarrow{CE}+\overrightarrow{AC}=\overrightarrow{AC}+\overrightarrow{CE}=\overrightarrow{AE}$이고

$\angle ADE=\angle ABC=\dfrac{\pi}{2}$이므로

$|\overrightarrow{AD}|=\sqrt{|\overrightarrow{AE}|^2-|\overrightarrow{DE}|^2}$

$\qquad=\sqrt{10^2-8^2}=6$

즉, $|\overrightarrow{AB}|=|\overrightarrow{BD}|=3$이다.

따라서 $|\overrightarrow{AC}|^2=|\overrightarrow{AB}|^2+|\overrightarrow{BC}|^2=3^2+8^2=73$

156 정답 63

[그림 : 이정배T]

$5\overrightarrow{OC}=-(13\overrightarrow{OA}+12\overrightarrow{OB})$

$5|\overrightarrow{OC}|=|13\overrightarrow{OA}+12\overrightarrow{OB}|$의 양변을 제곱하면

$\therefore 25|\overrightarrow{OC}|^2=169|\overrightarrow{OA}|^2+144|\overrightarrow{OB}|^2$

$\qquad+2\times 13\times 12\overrightarrow{OA}\cdot\overrightarrow{OB}$

$|\overrightarrow{OA}|=|\overrightarrow{OB}|=|\overrightarrow{OC}|=1$이므로 $\overrightarrow{OA}\cdot\overrightarrow{OB}=-\dfrac{12}{13}$

$\angle AOB=\alpha\ (0<\alpha<\pi)$라 하고 코사인법칙을 적용하면

$\cos\alpha=\dfrac{\overrightarrow{OA}\cdot\overrightarrow{OB}}{|\overrightarrow{OA}|\times|\overrightarrow{OB}|}=-\dfrac{12}{13}$

$\overline{AB}^2=1^2+1^2-2\cos\alpha=2+\dfrac{24}{13}=\dfrac{50}{13}$

$\therefore a+b=13+50=63$

157 정답 4

[그림 : 이정배T]

$\overrightarrow{AQ} = \dfrac{3}{4}\overrightarrow{AC} = \dfrac{3}{4}(\overrightarrow{AB} + \overrightarrow{AD})$ 이고

$\begin{aligned}
\overrightarrow{PQ} &= \overrightarrow{AQ} - \overrightarrow{AP} \\
&= \left(\dfrac{3}{4}\overrightarrow{AB} + \dfrac{3}{4}\overrightarrow{AD}\right) - 3\overrightarrow{AB} \\
&= \dfrac{3}{4}(\overrightarrow{AD} - 3\overrightarrow{AB}) \\
&= \dfrac{3}{4}(\overrightarrow{AD} - \overrightarrow{AP}) = \dfrac{3}{4}\overrightarrow{PD}
\end{aligned}$

이므로 세 점 P, Q, D는 한 직선 위에 있고 점 Q는 $\overline{PD}$ 를
3 : 1로 내분하는 점이다.

따라서 $\dfrac{S_2}{S_1} = \dfrac{1+3}{1} = 4$ 이다.

158 정답 72

[그림 : 이현일T]

원 O의 반지름의 길이를 r, $\overrightarrow{OA}$와 $\overrightarrow{OB}$가 이루는 각을 θ라
하면

$r^2\cos\theta = 18 \cdots \unicode{x25CB}$

한편, $\overrightarrow{OP} = m\overrightarrow{OA} + n\overrightarrow{OB} = 2m\left(\dfrac{1}{2}\overrightarrow{OA}\right) + n\overrightarrow{OB}$

선분 OA의 중점을 A′이라 하면

$\overrightarrow{OP} = 2m\overrightarrow{OA'} + n\overrightarrow{OB} = (2m+n)\dfrac{2m\overrightarrow{OA'} + n\overrightarrow{OB}}{2m+n}$

$\overline{BA'}$를 $2m : n$으로 내분하는 점을 C라 하면

$\overrightarrow{OP} = (2m+n)\overrightarrow{OC} = k\overrightarrow{OC}\ (2 < k < 4)$

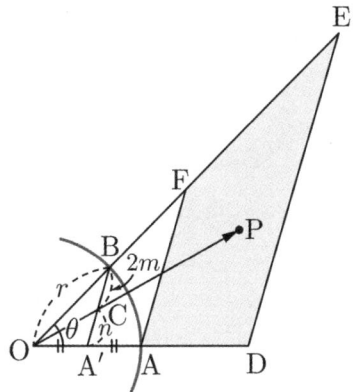

따라서 점 P가 존재하는 영역은 그림에서 사다리꼴 ADEF의
내부이다.

$\therefore \dfrac{1}{2} \cdot 2r \cdot 4r \cdot \sin\theta - \dfrac{1}{2} \cdot r \cdot 2r \cdot \sin\theta = 54$

$r^2\sin\theta = 18 \cdots \unicode{x25CB}$

$\unicode{x25CB}$, $\unicode{x25CB}$에서 $\tan\theta = 1$

$\therefore \theta = \dfrac{\pi}{4}$, $r^2 = 18\sqrt{2}$

따라서

$\begin{aligned}
|\overrightarrow{AB}|^2 &= |\overrightarrow{OB} - \overrightarrow{OA}|^2 \\
&= |\overrightarrow{OA}|^2 - 2\overrightarrow{OA} \cdot \overrightarrow{OB} + |\overrightarrow{OB}|^2 \\
&= r^2 - 2 \times 18 + r^2 \\
&= 36\sqrt{2} - 36
\end{aligned}$

$a = 36,\ b = -36$

$a - b = 72$이다.

159 정답 ⑤

$\overrightarrow{OA}$, $\overrightarrow{OB}$ 방향의 단위 벡터를 각각 $\vec{a}$, $\vec{b}$라 하면

$\overrightarrow{AD} = -5\vec{a} + 4\vec{b}$

$\overrightarrow{OH} = 5\vec{a} + k\overrightarrow{AD} = 5\vec{a} + k(-5\vec{a} + 4\vec{b}) = 5(1-k)\vec{a} + 4k\vec{b}$

$\begin{aligned}
\overrightarrow{AD} \cdot \overrightarrow{OH} &= (-5\vec{a} + 4\vec{b}) \cdot \{5(1-k)\vec{a} + 4k\vec{b}\} \\
&= -25(1-k)|\vec{a}|^2 + \{20(1-k) - 20k\}\vec{a} \cdot \vec{b} + 16k|\vec{b}|^2 \\
&= 21k - 15 = 0
\end{aligned}$

$\therefore k = \dfrac{5}{7}$

$\overrightarrow{OH} = \dfrac{10}{7}\vec{a} + \dfrac{20}{7}\vec{b} = \dfrac{2}{7}\overrightarrow{OA} + \dfrac{4}{7}\overrightarrow{OB}$

$\therefore l = \dfrac{2}{7},\ m = \dfrac{4}{7}$

$\therefore l + m = \dfrac{6}{7}$

160 정답 ①

[그림 : 이정배T]

그림과 같이 두 변 AD, BC의 중점을 각각 M, N이라 하자.

$\overrightarrow{PA} + \overrightarrow{PD} = 2\overrightarrow{PM}$, $\overrightarrow{PB} + \overrightarrow{PC} = 2\overrightarrow{PN}$

이므로

$(\overrightarrow{PA} + \overrightarrow{PD}) \cdot (\overrightarrow{PB} + \overrightarrow{PC}) = 0$

$2\overrightarrow{PM} \cdot 2\overrightarrow{PN} = 0$

$\overrightarrow{PM} \cdot \overrightarrow{PN} = 0$

$\overrightarrow{PM} \perp \overrightarrow{PN}$

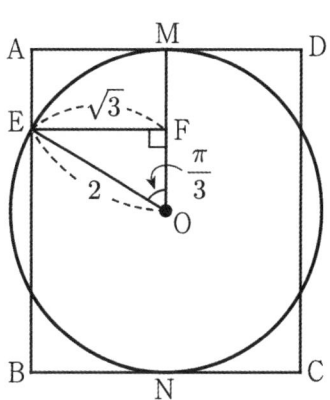

따라서 점 P가 나타내는 도형은 선분 MN을 지름으로 하는 원
중에서 사각형 ABCD의 둘레 또는 그 내부에 있는 부분이다.
그림과 같이 이 원의 중심을 O라 하고 원이 직사각형과 만나는

점중 A에 가까운 점을 E라 하자. E에서 선분 OM에 내린 수선의 발을 F라 하면 $\overline{OE}=2$, $\overline{EF}=\sqrt{3}$ 이므로

$\angle EOF=\dfrac{\pi}{3}$ 이다.

따라서 호 EM의 길이는 $2\times\dfrac{\pi}{3}=\dfrac{2}{3}\pi$

따라서 구하는 도형의 길이는

$4\times\overparen{EM}=4\times\dfrac{2}{3}\pi=\dfrac{8}{3}\pi$

공간도형

유형 1 직선과 직선. 직선과 평면. 평면과 평면이 이루는 각

161 정답 ③

[그림 : 배용제T]

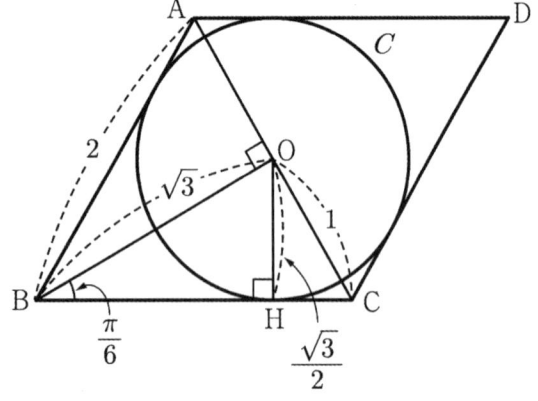

원 C의 중심을 O라 하면 점 O는 선분 AC 위에 있고 삼각형 ABC는 한 변의 길이가 2인 정삼각형이므로 점 O에서 변 BC에 내린 수선의 발을 H라 하면 $\overline{OB}=\sqrt{3}$ 이고

$\angle OBH=\dfrac{\pi}{6}$ 이므로 $\overline{OH}=\dfrac{\sqrt{3}}{2}$ 이다. 즉, 원 C의 반지름의

길이는 $\dfrac{\sqrt{3}}{2}$ 이다.

$\overrightarrow{BC}\cdot\overrightarrow{AP}=\overrightarrow{BC}\cdot(\overrightarrow{OP}-\overrightarrow{OA})=\overrightarrow{BC}\cdot\overrightarrow{OP}-\overrightarrow{BC}\cdot\overrightarrow{OA}$

이고 $\overrightarrow{BC}\cdot\overrightarrow{OA}$ 는 상수이므로 $\overrightarrow{BC}\cdot\overrightarrow{OP}$ 가 최대일 때,

$\overrightarrow{BC}\cdot\overrightarrow{AP}$ 는 최대가 된다. 그런데 $|\overrightarrow{BC}|$ 와 $|\overrightarrow{OP}|$ 는 상수이므로 $\overrightarrow{BC}$ 와 $\overrightarrow{OP}$ 가 방향이 같을 때 $\overrightarrow{BC}\cdot\overrightarrow{AP}$ 는 최대이다.

$\overrightarrow{BC}\cdot\overrightarrow{OA}$
$=|\overrightarrow{BC}||\overrightarrow{OA}|\cos\dfrac{2}{3}\pi$
$=2\times1\times\left(-\dfrac{1}{2}\right)=-1$

$\overrightarrow{BC}\cdot\overrightarrow{OP}$
$\leq|\overrightarrow{BC}||\overrightarrow{OP}|=2\times\dfrac{\sqrt{3}}{2}=\sqrt{3}$

따라서
$\overrightarrow{BC}\cdot\overrightarrow{AP}\leq\sqrt{3}+1$

162 정답 51

[그림 : 최성훈T]

$\overline{OQ}=5$ 이고 삼각형 OPQ는 직각삼각형이므로
$\overline{PQ}=\sqrt{\overline{OQ}^2+\overline{OP}^2}=\sqrt{5^2+12^2}=13$

또한 $\overline{OP}\perp\alpha$ 이므로 평면 OPQ는 평면 α와 수직이다.

이때 $\angle POQ=90°$ 이므로 선분 PQ는 원 C' 의 지름이다.

원 C' 의 중심을 O′ 이라 하면 직선 AO′ 이 평면 α와 수직일 때, 점 A에서 평면 α까지의 거리가 최대가 된다.

또한 점 A에서 평면 α에 내린 수선의 발을 H라 하면
$\overline{AH}\perp\alpha$, $\overline{HQ}\perp l$

이므로 삼수선의 정리에 의하여
$\overline{AQ}\perp l$

같은 방법으로 $\overline{PQ}\perp l$ 이므로 직선 l과 점 P를 포함하는 평면과 직선 l과 점 A를 포함하는 평면이 이루는 예각의 크기는 두 직선 PQ, AQ가 이루는 예각의 크기와 같다.

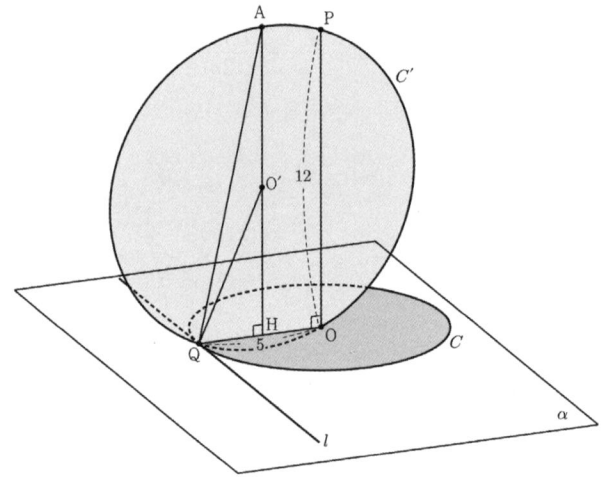

이때 $\overline{O'H}=\sqrt{\overline{O'Q}^2-\overline{HQ}^2}=\sqrt{\left(\dfrac{13}{2}\right)^2-\left(\dfrac{5}{2}\right)^2}=6$

따라서 $\overline{AH}=\overline{O'A}+\overline{O'H}=\dfrac{13}{2}+6=\dfrac{25}{2}$ 이므로

$\overline{AQ}=\sqrt{\overline{HQ}^2+\overline{AH}^2}=\sqrt{\left(\dfrac{5}{2}\right)^2+\left(\dfrac{25}{2}\right)^2}=\dfrac{5\sqrt{26}}{2}$

즉, $\cos\theta=\dfrac{\overline{AQ}}{\overline{PQ}}=\dfrac{\dfrac{5\sqrt{26}}{2}}{13}=\dfrac{5\sqrt{26}}{26}$

$\cos^2\theta=\dfrac{25}{26}$ 이므로 $p=26$, $q=25$ 이다.

$\therefore p+q=51$

163 정답 ①

두 평면 ACN과 평면 MNC의 교선은 $\overline{\text{NC}}$이고 $\overline{\text{AC}} \perp \overline{\text{NC}}$, $\overline{\text{MN}} \perp \overline{\text{NC}}$이므로

직선 AC와 직선 MN이 이루는 각이 두 평면 ACN과 평면 MNC이 이루는 각 θ이다.

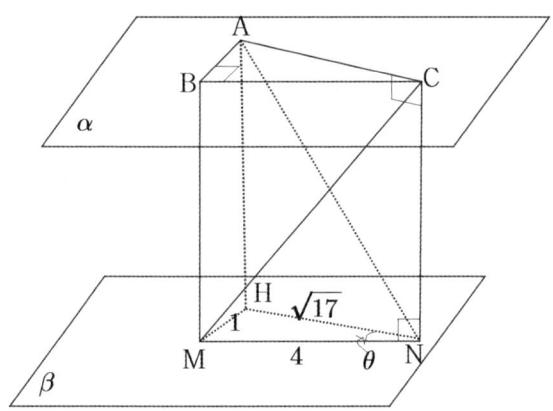

직각삼각형 ABC에서 $\overline{\text{AC}} = \sqrt{1^2 + 4^2} = \sqrt{17}$이고 꼭짓점 A에서 평면 β에 내린 수선의 발을 점 H라 하면 평면 β의 직각삼각형 HMN에서 $\theta = \angle\text{HNM}$이므로

$$\cos\theta = \frac{\overline{\text{MN}}}{\overline{\text{HN}}} = \frac{4}{\sqrt{17}} = \frac{4\sqrt{17}}{17}$$

164 정답 ②

$\triangle\text{ABD} \equiv \triangle\text{CBD}$ 이므로 $\overline{\text{BD}} = 1$, $\overline{\text{BC}} = \sqrt{3}$
$\triangle\text{BAC}$는 $\overline{\text{BA}} = \overline{\text{BC}}$인 이등변삼각형이므로

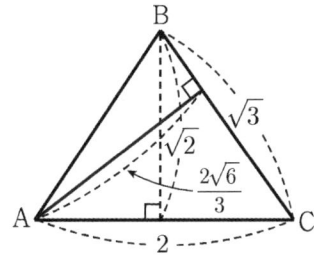

$2 \times \sqrt{2} = \sqrt{3} \times h$에서 $h = \frac{2\sqrt{6}}{3}$이다.

점 B에서 평면 ADC에 내린 수선의 길이를 x라 두고 삼각뿔 A−BCD의 부피를 두 가지 방법으로 구해보자.

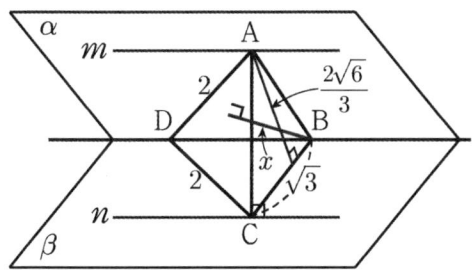

$$\frac{1}{3} \times \frac{1}{2} \times \overline{\text{BD}} \times \overline{\text{BC}} \times h = \frac{1}{3} \times \frac{\sqrt{3}}{4} \times 2^2 \times x$$

$$\Rightarrow \frac{1}{2} \times 1 \times \sqrt{3} \times \frac{2\sqrt{6}}{3} = \frac{\sqrt{3}}{4} \times 2^2 \times x$$

$$\therefore x = \frac{\sqrt{6}}{3}$$

삼수선의 정리

165 정답 ⑤

삼각형 IJK의 선분 JK가 선분 EH와 겹치도록 평행 이동시킨 도형을 삼각형 I′EH라 하고 선분 EH의 중점을 M이라 하면 $\overline{\text{I}'\text{M}} \perp \overline{\text{EH}}$, $\overline{\text{IM}} \perp \overline{\text{EH}}$ 이므로 두 평면 HEI와 IJK가 이루는 각의 크기 θ는 $\angle\text{I}'\text{MI}$이다.

점 I′와 I에서 밑면에 내린 수선의 발을 각각 N′, N라 하고 $\angle\text{I}'\text{MN}' = \alpha$, $\angle\text{IMN} = \beta$라 할 때 $\theta = \angle\text{I}'\text{MI} = \pi - (\alpha + \beta)$이다.

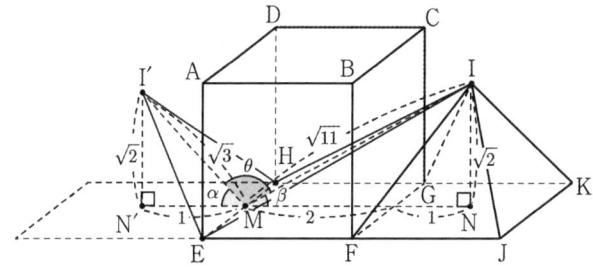

한편, $\overline{\text{I}'\text{M}} = \sqrt{3}$, $\overline{\text{MN}'} = 1$, $\overline{\text{I}'\text{N}'} = \sqrt{2}$이고 $\overline{\text{IM}} = \sqrt{11}$, $\overline{\text{MN}} = 3$, $\overline{\text{IN}} = \sqrt{2}$이다.

또한 $\overline{\text{I}'\text{I}} = 1 + 2 + 1 = 4$

이므로 삼각형 I′MI에서

$$\cos\theta = \frac{\overline{\text{I}'\text{M}}^2 + \overline{\text{IM}}^2 - \overline{\text{I}'\text{I}}^2}{2 \times \overline{\text{I}'\text{M}} \times \overline{\text{IM}}}$$

$$= \frac{3 + 11 - 16}{2 \times \sqrt{3} \times \sqrt{11}} = -\frac{1}{\sqrt{33}}$$

$\cos^2\theta = \frac{1}{33}$이므로 $\sin^2\theta = 1 - \cos^2\theta = 1 - \frac{1}{33} = \frac{32}{33}$

[다른 풀이]−미적분 삼각함수 덧셈정리 이용

$\sin\theta = \sin(\alpha + \beta) \cdots \bigcirc$

한편, $\overline{\text{I}'\text{M}} = \sqrt{3}$, $\overline{\text{MN}'} = 1$, $\overline{\text{I}'\text{N}'} = \sqrt{2}$이고 $\overline{\text{IM}} = \sqrt{11}$, $\overline{\text{MN}} = 3$, $\overline{\text{IN}} = \sqrt{2}$이다.

따라서 $\sin\alpha = \frac{\sqrt{2}}{\sqrt{3}}$, $\cos\alpha = \frac{1}{\sqrt{3}}$

$\sin\beta = \frac{\sqrt{2}}{\sqrt{11}}$, $\cos\beta = \frac{3}{\sqrt{11}}$이다.

따라서 ㉠에서 $\sin\theta = \dfrac{3\sqrt{2}}{\sqrt{33}} + \dfrac{\sqrt{2}}{\sqrt{33}} = \dfrac{4\sqrt{2}}{\sqrt{33}}$

$\therefore \sin^2\theta = \dfrac{32}{33}$

166 정답 ④

점 P에서 평면 BCDE에 내린 수선의 발을 H라면 점 H는 선분 BD를 $3:5$로 내분하는 점이고 점 H에서 선분 QR에 내린 수선의 발을 M이라면 삼수선의 정리에 의해 $\mathrm{PM} \perp \mathrm{QR}$

$\overline{\mathrm{PH}} = \dfrac{3}{4} \times 2\sqrt{2} = \dfrac{3}{\sqrt{2}}$, $\overline{\mathrm{HM}} = \sqrt{2}$ 이므로

$\overline{\mathrm{PM}} = \sqrt{\dfrac{13}{2}}$

$\overline{\mathrm{QR}} = 2\sqrt{2}$ 이므로

구하는 삼각형 PQR의 넓이는

$\dfrac{1}{2} \times 2\sqrt{2} \times \sqrt{\dfrac{13}{2}} = \sqrt{13}$

167 정답 ⑤

점 A에서 평면 β에 내린 수선의 발을 H, 점 H에서 직선 l에 내린 수선의 발을 I, 선분 BD의 중점을 M이라 하자. 점 H는 삼각형 BCD의 무게중심이고, 세 점 H, M, I는 한 직선 위에 있으므로

$\overline{\mathrm{AM}} = \sqrt{6^2 - 3^2} = 3\sqrt{3}$, $\overline{\mathrm{HM}} = \dfrac{1}{3}\overline{\mathrm{AM}} = \sqrt{3}$,

$\overline{\mathrm{AH}} = \sqrt{(3\sqrt{3})^2 - (\sqrt{3})^2} = 2\sqrt{6}$,

$\overline{\mathrm{HI}} = \sqrt{3} + 2\sqrt{3} = 3\sqrt{3}$,

$\overline{\mathrm{AI}} = \sqrt{(2\sqrt{6})^2 + (3\sqrt{3})^2} = \sqrt{51}$

한편, $\overline{\mathrm{AH}} \perp \beta$, $\overline{\mathrm{HI}} \perp l$ 이므로 삼수선의 정리에 의하여 $\overline{\mathrm{AI}} \perp l$

삼각형 AIM에서 $\angle \mathrm{IAM} = \theta$로 놓으면 θ는 평면 α와 평면 ABD가 이루는 각이고 코사인법칙에 의하여

$\cos\theta = \dfrac{(\sqrt{51})^2 + (3\sqrt{3})^2 - (2\sqrt{3})^2}{2 \times \sqrt{51} \times 3\sqrt{3}}$

$= \dfrac{51 + 27 - 12}{2 \times \sqrt{51} \times 3\sqrt{3}} = \dfrac{66}{2 \times \sqrt{51} \times 3\sqrt{3}}$

$= \dfrac{11}{\sqrt{51} \times \sqrt{3}}$

삼각형 ABD의 넓이는 $\dfrac{\sqrt{3}}{4} \times 6^2 = 9\sqrt{3}$

따라서 삼각형 ABD의 평면 α 위로의 정사영의 넓이는

$9\sqrt{3} \times \dfrac{11}{\sqrt{51} \times \sqrt{3}} = \dfrac{99}{\sqrt{51}}$

168 정답 64

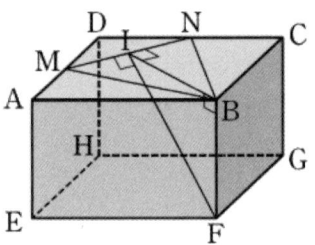

$\overline{\mathrm{AD}} = a$, $\overline{\mathrm{CD}} = b$ 라 하면 $ab = 32$ 이고

삼각형 DMN의 넓이는 $\dfrac{ab}{8}$,

삼각형 ABM의 넓이는 $\dfrac{ab}{4}$,

삼각형 BCN의 넓이는 $\dfrac{ab}{4}$ 이므로

삼각형 BMN의 넓이는

$32 - \left(\dfrac{ab}{8} + \dfrac{ab}{4} + \dfrac{ab}{4}\right) = 32 - \dfrac{5ab}{8}$

$= 32 - 20 = 12$

$\overline{\mathrm{FI}} \perp \overline{\mathrm{MN}}$, $\overline{\mathrm{BF}} \perp$ (평면 ABCD) 이므로 삼수선의 정리에 의하여 $\overline{\mathrm{BI}} \perp \overline{\mathrm{MN}}$, 즉 꼭짓점 B에서 선분 MN에 내린 수선의 발이 I가 된다.

삼각형 BMN은 밑변이 선분 MN, 높이가 선분 BI인 삼각형이다.

$\dfrac{1}{2} \times \overline{\mathrm{MN}} \times \overline{\mathrm{BI}} = 12$ 에서

$\dfrac{1}{2} \times 4 \times \overline{\mathrm{BI}} = 12$

즉, $\overline{\mathrm{BI}} = 6$

따라서 $\overline{\mathrm{FI}} = \sqrt{\overline{\mathrm{BI}}^2 + \overline{\mathrm{BF}}^2}$ 에서

$\overline{\mathrm{AE}} = \overline{\mathrm{BF}} = k$ 이므로

$10 = \sqrt{36 + k^2}$

$\therefore k^2 = 64$

169 정답 ⑤

P에서 $\overline{\mathrm{AB}}$에 내린 수선의 발을 H′, H에서 $\overline{\mathrm{AB}}$에 내린 수선의 발을 M이라 하면

점 H′와 점 M은 같은 점이다. (삼수선 정리)

점 H와 직선 l 사이의 거리가 $\overline{\mathrm{HM}}$ 이다.

$\overline{\mathrm{PM}} = \sqrt{10^2 - 6^2} = 8$, $\overline{\mathrm{PH}} = 6$ 이므로 직각삼각형 PMH에서

$\overline{\mathrm{HM}} = \sqrt{8^2 - 6^2} = 2\sqrt{7}$

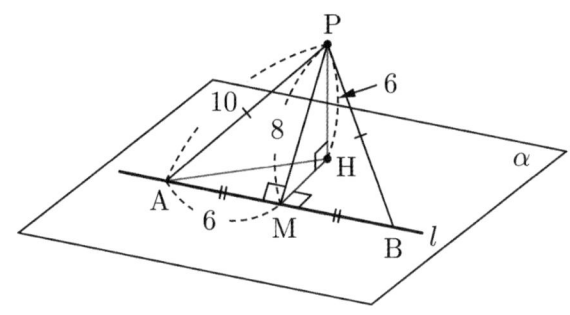

유형 3 정사영의 길이와 넓이

170 정답 ③

다음 그림과 같은 상황이다.

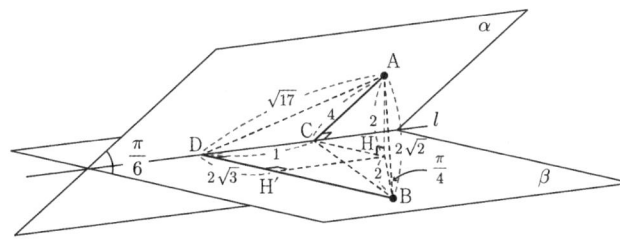

$\overline{AH}=2$, $\overline{CH}=2\sqrt{3}$, $\overline{AC}=4$, $\overline{CD}=1$

따라서 사면체 ABCD의 부피는 그림에 의해

$$V=\frac{1}{3}\times\overline{AH}\times\left(\frac{1}{2}\times\overline{CD}\times\overline{BD}\right)$$

$$=\frac{1}{3}\times2\times\left\{\frac{1}{2}\times1\times3\sqrt{3}\right\}=\sqrt{3}$$

따라서 $V^2=3$

171 정답 24

[그림 : 배용제T]

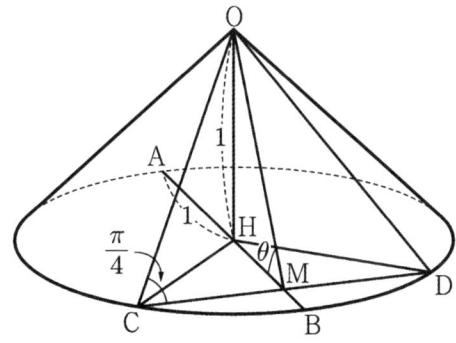

그림과 같이 원뿔의 두 모선이 이루는 각의 크기가 $\dfrac{\pi}{3}$ 일 때, 이

두 모선을 모두 포함하는 평면 α와 원뿔의 밑면인 원이 만나는 점을 각각 C, D라 하고, 선분 CD의 중점을 M이라 하자. 또, 밑면의 지름 중에서 선분 CD와 수직인 지름을 선분 AB라 하고, 원뿔의 꼭짓점을 O, 점 O에서 밑면에 내린 수선의 발을 H라 하자.

이때, $\overline{AH}=1$, $\angle OAH=\dfrac{\pi}{4}$, $\overline{OH}\perp\overline{AB}$ 이므로

$$\overline{OH}=1,\ \overline{OA}=\sqrt{2}$$

$$\therefore\ \overline{OC}=\overline{OD}=\overline{OB}=\sqrt{2}$$

따라서 삼각형 DHC는 직각이등변삼각형이다.

$$\therefore\ \angle DHC=\frac{\pi}{2}$$

그러므로 도형 B의 넓이는

$$\frac{1}{2}\times1^2\times\frac{3}{2}\pi+\frac{1}{2}\times1\times1=\frac{3}{4}\pi+\frac{1}{2}\cdots\text{㉠}$$

한편,
삼각형 OCD는 정삼각형이므로

$$\overline{CM}=\frac{1}{2}\overline{CD}=\frac{1}{2}\overline{OC}=\frac{\sqrt{2}}{2}$$

$\overline{CH}=1$이므로 직각삼각형 CMH에서

$$\overline{MH}=\sqrt{1-\frac{1}{2}}=\frac{\sqrt{2}}{2}$$

직각삼각형 OHM에서

$$\overline{OM}=\sqrt{1+\frac{1}{2}}=\frac{\sqrt{6}}{2}$$

$$\therefore\ \cos\theta=\frac{\overline{HM}}{\overline{OM}}=\frac{\sqrt{2}}{\sqrt{6}}=\frac{\sqrt{3}}{3}\ \cdots\text{㉡}$$

㉠, ㉡에서 도형 B의 평면 α위로의 정사영의 넓이는

$$\left(\frac{3}{4}\pi+\frac{1}{2}\right)\times\frac{\sqrt{3}}{3}$$

$$=\frac{\sqrt{3}}{4}\pi+\frac{\sqrt{3}}{6}$$

$$=\sqrt{3}\left(\frac{1}{4}\pi+\frac{1}{6}\right)$$

$$a=\frac{1}{4},\ b=\frac{1}{6}$$

$$ab=\frac{1}{24}\text{이므로}\ \frac{1}{ab}=24\text{이다.}$$

172 정답 5

원판과 평면 ABCD 는 서로 평행하므로 평면 ABCD 에 생기는 원판의 그림자의 넓이 S_1 은 원판을 이루는 반원의 넓이와 같다.

원판 C의 반지름의 길이를 r 라 하면

$$\therefore\ S_1=\frac{1}{2}\times\pi\times r^2=\frac{r^2}{2}\pi=2\pi$$

따라서 원 C의 반지름의 길이는 $r=2$이다.

또, 평면 BEFC 에 생기는 원판의 그림자의 넓이 S_2 는 원판을 이루는 반원의 평면 BEFC 위로의 정사영의 넓이와 같다.

$$S_2 = \frac{1}{2} \times \pi \times 2^2 \times \cos(\pi - \theta) = 2\pi \times (-\cos\theta) = \pi$$

$$\cos\theta = -\frac{1}{2}$$

따라서 $\theta = \frac{2}{3}\pi$이다.

$p = 3$, $q = 2$이므로 $p + q = 5$이다.

173 정답 19

[그림 : 최성훈T]

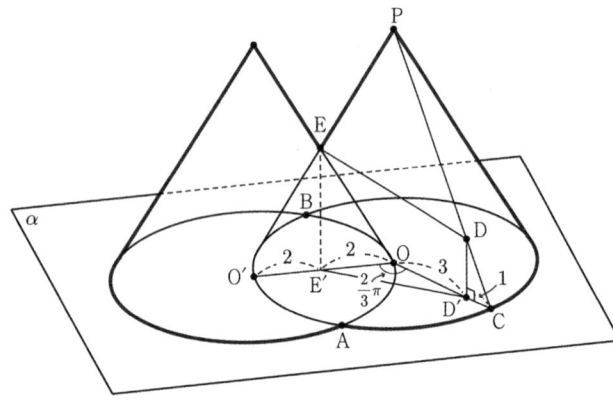

그림에서 삼각형 $EO'O$는 $\overline{EO'} = \overline{EO}$인 이등변삼각형이므로 점 E에서 밑면에 내린 수선의 발 E'은 $\overline{O'O}$중점이다. 또, 삼각형 CPO에서 $\overline{CD} : \overline{DP} = 1 : 3$이므로 점 D에서 밑면에 내린 수선의 발 D'은 $\overline{CO}$를 $1 : 3$으로 내분하는 점이고 선분 DE의 평면 α위로의 정사영의 길이는 선분 $D'E'$이다.

삼각형 AOC에서 호의 길이는 중심각의 크기에 비례하므로

$$\angle AOC = \frac{1}{4}\angle AOB = \frac{1}{4} \times \frac{4\pi}{3} = \frac{\pi}{3}$$

삼각형 $OE'D'$에서 $\angle D'OE' = \frac{2}{3}\pi$, $\overline{OD'} = 3$, $\overline{OE'} = 2$이므로

$$\therefore \overline{D'E'}^2 = 3^2 + 2^2 - 2 \times 3 \times 2 \times \cos\frac{2\pi}{3} = 13 + 6 = 19$$

따라서 $l^2 = 19$이다.

174 정답 ④

$\overline{DG}$의 중점을 M이라 할 때, 점 C의 평면 $AFGD$ 위로의 정사영은 점 M이므로 대각선 AC의 평면 $AFGD$위로의 정사영의 길이는 선분 AM의 길이이다.

$\overline{DG} = 2\sqrt{2}$이므로 $\overline{DM} = \sqrt{2}$

$$\angle ADG = \frac{\pi}{2}$$

따라서 $\overline{AM} = \sqrt{2^2 + (\sqrt{2})^2} = \sqrt{6}$

175 정답 ③

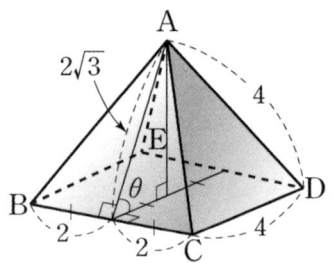

정삼각형 ABC의 넓이는 $\frac{\sqrt{3}}{4} \times 4^2 = 4\sqrt{3}$

한편, 평면 ABC와 평면 $BCDE$가 이루는 예각의 크기를 θ라 하면 $\cos\theta = \frac{2}{2\sqrt{3}} = \frac{\sqrt{3}}{3}$이므로 구하는 정사영의 넓이는 $4\sqrt{3} \times \cos\theta = 4$

[다른 풀이]

정삼각형 ABC의 평면 $BCDE$ 위로의 정사영은 정사각형 $BCDE$의 두 대각선의 교점을 F라 할 때, 삼각형 FBC이므로 정사각형 $BCDE$ 넓이의 $\frac{1}{4}$배이다.

따라서 $16 \times \frac{1}{4} = 4$

176 정답 ⑤

$\overline{PO} \perp \alpha$, $\overline{OB} \perp \overline{AB}$이므로 삼수선의 정리에 의해 $\overline{PB} \perp \overline{AB}$

직각삼각형 POB에서 $\overline{PB} = 5$, $\overline{OB} = 3$이므로 $\overline{PO} = 4$이다.

직각삼각형 POA에서 $\overline{PA} = \sqrt{41}$, $\overline{PO} = 4$이므로 $\overline{AO} = 5$이다.

다음 그림과 같이 $\overline{BC}$와 $\overline{AO}$의 교점을 M이라 하면 $\overline{BC} \perp \overline{AM}$

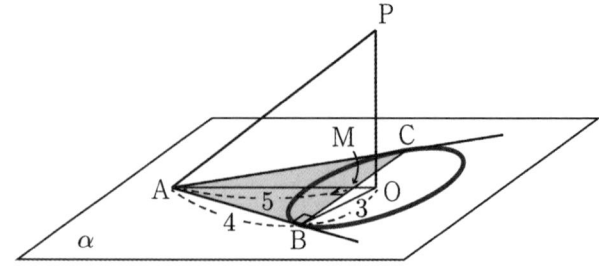

따라서 삼각형 ABC의 넓이는 삼각형 ABM의 넓이의 2배이다.

$\triangle ABO \backsim \triangle AMB$이고 닮음비는 $\overline{AO} : \overline{AB} = 5 : 4$

따라서 넓이비는 $25 : 16$

$$\triangle ABO = \frac{1}{2} \times 4 \times 3 = 6$$

따라서 $\triangle AMB = 6 \times \frac{16}{25} = \frac{96}{25}$

따라서 $\triangle ABC = \frac{96}{25} \times 2 = \frac{192}{25}$

177 정답 ①

평면 A'MB와 평면 α가 이루는 각은 삼각형 A'MB와 삼각형 ABC가 이루는 각이고 삼각형 A'MB의 평면 α위로의 정사영이 삼각형 ABC이므로

$\cos\theta = \dfrac{\triangle ABC}{\triangle A'MB}$ …㉠이다.

$\triangle ABC = \dfrac{\sqrt{3}}{4} \times 4^2 = 4\sqrt{3}$

$\overline{A'C'} = 4$, $\overline{C'M} = 3$이고 옆면이 모두 직사각형이므로 피타고라스 정리에 의해 $\overline{A'M} = 5$

마찬가지로 $\overline{BM} = 5$

$\overline{A'B} = \sqrt{4^2 + 6^2} = 2\sqrt{13}$

삼각형 A'MB는 이등변삼각형이고 꼭짓점 M에서 $\overline{A'B}$에 내린 수선의 발을 H라 하면

$\overline{MH} = \sqrt{5^2 - (\sqrt{13})^2} = 2\sqrt{3}$

따라서 $\triangle A'MB = \dfrac{1}{2} \times 2\sqrt{13} \times 2\sqrt{3} = 2\sqrt{39}$

㉠에서 $\cos\theta = \dfrac{\triangle ABC}{\triangle A'MB} = \dfrac{4\sqrt{3}}{2\sqrt{39}} = \dfrac{2}{\sqrt{13}}$

따라서 $\tan\theta = \dfrac{3}{2}$

유형 4 공간좌표와 두 점 사이의 거리

178 정답 ①

정삼각형 ABC의 꼭짓점 A에서 $\overline{BC}$에 내린 수선의 발을 F라 하면 $\overline{AF} = \dfrac{\sqrt{3}}{2} \times 4 = 2\sqrt{3}$

(나) 조건에 의해 $\overline{AD}$는 평면 ABC에 수직이므로 $\overline{AD} \perp \overline{AF}$

직각삼각형 FAD에서 피타고라스 정리를 사용하면

$\overline{DF} = \sqrt{4^2 + (2\sqrt{3})^2} = 2\sqrt{7}$

따라서 다음 그림과 같다.

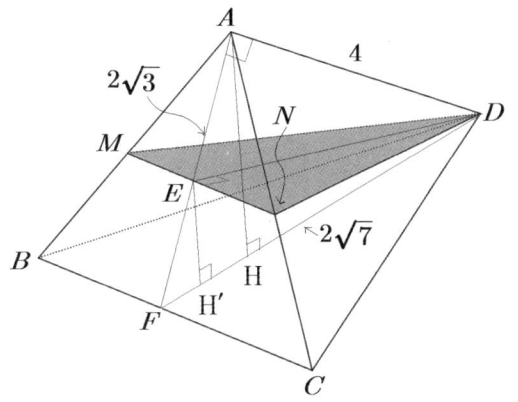

일명 소공식에서

$\overline{AF}^2 = \overline{FD} \times \overline{FH} \Rightarrow \overline{FH} = \dfrac{(2\sqrt{3})^2}{2\sqrt{7}} = \dfrac{6}{\sqrt{7}}$

$\overline{FH'} : \overline{FH} = 1 : 2$이므로 $\overline{FH'} = \dfrac{3}{\sqrt{7}}$

$\overline{DH'} = \overline{DF} - \overline{FH'} = 2\sqrt{7} - \dfrac{3}{\sqrt{7}} = \dfrac{11}{\sqrt{7}}$

한편, $\overline{MN} = 2$이고 $\overline{DE} \perp \overline{MN}$이므로

삼각형 DMN의 넓이는 $\dfrac{1}{2} \times \overline{MN} \times \overline{DE} = \overline{DE}$

삼각형 DMN의 평면 BCD위로의 정사영의 넓이는

$\overline{DE} \times \cos(\angle EDH') = \overline{DE} \times \dfrac{\overline{DH'}}{\overline{DE}} = \overline{DH'} = \dfrac{11}{\sqrt{7}}$

---

179 정답 6

[출제자 : 정일권T]
[그림 : 이호진T]

점 P가 초당 $\sqrt{2}$의 속력으로 움직이므로 t초 후의 $\overline{OP} = \sqrt{2}t$이므로 $P(t, t, 0)$이고, 점 Q가 초당 1의 속력으로 움직이므로 t초 후의 $\overline{CQ} = t$이므로

$Q\left(0, 2 - \dfrac{t}{\sqrt{2}}, \dfrac{t}{\sqrt{2}}\right)$이다.

$\overline{PQ}^2 = (0-t)^2 + \left(2 - \dfrac{t}{\sqrt{2}} - t\right)^2 + \left(\dfrac{t}{\sqrt{2}} - 0\right)^2$

$= (3 + \sqrt{2})t^2 - 2(2 + \sqrt{2})t + 4$

$f(t) = (3 + \sqrt{2})t^2 - 2(2 + \sqrt{2})t + 4$라 하면

$f'(t) = 2(3 + \sqrt{2})t - 2(2 + \sqrt{2}) = 0$일 때, 최소이므로

$t = \dfrac{2 + \sqrt{2}}{3 + \sqrt{2}} = \dfrac{4 + \sqrt{2}}{7}$

$\therefore \dfrac{a+b+c}{d+e+f} = \dfrac{2t}{2} = t$

$\alpha = 4$, $\beta = 2$이다.

$\alpha + \beta = 6$

---

180 정답 120

점 A는 원점, 점 B(10, 0, 0), 점 M(0, 5, 0)이라 하면 점 D에서 xy평면에 내린 수선의 발을 점 H라 하면 점 H는 선분 CM 위에 있다.

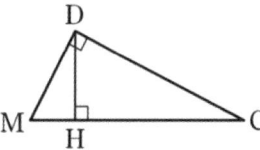

$\overline{DM} = 5$, $\overline{CD} = 10$에서

$\overline{CD} = 2\overline{DM}$이므로

$\overline{CH} = 2\overline{DH} = 2 \times 2\overline{MH} = 4\overline{MH}$

따라서 점 H는 선분 MC를 1 : 4로 내분하는 점이다.

H(2, 6, 0)

$\overline{\mathrm{CM}} = \sqrt{25+100} = 5\sqrt{5}$

소 공식에 의하여

$\overline{\mathrm{DH}} \times 5\sqrt{5} = 5 \times 10$

$\overline{\mathrm{DH}} = 2\sqrt{5}$

그러므로 점 $\mathrm{D}(2, 6, 2\sqrt{5})$

$l = 2\sqrt{30}$

$\therefore l^2 = 120$

181 정답 10

점 A, B, C, D가 정사면체의 각 꼭짓점이므로 네 변의 길이가 모두 같다.

$\overline{\mathrm{CD}}^2 = 5^2 + 8^2 + 3^2 = 98$

$\overline{\mathrm{AC}}^2 = (a-7)^2 + 9^2 + 1^2 = 98,$

$\overline{\mathrm{AD}}^2 = (a-12)^2 + 1^2 + 4^2 = 98$

이므로 변변 빼면 $10a - 95 + 65 = 0$

$\therefore a = 3$

$\overline{\mathrm{BC}}^2 = 3^2 + (b-11)^2 + 8^2 = 98,$

$\overline{\mathrm{BD}}^2 = 8^2 + (b-3)^2 + 5^2 = 98$

이므로 변변 빼면 $-16b + 96 = 0$

$\therefore b = 6$

위로부터 $q = \dfrac{2+b+11+3}{4} = \dfrac{22}{4}$, $r = \dfrac{1+10+2+5}{4} = \dfrac{18}{4}$

따라서 $q+r = \dfrac{40}{4} = 10$

182 정답 ①

$\mathrm{P}(x, y, z)$에서 직선 AB에 내린 수선의 발을 $\mathrm{H}(0, 0, a)$라 하면 $\overline{\mathrm{AB}} = 2$로 일정하므로 $\overline{\mathrm{PH}} = 3$

$\overline{\mathrm{PH}} = \sqrt{x^2 + y^2 + (z-a)^2} = 3$

$\Rightarrow x^2 + y^2 + (z-a)^2 = 9$

그런데 $\overline{\mathrm{AB}}$가 z축의 일부이므로 $z = a$

$x^2 + y^2 = 9$, $2 \le z \le 4$이므로

옆면의 넓이는 $2\pi \times 3 \times 2 = 12\pi$

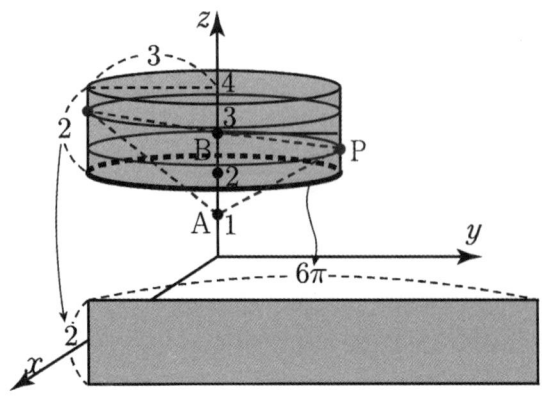

따라서 넓이는 12π

183 정답 ⑤

세 직선 l_1, l_2, l_3의 (x, y, z)의 가장 작은 값과 가장 큰 값을 모아보면 $(-2, -2, 4)$와 $(6, 6, 7)$이다.

따라서 직육면체 A는 다음 그림과 같다.

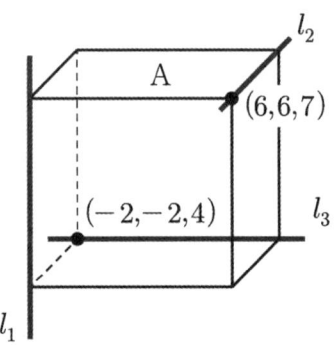

세 직선 l_4, l_5, l_6의 (x, y, z)의 가장 작은 값과 가장 큰 값을 모아보면 $(4, 4, -2)$와 $(8, 6, 5)$이다.

따라서 직육면체 B는 다음 그림과 같다.

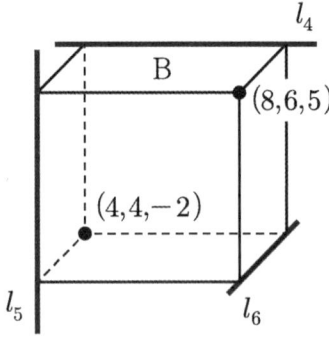

따라서 겹치는 직육면체의 가로, 세로, 높이를 각각 x, y, z의 길이는

$\{x | -2 \le x \le 6\} \cap \{x | 4 \le x \le 8\} \Rightarrow 4 \le x \le 6$

$\{y | -2 \le y \le 6\} \cap \{y | 4 \le y \le 6\} \Rightarrow 4 \le y \le 6$

$\{z | 4 \le z \le 7\} \cap \{z | -2 \le z \le 5\} \Rightarrow 4 \le z \le 5$

따라서 부피는 $2 \times 2 \times 1 = 4$이다.

184 정답 ①

선분 AB를 $3 : 1$로 내분하는 점의 좌표는

$\left(\dfrac{3 \times 1 + 1 \times 5}{3+1}, \dfrac{3 \times 2 + 1 \times a}{3+1}, \dfrac{3 \times b + 1 \times 3}{3+1} \right)$

$= (2, 1, -3)$

$\dfrac{6+a}{4} = 1$, $\dfrac{3b+3}{4} = -3$이므로 $a = -2$, $b = -5$

$\therefore a + b = -7$

185 정답 2

다음 그림과 같이 꼭짓점 H 을 원점으로 하는 좌표공간으로 정육면체의 각 꼭짓점을 설정하자.

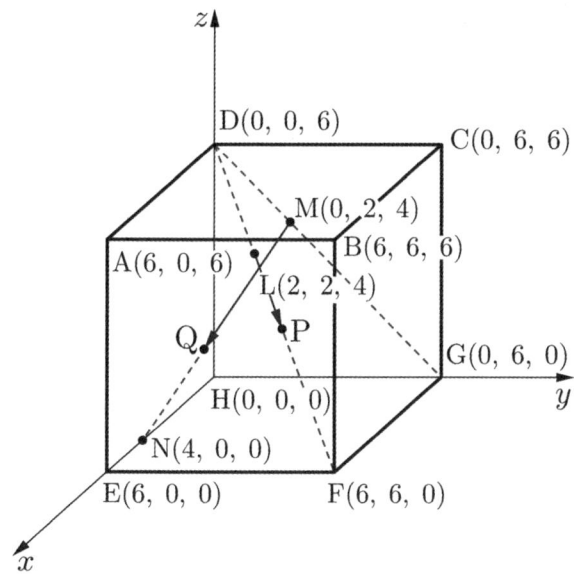

D$(0, 0, 6)$과 F$(6, 6, 0)$을 $1:2$로 내분하는 점 L의 좌표는 L$(2, 2, 4)$이고 점 P가 4초 후 F$(6, 6, 0)$에 도착해야 하므로 점 P의 좌표는

$(2+t, 2+t, 4-t)$이다.

D$(0, 0, 6)$과 G$(0, 6, 0)$을 $1:2$로 내분하는 점 M의 좌표는 M$(0, 2, 4)$이고 점 Q가 4초 후 N$(4, 0, 0)$에 도착해야 하므로 점 Q의 좌표는

$\left(t, 2-\dfrac{1}{2}t, 4-t\right)$이다.

따라서 $\overline{PQ} = \sqrt{2^2 + \left(\dfrac{3}{2}t\right)^2} = \sqrt{\dfrac{9}{4}t^2 + 4}$

두 점 P, Q 사이의 거리의 최솟값은 2이다.

186 정답 9

삼각형 OAB의 무게중심 G의 좌표는 $(4, 3, 0)$이다.

(가)에서 평행사변형 OGAD의 대각선의 중점을 M이라 하면 $\overline{GM} = \overline{DM}$이고 $\overline{BG} = 2\overline{GM}$이므로 $\overline{BG} = \overline{DG}$다.

또한 B, G, D는 일직선 위에 있으므로 G는 $\overline{BD}$의 중점이다.

따라서 D$(1, 6, 0)$

그러므로 $\overline{AD} = \sqrt{4^2 + 3^2 + 0^2} = 5$

(나)에서 $\tan\theta = \dfrac{3}{5} = \dfrac{\overline{CD}}{\overline{AD}}$이므로 $\overline{CD} = 3$

$\therefore$ C$(1, 6, 3)$

따라서 $\overline{BC} = \sqrt{6^2 + 6^2 + 3^2} = 9$

유형 6 구의 방정식

187 정답 5

A$(a, 0, 0)$, B$(0, b, 0)$, C$(0, 0, c)$라 두면

$(a > 0, b > 0, c > 0)$

선분 AB를 $2:1$로 내분하는 점 D$(2, 2, 0)$에서

$\dfrac{a}{3} = 2$, $\dfrac{2b}{3} = 2$이므로 $a = 6$, $b = 3$

$\overline{CD} = \sqrt{17}$에서 $\sqrt{4 + 4 + c^2} = \sqrt{17}$이므로 $c = 3$이다.

따라서 다음 그림과 같다.

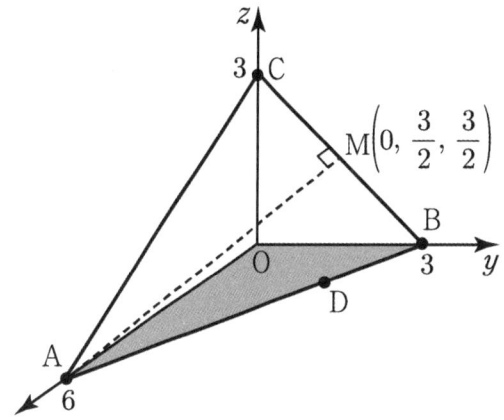

삼각형 ABC는 $\overline{AB} = \overline{AC}$인 이등변삼각형이므로 $\overline{BC}$의 중점을 M이라 할 때 $\overline{AM} \perp \overline{BC}$이고 M$\left(0, \dfrac{3}{2}, \dfrac{3}{2}\right)$이므로

$\overline{AM} = \sqrt{36 + \dfrac{9}{4} + \dfrac{9}{4}} = \dfrac{9}{\sqrt{2}}$

$\triangle ABC = \dfrac{1}{2} \times \overline{BC} \times \overline{AM}$

$= \dfrac{1}{2} \times 3\sqrt{2} \times \dfrac{9}{\sqrt{2}} = \dfrac{27}{2}$

한편, 삼각형 ABC의 xy평면 위로의 정사영이 삼각형 OAB이므로

$\triangle OAB = \triangle ABC \times \cos\theta$에서

$\cos\theta = \dfrac{9}{\dfrac{27}{2}} = \dfrac{2}{3}$

$\therefore$ $p = 3$, $q = 2$

따라서 $p + q = 5$

188 정답 12

[그림 : 배용제T]

구 S의 중심을 C$(0, 0, \sqrt{3})$이라 하고 구 S 위의 점 P에서 접하고 원 C 위의 두 점 Q, R 을 포함하는 평면을 α라 하면 직선 QR 은 xy 평면과 평면 α 와의 교선이 된다. 한편 점 P 에서 직선 QR 에 내린 수선의 발을 H 라 하면 O 에서 직선 QR 에 내린 수선의 발도 H 가 된다. 평면 POH 로 자른 단면을

이용하면 $\overline{\text{OH}} = 1$임을 알 수 있다.

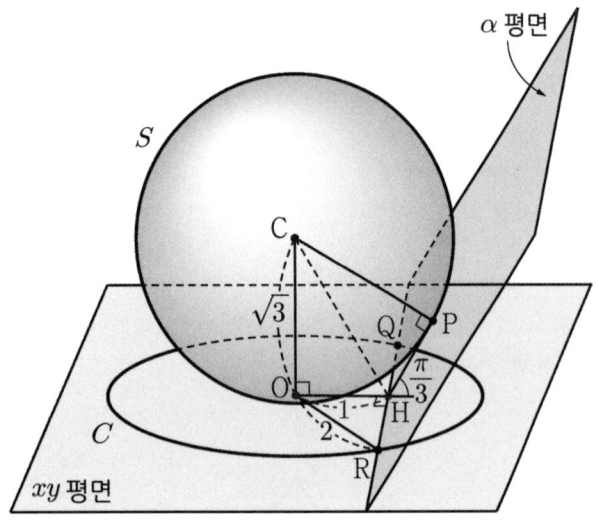

이제 xy 평면 위의 원 C에서 살펴보자.

직각삼각형 ROH 에서 $\overline{\text{RH}} = \sqrt{3}$이므로 $\overline{\text{QR}} = 2\sqrt{3}$이다.

따라서 $\overline{\text{QR}}^2 = 12$

189 정답 35

[그림 : 최성훈T]

구의 중심을 $\text{D}(a, b, c)$ (단, $a > 0$, $b > 0$, $c > 0$)이라 하면 xy평면에서 중심이 $(a, b, 0)$이고 반지름의 길이가 2인 원 C_1이 y축에 접하므로 $a = 2$

구가 점 $(0, b, 0)$에서 y축에 접하므로

$\sqrt{2^2 + c^2} = 2\sqrt{5}$ $\therefore c = 4$

다음 그림과 같이 z축 위의 두 점 P, Q의 중점을 M이라 하면

$\overline{\text{DM}} = \sqrt{2^2 + b^2}$, $\overline{\text{PM}} = 1$이고 $\overline{\text{DP}} = 2\sqrt{5}$이다.

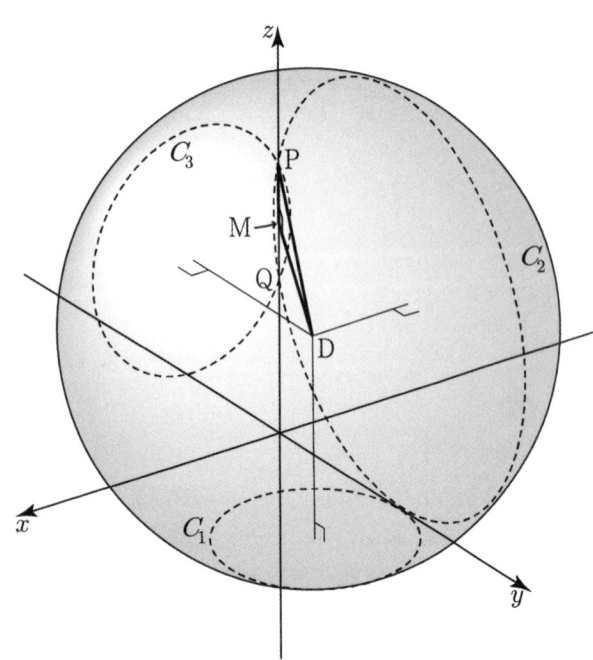

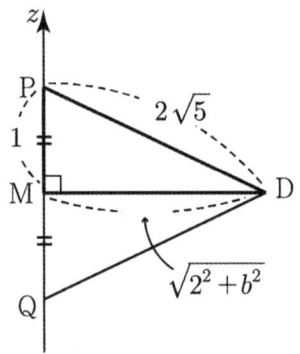

따라서

$\left(\sqrt{4 + b^2}\right)^2 + 1^2 = \left(2\sqrt{5}\right)^2$

$4 + b^2 + 1 = 20$

$\therefore b^2 = 15$

따라서 원점과 구의 중심 사이의 거리는 d는

$d^2 = a^2 + b^2 + c^2 = 4 + 15 + 16 = 35$

190 정답 ①

구 S의 중심의 z좌표를 k라 하면 중심의 좌표는 $(-3, 2, k)$이다.

구 S의 반지름의 길이는 4이므로 구 S의 방정식은 다음과 같다.

$(x + 3)^2 + (y - 2)^2 + (z - k)^2 = 4^2$ $\cdots \bigcirc$

조건 (가)에서 이 구가 원점을 지나므로 $\bigcirc$에 $x = y = z = 0$을 대입하면

$(0 + 3)^2 + (0 - 2)^2 + (0 - k)^2 = 4^2$, $k^2 = 3$

$k = \pm\sqrt{3}$

따라서 중심의 좌표는 $(-3, 2, \pm\sqrt{3})$이다.

$a^2 - b^2 - c^2 = 9 - 4 - 3 = 2$

191 정답 ②

세 구의 중심을 $\text{A}(0, -1, 0)$, $\text{B}(0, 1, 0)$, $\text{C}(0, 1 + \sqrt{3}, 1)$라 하고 점 $\text{P}(x, y, z)$라 두면

$\overline{\text{PA}} = \overline{\text{PB}} = \overline{\text{PC}} = 4$이다.

$\overline{\text{PA}} = 4$에서 $x^2 + (y + 1)^2 + z^2 = 16$ $\cdots\bigcirc$

$\overline{\text{PB}} = 4$에서 $x^2 + (y - 1)^2 + z^2 = 16$ $\cdots\bigcirc\!\bigcirc$

$\overline{\text{PC}} = 4$에서 $x^2 + (y - 1 - \sqrt{3})^2 + (z - 1)^2 = 16$ $\cdots\bigcirc\!\bigcirc\!\bigcirc$

$\bigcirc$, $\bigcirc\!\bigcirc$을 연립하면 $y = 0$, $x^2 + z^2 = 15$

이것을 $\bigcirc\!\bigcirc\!\bigcirc$에 대입하면

$15 - z^2 + (1 + \sqrt{3})^2 + z^2 - 2z + 1 = 16$

$\therefore z = 2 + \sqrt{3}$

따라서 $x^2 + (2 + \sqrt{3})^2 = 15$에서 $x^2 - 8 + 4\sqrt{3} = 0$의 근이 점 P의 x좌표이다.

따라서 x좌표의 곱은 근과 계수와의 관계에서 $-8 + 4\sqrt{3}$이다.

192 정답 37

구 S의 중심을 C라 하면 다음 그림과 같은 상황이다.

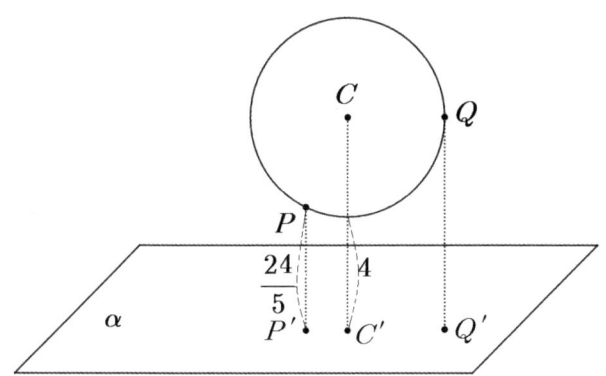

C에서 평면 α에 내린 수선의 발을 C'라 하면
$\overline{P'Q'} = \overline{P'C'} + \overline{C'Q'}$이다.

따라서 세 점 P', C', Q'가 일직선 위에 있을 때,
$|\overline{P'Q'}|$의 값이 최대가 된다.

$|\overline{C'Q'}| \le 4$이므로 $|\overline{P'Q'}| \le |\overline{P'C'}| + 4 \cdots \bigcirc$

점 P에서 $\overline{CC'}$에 내린 수선의 발을 H라 하면
$\overline{P'C'} = \overline{PH}$이고 $\overline{CH} = 8 - \dfrac{24}{5} = \dfrac{16}{5}$이므로

직각삼각형 CPH에서 $\overline{PH} = \sqrt{4^2 - \left(\dfrac{16}{5}\right)^2} = \dfrac{12}{5}$

$\bigcirc$에서 $|\overline{P'Q'}| \le |\overline{P'C'}| + 4 = \dfrac{32}{5}$

따라서 $p = 5$, $q = 32$이다.

$p + q = 37$

공간도형 단원 평가

193 정답 ④

구 C의 중심에서 xy평면 까지의 거리가 3이고 구의 반지름의
길이가 5이므로
C_1은 반지름의 길이가 4인 원이다.

따라서 C_1의 넓이는 16π

다음 그림과 같이 평면 β와 xy평면이 이루는 각을 θ라 하면

$\cos\theta = \dfrac{8}{10} = \dfrac{4}{5}$이다.

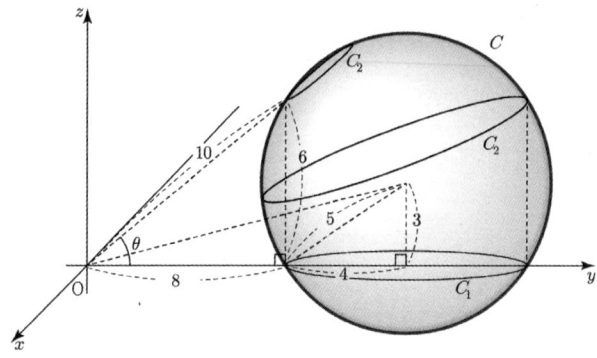

따라서 원 C_1의 평면 β위로의 정사영의 넓이는

$16\pi \times \dfrac{4}{5} = \dfrac{64}{5}\pi$이다.

194 정답 ①

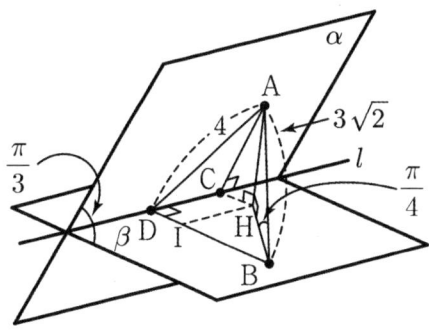

$\overline{AC} = p$, $\overline{CD} = q$라 하자. 또 점 A에서 평면 β에 내린 수선의
발을 H라 하면 두 평면 α, β의 이면각이 $\dfrac{\pi}{3}$이므로

삼각형 ACH에서 $\overline{CH} = \dfrac{1}{2}p$, $\overline{AH} = \dfrac{\sqrt{3}}{2}p$

직선 AB와 평면 β가 이루는 각의 크기가 $\dfrac{\pi}{4}$이므로

삼각형 ABH에서 $\overline{AH} = \overline{BH} = \dfrac{\sqrt{3}}{2}p$이고

$\overline{AB} = 3\sqrt{2} = \sqrt{\left(\dfrac{\sqrt{3}}{2}p\right)^2 + \left(\dfrac{\sqrt{3}}{2}p\right)^2}$

$18 = \dfrac{3}{2}p^2$에서 $\therefore p = 2\sqrt{3}$

즉, $\overline{CH} = \sqrt{3} = \overline{DI}$, $\overline{AH} = \overline{BH} = 3$

삼각형 ACD에서

$\overline{AD} = 4 = \sqrt{a^2 + q^2} = \sqrt{(2\sqrt{3})^2 + q^2}$

$\therefore q = 2$

점 H에서 $\overline{BD}$에 내린 수선의 발을 I라 하면

$\overline{HI} = \overline{CD} = 2$, $\overline{BH} = 3$

이므로

$\overline{BI} = \sqrt{3^2 - 2^2} = \sqrt{5}$

$\overline{BD} = \overline{DI} + \overline{BI} = \sqrt{3} + \sqrt{5}$

임을 알 수 있다.

이상에서 사면체 ABCD에서 밑변 삼각형 BCD의 넓이는

$$\triangle BCD = \frac{1}{2} \times \overline{BD} \times \overline{CD} = \times \frac{1}{2} \left(\sqrt{3} + \sqrt{5} \right) \times 2 = \sqrt{3} + \sqrt{5}$$

사면체의 높이는 $\overline{AH} = 3$이므로

부피는 $\dfrac{1}{3} \times \left(\sqrt{3} + \sqrt{5} \right) \times 3 = \sqrt{3} + \sqrt{5}$

195 정답 12

[출제자 : 서태욱T]

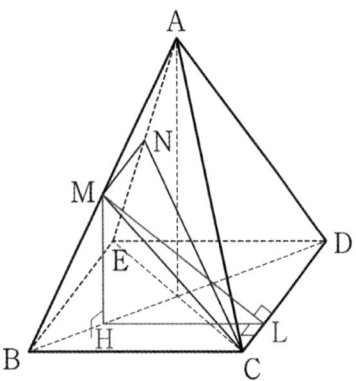

점 M에서 정사각뿔의 밑면에 내린 수선의 발을 점 H라 하면 점 H는 선분 BD의 1 : 3 내분점이고 점 H에서 선분 CD에 내린 수선의 발을 L이라 하면 삼수선의 정리에 의하여 선분 ML과 선분 CD는 수직이다.

선분 MN의 길이를 $2k$라 하면 삼각형 MBH에서 피타고라스 정리에 의하여

$$\overline{MH} = \sqrt{\overline{BM}^2 - \overline{BH}^2} = \sqrt{(2k)^2 - (\sqrt{2}\,k)^2} = \sqrt{2}\,k$$

이므로 삼각형 HML에서 피타고라스 정리에 의하여

$$\overline{ML} = \sqrt{\overline{MH}^2 + \overline{HL}^2} = \sqrt{(\sqrt{2}\,k)^2 + (3k)^2} = \sqrt{11}\,k$$

이다.

이때 선분 MN과 선분 CD는 평행이므로 삼각형 CMN의 넓이는 삼각형 LMN의 넓이와 같다.

따라서 $\dfrac{1}{2} \times \overline{MN} \times \overline{ML} = \sqrt{11}$ 이므로

$\dfrac{1}{2} \times 2k \times \sqrt{11}\,k = \sqrt{11}$ 에서 $k = 1$이다. 즉 정사각뿔 A−BCDE의 모든 모서리의 길이는 4이다.

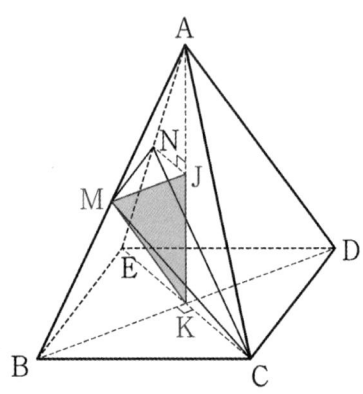

이제 선분 BD와 선분 CE의 교점을 K라 하면 점 C에서 평면

ABD에 내린 수선의 발이 점 K이고 점 N이 선분 AE의 중점이므로 점 N에서 평면 ABD에 내린 수선의 발은 선분 AK의 중점인 J이다.

따라서 삼각형 CMN의 평면 ABD 위로의 정사영은 삼각형 KMJ이다.

삼각형 KMJ의 넓이는

$$\frac{1}{2} \times \overline{JK} \times \overline{JM} = \frac{1}{2} \times \sqrt{2} \times \sqrt{2} = 1$$이므로

$$\cos\theta = \frac{1}{\sqrt{11}}$$이다.

따라서 $\cos^2\theta = \dfrac{1}{11}$이므로 $p + q = 12$이다.

196 정답 23

[그림 : 서태욱T]

점 C에서 xy평면에 내린 수선의 발을 C′이라 하면 $\overline{CC'} = 5$이므로 구 S는 점 C′에서 xy평면에 접한다.

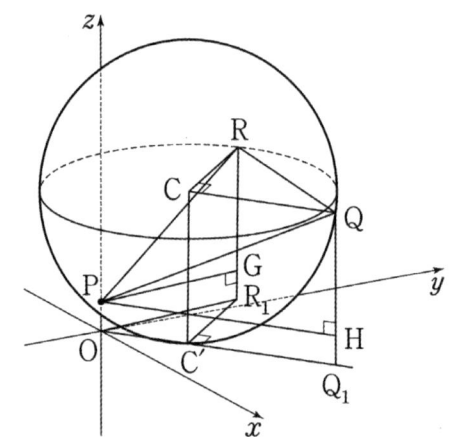

평면 OPC는 점 C′을 지나므로 점 Q_1은 직선 OC′ 위에 있다.

이때 선분 OQ_1의 길이가 최대가 되려면 점 Q가 점 C를 지나고 직선 OC′과 평행한 직선이 구 S와 만나는 점 중 x좌표가 양수인 점이어야 한다.

이때 $\overline{OQ_1} = \overline{OC'} + 5 = 3 + 5 = 8$

한편, 삼각형 OQ_1R_1의 넓이가 최대가 되려면 점 R가 점 C를 지나고 직선 CQ에 수직인 직선이 구 S와 만나는 점이어야 한다.

이때 $\overline{R_1C'} \perp \overline{OC'}$이고 $\overline{R_1C'} = 5$이므로 삼각형 OQ_1R_1의

넓이는 $\dfrac{1}{2} \times 8 \times 5 = 20$

이제 삼각형 PQR의 넓이를 구해 보자.

점 P에서 직선 QQ_1에 내린 수선의 발을 H라 하면

$\overline{PH} = \overline{OQ_1} = 8$, $\overline{QH} = \overline{QQ_1} - 1 = 4$ 이므로

$\overline{PQ} = \sqrt{64 + 16} = 4\sqrt{5}$ ··· ㉠

직각삼각형 CQR에서

$\overline{QR} = \sqrt{\overline{CQ}^2 + \overline{CR}^2} = \sqrt{25 + 25} = 5\sqrt{2}$ ······ ㉡

직각삼각형 $OC'R_1$에서
$$\overline{OR_1}=\sqrt{\overline{OC'}^2+\overline{R_1C'}^2}=\sqrt{9+25}=\sqrt{34}$$
이므로 점 P에서 직선 RR_1에 내린 수선의 발을 G라 하면
$$\overline{PG}=\overline{OR_1}=\sqrt{34},\ \overline{RG}=\overline{RR_1}-1=4$$
직각삼각형 RPG에서
$$\overline{PR}=\sqrt{\overline{PG}^2+\overline{RG}^2}=\sqrt{34+16}=5\sqrt{2}\ \cdots\cdots\ \text{©}$$
⊙, ⓒ, ©에 의하여 삼각형 PQR는 $\overline{PR}=\overline{QR}$인 이등변삼각형이다.

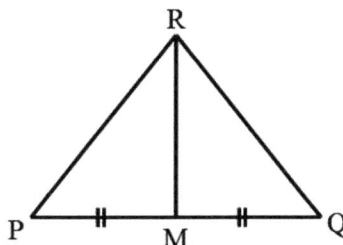

위 그림과 같이 선분 PQ의 중점을 M이라 하면
$$\overline{RM}=\sqrt{\overline{PR}^2-\overline{PM}^2}=\sqrt{50-20}=\sqrt{30}$$
이므로 삼각형 PQR의 넓이는
$$\frac{1}{2}\times4\sqrt{5}\times\sqrt{30}=10\sqrt{6}$$
이때 삼각형 PQR의 xy평면 위로의 정사영이 삼각형 OQ_1R_1이므로 두 평면 PQR와 OQ_1R_1이 이루는 예각의 크기를 θ라 하면
$$\cos\theta=\frac{20}{10\sqrt{6}}=\frac{\sqrt{6}}{3}$$
따라서 삼각형 OQ_1R_1의 평면 PQR 위로의 정사영의 넓이는
$$20\times\frac{\sqrt{6}}{3}=\frac{20}{3}\sqrt{6}\ \text{이므로}$$
$$p+q=3+20=23$$

197 정답 9

[그림 : 최성훈T]

구 C의 중심은 선분 AB의 중점과 일치하므로 중심의 좌표는
$$\left(\frac{1+(-1)}{2},\ \frac{(-3)+3}{2},\ \frac{2+(-2)}{2}\right),\ \text{즉 } (0,\ 0,\ 0)\text{이다.}$$
또한 구 C의 반지름의 길이는
$$\frac{1}{2}\overline{AB}=\frac{1}{2}\sqrt{(1+1)^2+(-3-3)^2+(2+2)^2}=\sqrt{14}$$
이므로 구 C의 방정식은 $x^2+y^2+z^2=14$이다.

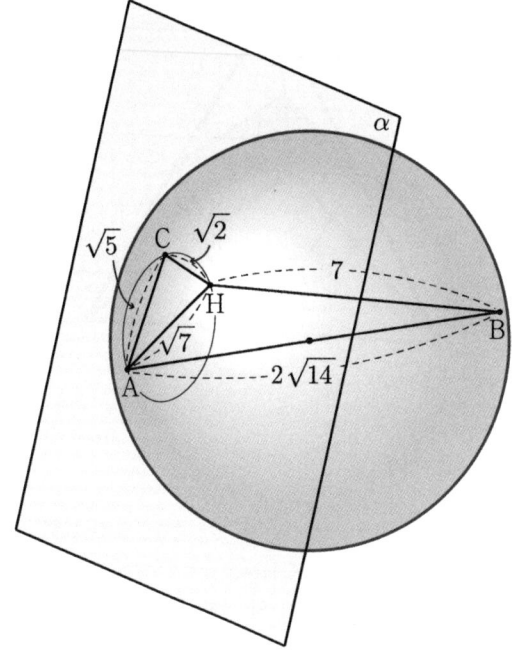

즉, $\overline{AB}=2\sqrt{14}$이므로
$$\overline{AH}=\sqrt{(2\sqrt{14})^2-7^2}=\sqrt{7}$$
또한 점 C는 구 C와 평면 α가 만나서 생기는 원 위의 한 점이므로 $\angle ACH=90°$이고 삼각형 ACH에서
$$\overline{CH}=\sqrt{(\sqrt{7})^2-(\sqrt{5})^2}=\sqrt{2}$$
또한 $\overline{AH}\perp\overline{BH}$, $\overline{CH}\perp\overline{BH}$이므로 두 평면 ABH와 BCH가 이루는 예각의 크기를 θ라 하면
$$\cos\theta=\frac{\overline{CH}}{\overline{AH}}=\frac{\sqrt{2}}{\sqrt{7}}=\frac{\sqrt{14}}{7}\ \text{이므로}$$
$$S=\frac{1}{2}\times\overline{AH}\times\overline{BH}\times\cos\theta$$
$$=\frac{1}{2}\times\sqrt{7}\times7\times\frac{\sqrt{14}}{7}$$
$$=\frac{7}{2}\sqrt{2}$$
$$\therefore\ p=2,\ q=7$$
$p+q=9$이다.

198 정답 ⑤

[그림 : 이정배T]

한 모서리의 길이가 4인 정사면체의 각 변의 중점을 6개의 꼭짓점으로 하는 정다면체는 한 모서리의 길이가 2인 정팔면체이다. 이 정팔면체의 평행한 두 면 사이의 거리는 한 변의 길이가 4인 정사면체의 높이의 $\frac{1}{2}$이다. 한 변의 길이가 a인 정사면체의 높이는 $\frac{\sqrt{6}}{3}a$이므로 구하는 정팔면체의 평행한 두 면 사이의 거리는
$$\frac{1}{2}\left(\frac{\sqrt{6}}{3}\times4\right)=\frac{2\sqrt{6}}{3}$$

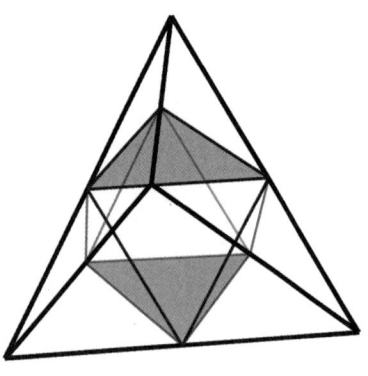

199 정답 ⑤

$A(a, 0, 0)$, $B(0, 8, 0)$, $C(0, 0, 3)$ C에서 직선 l에
내린 수선의 발을 H라 하면 $\overline{CH}=5$

삼수선 정리에 의하여 선분 OH와 선분 AB는 수직이고
$\triangle COH$에서 피타고라스 정리에 의해 $\overline{OH}=4$이다.

$\triangle OAB$의 넓이

$=\dfrac{1}{2}\times\overline{OA}\times\overline{OB}=\dfrac{1}{2}\times\overline{OH}\times\overline{AB}$ 이므로

$\dfrac{1}{2}\times a\times 8=\dfrac{1}{2}\times 4\times\sqrt{a^2+8^2}$

$2a=\sqrt{a^2+8^2}$

$4a^2=a^2+64$

$3a^2=64$

$\therefore a^2=\dfrac{64}{3}$

200 정답 11

주어진 구의 방정식을 표준형으로 변형하면

$(x-1)^2+(y+2)^2+(z-2)^2=k+14$

에서 중심의 좌표는 $C(1, -2, 2)$이고, 반지름의 길이는
$\sqrt{k+14}$ 이다.

한편, $\overline{PC}=\sqrt{(1+1)^2+(-2-0)^2+(2-3)^2}=3$이므로

점 P가 구 외부에 있으면

$M=3+\sqrt{k+14}$, $m=3-\sqrt{k+14}$ 에서

$M+m=6$으로 모순이다.

따라서 점 P는 그 내부에 있으며

$M=3+\sqrt{k+14}$, $m=\sqrt{k+14}-3$에서

$M+m=2\sqrt{k+14}=10$

$\therefore k=11$

201 정답 ③

구 S의 반지름의 길이를 r라 하면 구 S의 방정식은

$(x-3)^2+(y-2)^2+(z+1)^2=r^2$

구 S와 xy평면의 교선의 방정식은

$(x-3)^2+(y-2)^2+(0+1)^2=r^2$

$(x-3)^2+(y-2)^2=r^2-1$

이므로

$r^2-1=a^2$ $\cdots$㉠

또, 구 S와 yz평면의 교선의 방정식은

$(0-3)^2+(y-2)^2+(z+1)^2=r^2$

$(y-2)^2+(z+1)^2=r^2-9$

이므로

$r^2-9=\dfrac{1}{2}a^2$ $\cdots$㉡

㉠, ㉡에서 $a^2=16$, $r^2=17$

따라서 구 S의 방정식은

$(x-3)^2+(y-2)^2+(z+1)^2=17$

따라서 구의 겉넓이는 $4\times\pi\times 17=68\pi$이다.

202 정답 ⑤

[그림 : 이정배T]

구의 중심의 좌표는 $C(1, 0, 0)$이므로

$\overline{AB}=\overline{BC}=\overline{CA}=\sqrt{2}$이다.

따라서 삼각형 ABC는 정삼각형이다.

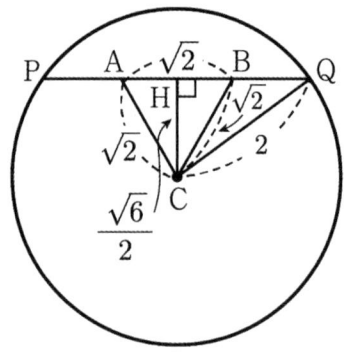

한 변의 길이가 $\sqrt{2}$인 정삼각형의 높이는

$\dfrac{\sqrt{3}}{2}\times\sqrt{2}=\dfrac{\sqrt{6}}{2}$이므로

점 C에서 직선 AB에 내린 수선의 발은 H라 할 때

$\overline{CH}=\dfrac{\sqrt{6}}{2}$이다.

$\overline{QH}=\sqrt{2^2-\left(\dfrac{\sqrt{6}}{2}\right)^2}=\dfrac{\sqrt{10}}{2}$

$\therefore \overline{PQ}=\sqrt{10}$

따라서 삼각형 CPQ의 넓이는

$\dfrac{1}{2}\times\sqrt{10}\times\dfrac{\sqrt{6}}{2}=\dfrac{\sqrt{15}}{2}$

203 정답 3

정답 3

점 $A(2, 4, 1)$에서 x축과 y축에 내린 수선의 발은 각각

$B(2, 0, 0)$, $C(0, 4, 0)$이므로 삼각형 ABC에서의 밑변은
$\overline{BC} = \sqrt{2^2 + 4^2} = 2\sqrt{5}$이다.
점 A에서 xy평면에 내린 수선의 발을 A′라 할 때
직각삼각형 A′BC에서 A′에서 BC에 내린 수선의 발을 H라
하면 삼수선 정리에서 $\overline{AH} \perp \overline{BC}$이므로 삼각형 ABC의
높이는 $\overline{AH}$이다.
따라서 $\overline{AA'} = 1$, $\overline{A'H} = \dfrac{4}{\sqrt{5}}$
이므로 $\overline{AH} = \sqrt{1^2 + \left(\dfrac{4}{\sqrt{5}}\right)^2} = \sqrt{\dfrac{21}{5}}$

따라서 넓이는 $\dfrac{1}{2}\left(2\sqrt{5}\right)\left(\dfrac{\sqrt{21}}{\sqrt{5}}\right) = \sqrt{21}$이므로

$\dfrac{S^2}{7} = \dfrac{21}{7} = 3$이다.

204 정답 ②

[그림 : 이현일T]

정사면체의 두 평면이 이루는 각을 θ라 하면 $\cos\theta = \dfrac{1}{3}$이다.

삼각형 ECD의 평면 BCD 위로의 정사영은 삼각형
BCD이므로 삼각형 BCD의 넓이를 S'이라 하면
$S' = S\cos\theta$에서

$\dfrac{\sqrt{3}}{4} \times 2^2 = \sqrt{3} = \dfrac{1}{3}S$

$\therefore S = 3\sqrt{3}$

205 정답 ②

[랑데뷰세미나(243) 참고]

x축 위의 점 $P(x, 0, 0)$이라 하자. $A(1, 2, \sqrt{5})$,
$B(6, -1, \sqrt{3})$에 대하여
$\overline{AP} = \sqrt{(x-1)^2 + 2^2 + \left(\sqrt{5}\right)^2}$
$\quad = \sqrt{(x-1)^2 + 9}$
에서 $\overline{AP}$는 두 점 $(1, 3)$과 $(x, 0)$사이 거리와 같은 의미를
갖는다.
$\overline{BP} = \sqrt{(x-6)^2 + (-1)^2 + \left(\sqrt{3}\right)^2}$
$\quad = \sqrt{(x-6)^2 + 4}$
에서 $\overline{BP}$는 두 점 $(6, 2)$와 $(x, 0)$사이 거리와 같은 의미를
갖는다.
따라서
$\overline{AP} + \overline{BP} = \sqrt{(x-1)^2 + 9} + \sqrt{(x-6)^2 + 4}$
는 $(1, 3)$과 x축 위의 점 $(x, 0)$ 사이의 거리와 $(6, 2)$와 x축
위의 점 $(x, 0)$사이 거리 합의 최소가 $\overline{AP} + \overline{BP}$의 최소이다.
따라서 $(1, 3)$과 $(6, -2)$사이 거리가 최솟값이다.
$\overline{AP} + \overline{BP} \geq \sqrt{(1-6)^2 + (3+2)^2} = 5\sqrt{2}$

[다른 풀이]

두 점 A, B에서 x축에 내린 수선의 발을 각각 C, D라 하면
$C(1, 0, 0)$, $D(6, 0, 0)$이다.
한편, 점 C를 중심으로 하고 점 A를 지나는 원을 포함하는
평면이 x축에 수직일 때, 이 원이 xy평면과 만나는 점 중
y좌표가 양수인 점을 A′이라 하자.
또, 점 D를 중심으로 하고 점 B를 지나는 원을 포함하는 평면이
x축에 수직일 때, 이 원이 xy평면과 만나는 점 중 y좌표가
좌표가 음수인 점을 B′이라 하자.
$\overline{AC} = \sqrt{2^2 + \left(\sqrt{5}\right)^2} = 3$, $\overline{BD} = \sqrt{(-1)^2 + \left(\sqrt{3}\right)^2} = 2$이므로
A′$(1, 3, 0)$, B′$(6, -2, 0)$이다.
이때, $\overline{AP} = \overline{A'P}$, $\overline{BP} = \overline{B'P}$이므로
$\overline{AP} + \overline{BP} = \overline{A'P} + \overline{B'P} \geq \overline{A'B'} = \sqrt{25+25} = 5\sqrt{2}$
(단, 등호는 점 P가 직선 A′B′ 위에 있을 때 성립)

[랑데뷰팁]-김은수T
보통 한 점을 x축에 대칭이동시켜 풀지만 이 문제에서는
z좌표가 무리수이므로 적절한 방법이 아니다.

206 정답 ②

[그림 : 최성훈T]

주어진 정육면체의 한 모서리의 길이를 3,
$\angle PGQ = \alpha$로 놓으면
$\overline{PF} = 1$, $\overline{FG} = 3$이므로 $\overline{PG} = \sqrt{1^2 + 3^2} = \sqrt{10}$
$\overline{QH} = 2$, $\overline{HG} = 3$이므로 $\overline{GQ} = \sqrt{2^2 + 3^2} = \sqrt{13}$
$\overline{HF} = 3\sqrt{2}$이므로 $\overline{PQ} = \sqrt{\left(3\sqrt{2}\right)^2 + 1^2} = \sqrt{19}$이다.
따라서 삼각형 PGQ에서 코사인법칙을 적용하면
$\cos\alpha = \dfrac{10 + 13 - 19}{2\sqrt{10}\sqrt{13}} = \dfrac{2}{\sqrt{10}\sqrt{13}}$

$\sin\alpha = \sqrt{1 - \cos^2\alpha} = \dfrac{3\sqrt{14}}{\sqrt{10}\sqrt{13}}$

$\therefore \triangle PGQ = \dfrac{1}{2}\overline{PG}\cdot\overline{GQ}\sin\alpha$

$\qquad = \dfrac{1}{2}\cdot\sqrt{10}\cdot\sqrt{13}\cdot\dfrac{3\sqrt{14}}{\sqrt{10}\sqrt{13}}$

$\qquad = \dfrac{3}{2}\sqrt{14}$

한편, 삼각형 PGQ의 밑면 EFGH 위로의 정사영의 넓이는
정사각형 EFGH의 넓이의 $\dfrac{1}{2}$이므로 $\dfrac{9}{2}$이다.
따라서
$\dfrac{9}{2} = \dfrac{3}{2}\sqrt{14}\cos\theta$에서

$\cos\theta = \dfrac{\dfrac{9}{2}}{\dfrac{3}{2}\sqrt{14}} = \dfrac{3}{\sqrt{14}} = \dfrac{3}{14}\sqrt{14}$

207 정답 ①

[그림 : 이정배T]

$\overline{AB} = \overline{AC} = \overline{AD} = 2\sqrt{5}$ 이다.

$\overline{BC} = \overline{CD} = \overline{DB} = 2\sqrt{6}$ 이다.

따라서 사면체 ABCD는 아래 그림과 같다.

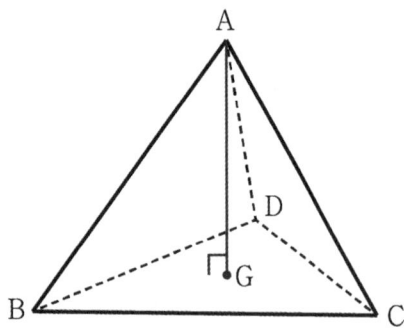

삼각형 BCD는 정삼각형이고 세 모서리 AB, AC, AD의
길이가 모두 같으므로 꼭짓점 A에서 평면 BCD에 내린 수선의
발은 삼각형 BCD의 무게중심이다.

삼각형 BCD의 무게중심을 G로 놓으면

$G(3, 3, 3)$ 이므로

$\overline{AG} = \sqrt{2^2 + 2^2 + 2^2} = 2\sqrt{3}$

$\triangle BCD = \dfrac{\sqrt{3}}{4} \times (2\sqrt{6})^2 = 6\sqrt{3}$

따라서 구하는 사면체 ABCD의 부피는

$\dfrac{1}{3} \times 6\sqrt{3} \times 2\sqrt{3} = 12$

208 정답 ③

[그림 : 이현일T]

두 점 A, B에서 x축에 내린 수선의 발을 각각 E, F이라 하면
삼수선의 정리에 의하여 $\overline{EC} \perp m$, $\overline{FD} \perp m$이다. 따라서 두
평면 AEC, BFD은 서로 평행하다.

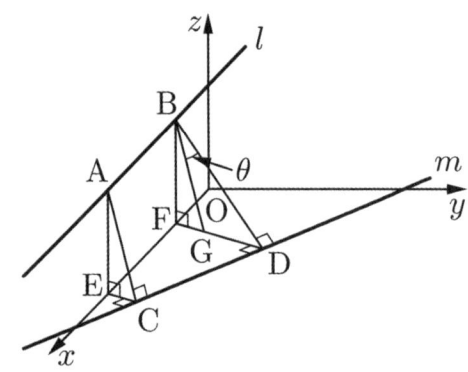

$\overline{EC} = \overline{FG}$ 이 되도록 선분 FD위에 점 G을 잡으면

$\triangle AEC \equiv \triangle BFG$이므로 $\overline{BG} = \overline{AC} = \sqrt{2}$ 이다.

또, $\overline{BD} = \sqrt{6}$, $\cos\theta = \dfrac{\sqrt{3}}{2} \left(\because \ \sin\theta = \dfrac{1}{2} \right)$ 이고,

AC, BD가 이루는 예각의 크기는 $\angle DBG$의 크기와 같으므로,

삼각형 BDG에서 코사인법칙을 적용하면

$\overline{GD}^2 = \overline{BD}^2 + \overline{BG}^2 - 2 \times \overline{BD} \times \overline{BG} \times \cos\theta$

$= (\sqrt{6})^2 + (\sqrt{2})^2 - 2 \times \sqrt{6} \times \sqrt{2} \times \dfrac{\sqrt{3}}{2}$

$= 6 + 2 - 6 = 2$

$\therefore \ \overline{GD} = \sqrt{2}$

(삼각형 BDG의 넓이)

$= \dfrac{1}{2} \times \overline{BD} \times \overline{BG} \times \sin\theta = \dfrac{1}{2} \times \overline{GD} \times \overline{BF}$

$= \dfrac{1}{2} \times \sqrt{6} \times \sqrt{2} \times \dfrac{1}{2} = \dfrac{1}{2} \times \sqrt{2} \times \overline{BF}$

$\therefore \ \overline{BF} = \dfrac{\sqrt{6}}{2}$

$\overline{BF} = a$이므로 $a = \dfrac{\sqrt{6}}{2}$

209 정답 72

[그림 : 최성훈T]

평면 PQR은 원 C의 지름 PQ를 지나고 평면 α에 수직이므로
구를 이등분한다.

그러므로 평면 PQR과 구의 교선은 구의 중심 O를 중심으로
하는 원이다.

그런데 $\angle QPR = 90°$이므로 선분 QR은 구의 지름이다.

따라서 $\overline{QR} = 6$

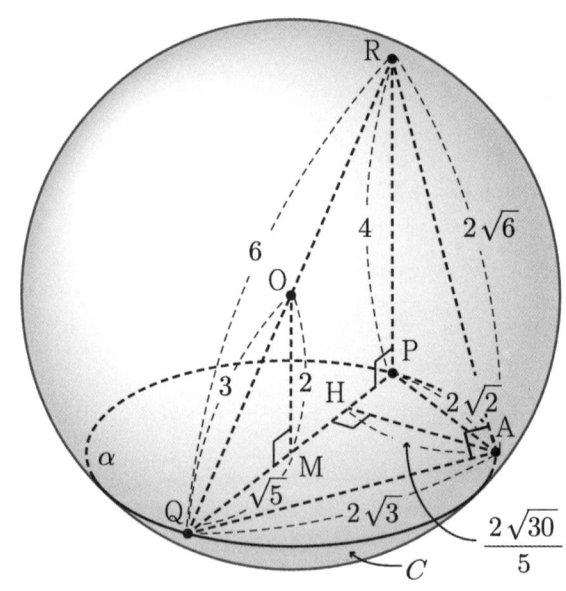

$\overline{PQ}$의 중점을 M이라 하면 점 M은 원 C의 중심이고 선분
OM의 길이는 점 O에서 평면 α까지의 거리이므로

$\overline{OM} = 2$이다.

$\overline{OQ}$의 길이는 구의 반지름의 길이이므로 $\overline{OQ} = 3$이다.

$\overline{QM} = \sqrt{\overline{OQ}^2 - \overline{OM}^2} = \sqrt{3^2 - 2^2} = \sqrt{5}$

따라서 $\overline{PQ} = 2\sqrt{5}$

$\triangle APQ$는 직각삼각형이고 $\overline{AH} = \dfrac{2\sqrt{30}}{5}$이므로

$\overline{AP} = x$, $\overline{AQ} = y$라 두면

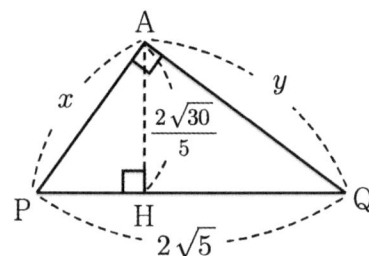

$$x^2 + y^2 = \left(2\sqrt{5}\right)^2 = 20 \cdots \text{㉠}$$

$$xy = \frac{2\sqrt{30}}{5} \times 2\sqrt{5} = 4\sqrt{6} \text{ 이다.}$$

$y = \dfrac{4\sqrt{6}}{x}$ 을 ㉠에 대입하면 $x^2 + \left(\dfrac{4\sqrt{6}}{x}\right)^2 = 20$

$$x^4 - 20x^2 + 96 = 0$$

$\left(x^2 - 8\right)\left(x^2 - 12\right) = 0$과 $\overline{AP} < \overline{AQ}$에서

$$x = 2\sqrt{2}, \ y = 2\sqrt{3} \text{ 이다.}$$

$$\therefore \ \overline{AP} = 2\sqrt{2}, \ \overline{AQ} = 2\sqrt{3}$$

그리고 $\overline{RP} = 2\overline{OM} = 4$

직선 $RP \perp \alpha$이므로 $\overline{RP} \perp \overline{AP}$

$$\therefore \ \overline{AR} = \sqrt{\overline{RP}^2 + \overline{AP}^2} = \sqrt{4^2 + \left(2\sqrt{2}\right)^2} = 2\sqrt{6}$$

또한, $\overline{AQ}^2 + \overline{AR}^2 = \overline{QR}^2$이므로 $\angle QAR = 90°$

$$\therefore \ s = \triangle AQR$$
$$= \frac{1}{2} \times \overline{AQ} \times \overline{AR} = \frac{1}{2} \times 2\sqrt{3} \times 2\sqrt{6} = 6\sqrt{2}$$

$$\therefore \ s^2 = 72$$

210 정답 194

[그림 : 최성훈T]

삼각형 ABC'에서 $\overline{BC'} = a$라 두고 코사인법칙을 적용하면

$$-\frac{1}{5} = \frac{5^2 + a^2 - 7^2}{2 \times 5 \times a}$$

$$-2a = a^2 - 24$$

$$a^2 + 2a - 24 = 0$$

$$(a - 4)(a + 6) = 0$$

$$\therefore \ a = 4$$

따라서 $\overline{BC'} = 4$이다.

$\overline{AC'} = 5$, $\overline{BC'} = 4$이고, $\overline{CC'} = x$ 라 하면

$$\overline{AC}^2 = \overline{CC'}^2 + \overline{AC'}^2 = x^2 + 25$$

$$\overline{BC}^2 = \overline{CC'}^2 + \overline{BC'}^2 = x^2 + 16$$

삼각형 ABC 는 $\angle C$ 가 직각인 직각삼각형이므로 $\overline{AB} = 7$일 때,

$$\left(x^2 + 25\right) + \left(x^2 + 16\right) = 49$$

$$2x^2 = 8 \quad \therefore \ x = 2$$

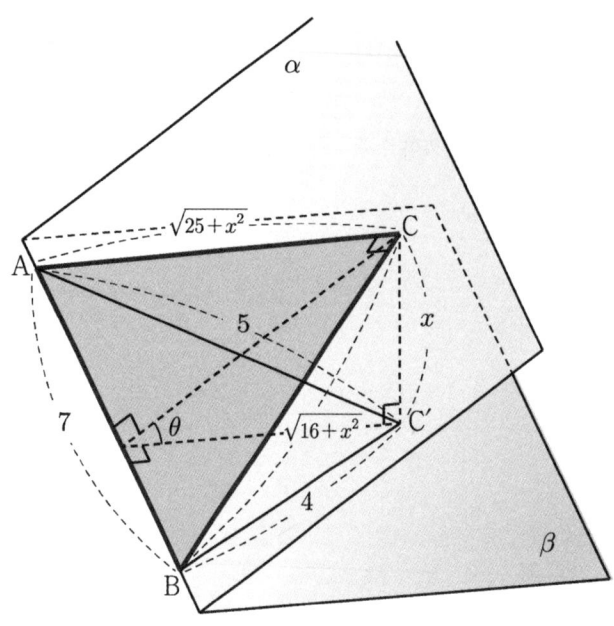

그림과 같이 꼭짓점 C 에서 선분 AB 에 내린 수선의 발을 H 라
하면

$$\triangle ABC = \frac{1}{2}\overline{AB} \cdot \overline{CH} = \frac{1}{2}\overline{AC} \cdot \overline{BC}$$

$$\frac{1}{2} \times 7 \times \overline{CH} = \frac{1}{2} \times \sqrt{29} \times 2\sqrt{5}$$

$$\therefore \ \overline{CH} = \frac{2}{7}\sqrt{145}$$

이때 삼수선 정리에 의하여 $\overline{AB} \perp \overline{C'H}$ 이므로
$\angle CHC' = \theta$이고 삼각형 CHC'에서

$$\sin\theta = \frac{\overline{CC'}}{\overline{CH}} = \frac{2}{\frac{2}{7}\sqrt{145}} = \frac{7}{\sqrt{145}}$$

$$\sin^2\theta = \frac{49}{145}$$

$$\therefore \ p + q = 145 + 49 = 194$$

[다른 풀이]–김진성T

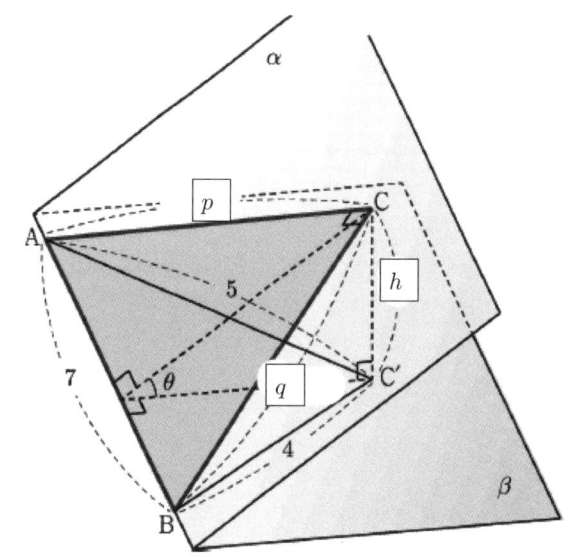

$p^2 - 5^2 = q^2 - 4^2 = h^2$ 과 $p^2 + q^2 = 7^2$을 이용해서
$p^2 = 29$, $q^2 = 20$을 구한다.

두 평면 α, β가 이루는 각이 θ이고
$\cos\theta = \dfrac{\triangle\,\text{ABC}'}{\triangle\,\text{ABC}}$ 이다.

$\triangle\,\text{ABC} = \dfrac{1}{2}pq$

$\triangle\,\text{ABC}' = \dfrac{1}{2} \times 5 \times 4 \times \sin(\angle\,\text{AC}'\text{B})$

따라서

$\cos\theta = \dfrac{\triangle\,\text{ABC}'}{\triangle\,\text{ABC}} = \dfrac{\dfrac{1}{2} \times 4 \times 5 \times \dfrac{\sqrt{24}}{5}}{\dfrac{1}{2} \times 2\sqrt{5} \times \sqrt{29}} = \dfrac{4\sqrt{6}}{\sqrt{145}}$

$\therefore \sin^2\theta = \dfrac{49}{145}$

211 정답 ②

$\text{A}'(1, -2, -3)$, $\text{B}'(0, -2, -1)$ 이므로
$\overline{\text{A}'\text{B}'} = \sqrt{1+0+4} = \sqrt{5}$

두 점 A'와 B'의 z좌표가 모두 음수이고 두 점을 xy평면 위로 정사영 시킨 점을 각각 A'', B''이라 하면
$\text{A}''(1, -2, 0)$, $\text{B}'(0, -2, 0)$ 이다.

따라서 $\overline{\text{A}''\text{B}''} = \sqrt{1+0+0} = 1$

정사영의 길이 관계에서

$1 = \sqrt{5}\cos\theta$ 에서 $\cos\theta = \dfrac{1}{\sqrt{5}}$ 이다.

직선 $\text{A}'\text{B}'$와 xy평면이 이루는 각이 θ이므로

$\cos\theta = \dfrac{1}{\sqrt{5}}$ 이다.

212 정답 ③

두 점 A, B의 좌표를 $\text{A}(a, b, c)$, $\text{B}(p, q, r)$ 라 하면
$\text{P}(a, 0, 0)$, $\text{Q}(p, 0, 0)$ 이므로
$\overline{\text{PQ}} = \sqrt{(a-p)^2} = \sqrt{3}$

$\therefore (a-p)^2 = 3 \qquad \cdots \text{㉠}$

두 점 A, B에서 xy평면에 내린 수선의 발의 좌표는 각각
$(a, b, 0)$, $(p, q, 0)$

$\therefore (a-p)^2 + (b-q)^2 = 6 \qquad \cdots \text{㉡}$

두 점 A, B에서 zx평면에 내린 수선의 발의 좌표는 각각
$(a, 0, c)$, $(p, 0, r)$

$\therefore (a-p)^2 + (c-r)^2 = 13 \qquad \cdots \text{㉢}$

㉠, ㉡에서
$(b-q)^2 = 3$

㉠, ㉢에서
$(a-p)^2 + (c-r)^2 = 16$

$\therefore \overline{\text{AB}} = \sqrt{(a-p)^2 + (b-q)^2 + (c-r)^2} = \sqrt{16}$

따라서 $\overline{\text{AB}} = 4$

213 정답 ⑤

$\text{P}\left(\dfrac{1 \times (-4) + 2 \times 1}{1+2},\ \dfrac{1 \times 2 + 2 \times 4}{1+2},\ \dfrac{1 \times 3 + 2 \times 0}{1+2} \right)$

즉, $\text{P}\left(-\dfrac{2}{3},\ \dfrac{10}{3},\ 1 \right)$

$\text{Q}\left(\dfrac{1 \times (-4) - 2 \times 1}{1-2},\ \dfrac{1 \times 2 - 2 \times 4}{1-2},\ \dfrac{1 \times 3 - 2 \times 0}{1-2} \right)$

즉, $\text{Q}(6, 6, -3)$

$\text{R}\left(\dfrac{2 \times 6 - 3 \times \left(-\dfrac{2}{3}\right)}{2-3},\ \dfrac{2 \times 6 - 3 \times \dfrac{10}{3}}{2-3},\ \dfrac{2 \times (-3) - 3 \times 1}{2-3} \right)$

즉, $\text{R}(-14, -2, 9)$

따라서

$\overline{\text{OR}} = \sqrt{(-14)^2 + (-2)^2 + 9^2} = \sqrt{196 + 4 + 81} = \sqrt{281}$

214 정답 ③

$x^2 + y^2 + z^2 - 2ax - 4by - 1 = 0$에서
$(x-a)^2 + (y-2b)^2 + z^2 = a^2 + 4b^2 + 1$

(i) xy평면과 만나는 교선은
$(x-a)^2 + (y-2b)^2 = a^2 + 4b^2 + 1$이므로
$S_1 = (a^2 + 4b^2 + 1)\pi$

(ii) yz평면과 만나는 교선은 $(y-2b)^2 + z^2 = 4b^2 + 1$이므로
$S_2 = (4b^2 + 1)\pi$

(iii) zx평면과 만나는 교선은 $(x-a)^2 + z^2 = a^2 + 1$이므로
$S_3 = (a^2 + 1)\pi$

산술평균과 기하평균 사이의 관계에 의해
$2a^2 + 8b^2 \geq 2\sqrt{16a^2b^2} = 8ab = 32$이므로
$2a^2 + 8b^2 + 3 \geq 35$

따라서 $S_1 + S_2 + S_3 = (2a^2 + 8b^2 + 3)\pi \geq 35\pi$

215 정답 25

[그림 : 최성훈T]

xy평면 위로의 정사영이므로 점 A'과 점 B'의 x좌표는 0이다.

즉, $\text{A}'(5, 0, 0)$, $\text{B}'(1, 3, 0)$이므로
$\overline{\text{A}'\text{B}'} = \sqrt{4^2 + (-3)^2} = 5$

이때, xy평면 위의 직선 $\text{A}'\text{B}'$의 방정식이
$3x + 4y - 15 = 0$이므로 원점 O와 직선 $\text{A}'\text{B}'$ 사이의 거리는
$\dfrac{|-15|}{\sqrt{3^2 + 4^2}} = 3$이다.

이때, xy평면 위의 중심이 원점인 원의 반지름의 길이가 1이므로 이 원 위 점 P에서 직선 $\text{A}'\text{B}'$에 내린 수선의 발을 H라 하면 $3 - 1 \leq \overline{\text{PH}} \leq 3 + 1$이다. 따라서 사각뿔

P−AA′B′B 의 부피는 $\overline{\mathrm{PH}}=2$일 때 최소, $\overline{\mathrm{PH}}=4$일 때 최대이다.

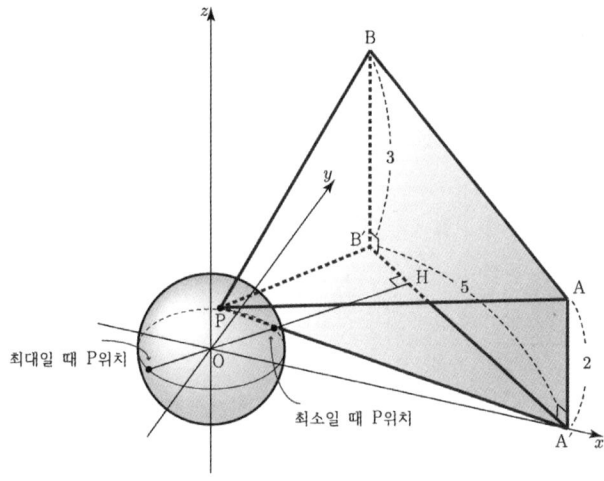

최대일 때 P위치

최소일 때 P위치

(사각뿔 P−AA′B′B 의 부피)

$=\dfrac{1}{3}\times$(사다리꼴 AA′B′B 의 넓이)$\times\overline{\mathrm{PH}}$

따라서 사각뿔의 부피가 최대일 때는 $\overline{\mathrm{PH}}=4$, 최소일 때는 $\overline{\mathrm{PH}}=2$이다.

그러므로 사각뿔 P−AA′B′B 의 부피의 최댓값과 최솟값의 합은

$=\dfrac{1}{3}\times\dfrac{1}{2}\times(2+3)\times5\times4+\dfrac{1}{3}\times\dfrac{1}{2}\times(2+3)\times5\times2$

$=\dfrac{1}{6}\times(2+3)\times5\times(4+2)$

$=25$

216 정답 24

[그림 : 이정배T]

구 $x^2+y^2+z^2+2x+4y+6z+11=0$ 은

$(x+1)^2+(y+2)^2+(z+3)^2=3$

평면 $z=-4$ 와 구가 만나서 생기는 도형을 C 라 하면

$C:(x+1)^2+(y+2)^2=2$

도형 C 는 중심이 C$(-1,-2,-4)$ 이고 반지름의 길이가 $\sqrt{2}$ 인 원이다.

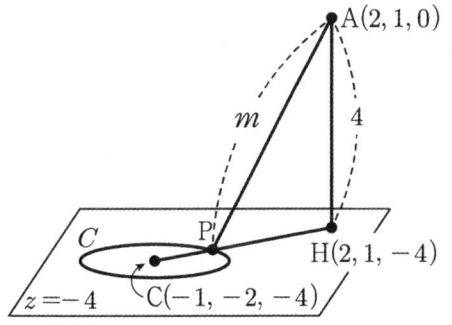

위 그림과 같이 점 A$(2,1,0)$ 에서 $z=-4$ 에 내린 수선의 발을 H 라 하면 H$(2,1,-4)$

$\overline{\mathrm{CH}}=\sqrt{3^2+3^2}=3\sqrt{2}$ 이고 $\overline{\mathrm{CH}}$ 와 원 C 의 교점이 P 가 될 때 $\overline{\mathrm{AP}}$ 의 길이가 최소가 된다.

$\overline{\mathrm{CP}}=\sqrt{2}$ 이므로 $\overline{\mathrm{PH}}=3\sqrt{2}-\sqrt{2}=2\sqrt{2}$

$\overline{\mathrm{AH}}=4$ 이고 $\overline{\mathrm{PH}}=2\sqrt{2}$ 이므로

$m^2=16+8=24$

217 정답 7

[그림 : 최성훈T]

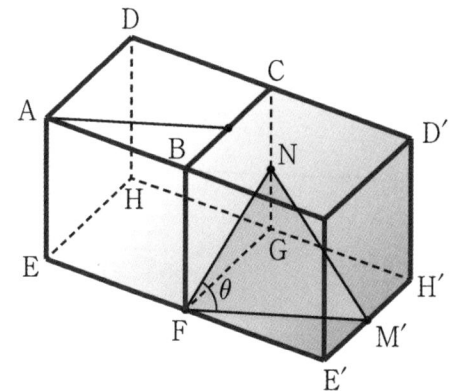

그림과 같이 주어진 정육면체와 합동인 정육면체를 모서리끼리 겹치게 붙이고, $\overline{\mathrm{E′H′}}$ 의 중점을 M′ 이라 하면 $\overline{\mathrm{AM}}$ 와 $\overline{\mathrm{FM′}}$ 은 평행하므로 $\overline{\mathrm{FM′}}$ 과 $\overline{\mathrm{FN}}$ 가 이루는 예각의 크기는 θ 이다.

정육면체의 한 모서리의 길이를 $2a$ 라고 하면

$\overline{\mathrm{FM′}}=\sqrt{5}a$, $\overline{\mathrm{FN}}=\sqrt{5}a$ 이고

삼각형 NGM′ 에서

$\overline{\mathrm{NG}}=a$, $\overline{\mathrm{GM′}}=\sqrt{5}a$, $\angle\mathrm{NGM′}=\dfrac{\pi}{2}$ 이므로

$\overline{\mathrm{NM′}}=\sqrt{6}a$ 이다.

따라서 삼각형 NFM′ 에서

$\cos\theta=\dfrac{\overline{\mathrm{FN}}^2+\overline{\mathrm{FM′}}^2-\overline{\mathrm{NM′}}^2}{2\times\overline{\mathrm{FN}}\times\overline{\mathrm{FM′}}}$

$=\dfrac{5a^2+5a^2-6a^2}{2\times\sqrt{5}a\times\sqrt{5}a}=\dfrac{4}{10}=\dfrac{2}{5}$

$p=5$, $q=2$ 이므로 $p+q=7$ 이다.

218 정답 3

[그림 : 최성훈T]

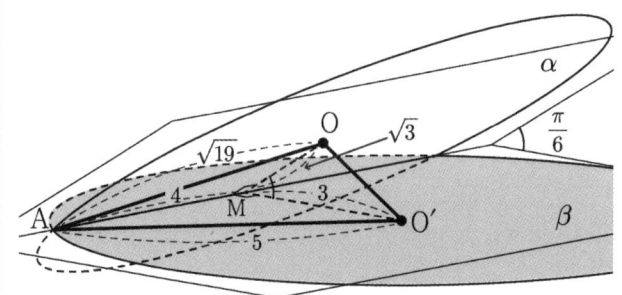

d가 최소인 경우는 그림과 같다. 두 원 O, O'의 중점을 각각 O, O'이라 하고 두 원이 만나서 생기는 공통현의 양 끝점을 A, B라 하고 선분 AB의 중점을 M이라 하자.

$$\overline{OM} = \sqrt{\overline{OA}^2 - \overline{AM}^2}$$
$$= \sqrt{(\sqrt{19})^2 - 4^2} = \sqrt{3}$$
$$\overline{O'M} = \sqrt{\overline{O'A}^2 - \overline{AM}^2}$$
$$= \sqrt{5^2 - 4^2} = 3$$

또, $\overline{OM}$ 과 $\overline{O'M}$ 이 이루는 각의 크기가 $\dfrac{\pi}{3}$이므로 삼각형 OMO'에서 코사인법칙을 적용하면

$$\overline{OO'}^2 = \overline{OM}^2 + \overline{O'M}^2 - 2 \times \overline{OM} \times \overline{O'M} \cos\frac{\pi}{6}$$
$$= (\sqrt{3})^2 + 3^2 - 2 \times \sqrt{3} \times 3 \times \frac{\sqrt{3}}{2}$$
$$= 12 + 9 - 18 = 3$$
$$\therefore \overline{OO'} = \sqrt{3} \quad (\because \overline{OO'} > 0)$$

따라서 $d^2 = 3$이다.

219 정답 ⑤

[그림 : 최성훈T]

네 개의 옆면은 모두 합동이므로 평면 PQRS 는 평면 BCDE 와 평행하다. 따라서, 평면 PQRS 와 평면 ACD 가 이루는 예각의 크기는 평면 BCDE 와 평면 ACD 가 이루는 예각의 크기와 같다.

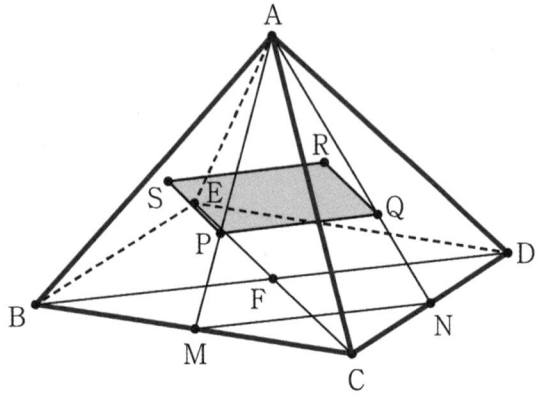

이때, $\square$BCDE 의 두 대각선의 교점을 F 라 하면 $\triangle$ACD 의 평면 BCDE 위로의 정사영은 $\triangle$FCD 이다.

$\triangle$ACD 의 넓이는 $\dfrac{\sqrt{3}}{4} \times 4^2 = 4\sqrt{3}$ 이고,

$\triangle$FCD 의 넓이는 $\dfrac{1}{4} \times 4^2 = 4$ 이므로 $\triangle$ACD 와 $\square$BCDE 가 이루는 예각의 크기를 θ 라 하면

$$\cos\theta = \frac{\triangle FCD}{\triangle ACD} = \frac{4}{4\sqrt{3}} = \frac{\sqrt{3}}{3}$$

한편, 선분 BC 와 선분 CD 의 중점을 각각 M,N 이라 하면

$$\overline{MN} = \sqrt{2} \times \overline{MC} = 2\sqrt{2}$$

이때, $\triangle$AMN 에서 두 점 P,Q 는 두 선분 AM , AN 을 각각 2 : 1 로 내분하는 점이므로 $\overline{PQ} = \dfrac{2}{3} \times \overline{MN} = \dfrac{4}{3}\sqrt{2}$

따라서 정사각형 PQRS 의 넓이는 $\left(\dfrac{4}{3}\sqrt{2}\right)^2 = \dfrac{32}{9}$ 이므로 구하는 정사영의 넓이는

$$\frac{32}{9} \times \cos\theta = \frac{32}{9} \times \frac{\sqrt{3}}{3} = \frac{32}{27}\sqrt{3}$$

220 정답 ④

구 C_1은 중심의 좌표가 $(1, 0, 4)$, 반지름의 길이가 6이고,
구 C_2는 중심의 좌표가 $(-1, 2, 3)$, 반지름의 길이가 r이다.
이때, 두 구의 중심 사이의 거리는

$$\sqrt{2^2 + 2^2 + 1^2} = 3$$

두 구가 내접하려면 두 구의 반지름의 길이의 차는 두 구의 중심 사이의 거리와 같아야 한다.
즉, $|r - 6| = 3$이므로 $r - 6 = \pm 3$
$\therefore r = 3$ 또는 $r = 9$
따라서, 구하는 모든 양수 r의 값의 합은 $3 + 9 = 12$

221 정답 ④

[그림 : 최성훈T]

구의 중심을 $D(a, b, c)$ (단, $a > 0$, $b > 0$, $c > 0$)이라 하면 xy평면에서 중심이 $(a, b, 0)$이고 반지름의 길이가 2인 원 C_1이 y축에 접하므로 $a = 2$
구가 점 $(0, b, 0)$에서 y축에 접하므로

$$\sqrt{2^2 + c^2} = 2\sqrt{5} \quad \therefore c = 4$$

다음 그림과 같이 z축 위의 두 점 P, Q의 중점을 M이라 하면 $\overline{DM} = \sqrt{2^2 + b^2}$, $\overline{PM} = 1$이고 $\overline{DP} = 2\sqrt{5}$ 이다.

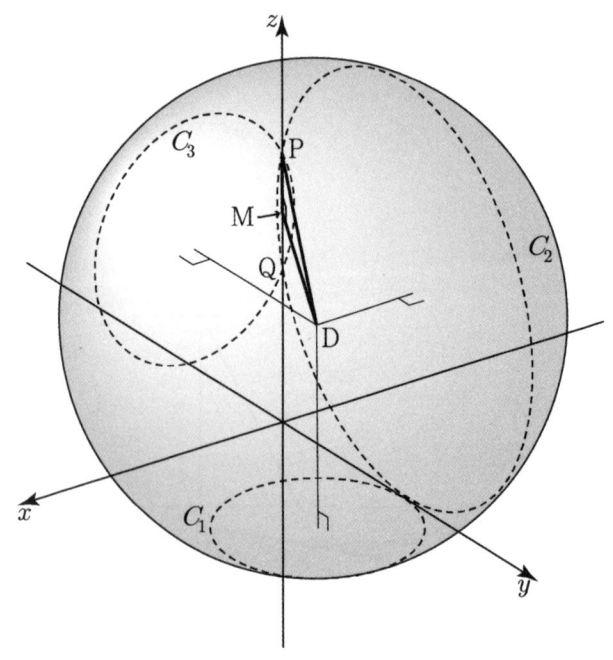

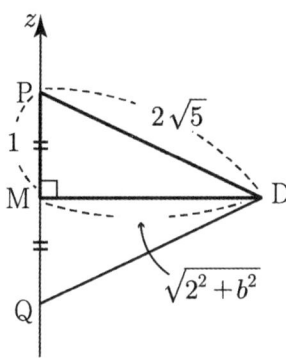

따라서

$$\left(\sqrt{4+b^2}\right)^2 + 1^2 = \left(2\sqrt{5}\right)^2$$

$$4 + b^2 + 1 = 20$$

$$\therefore \ b^2 = 15$$

따라서 원점과 구의 중심사이 거리는 d라 하면

$$d^2 = a^2 + b^2 + c^2 = 4 + 15 + 16 = 35$$

따라서 $d = \sqrt{35}$

222 정답 ②

선분 AB는 선분 DF와 크기와 방향이 모두 같다. 따라서 직선 AB와 직선 CF가 이루는 예각은 직선 AB와 직선 DF가 이루는 예각의 크기와 같다. 삼각형 DCF은 정삼각형이므로 $\angle CFD = 60\,^\circ = \theta_1$

$$\therefore \ \cos\theta_1 = \cos 60\,^\circ = \frac{1}{2}$$

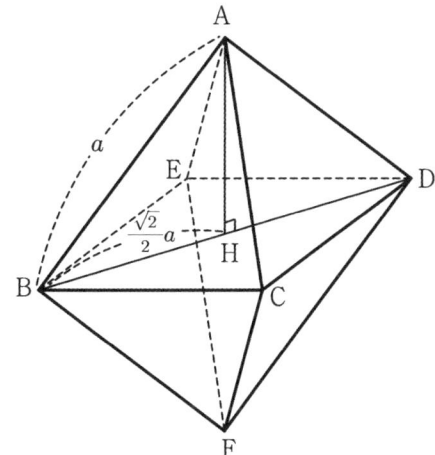

정팔면체의 한 모서리의 길이를 a라고 하자. 또 정팔면체의 꼭짓점 A에서 평면 BCDE에 내린 수선의 발을 H라고 하면 $\overline{BH} = \frac{\sqrt{2}}{2}a$ (정사각형의 대각선의 길이의 절반)이고 $\overline{AH} \perp \overline{BH}$이므로

$$\therefore \ \cos\theta_2 = \frac{\frac{\sqrt{2}}{2}a}{a} = \frac{\sqrt{2}}{2}$$

이상에서 $\cos\theta_1 \times \cos\theta_2 = \frac{1}{2} \times \frac{\sqrt{2}}{2} = \frac{\sqrt{2}}{4}$

223 정답 ⑤

구의 위쪽 부분의 단면을 S_1, 아래쪽 부분을 S_2이라 두고 그림자를 각각 S_1, S_2라 두고 단면화를 하면 아래 그림과 같다.

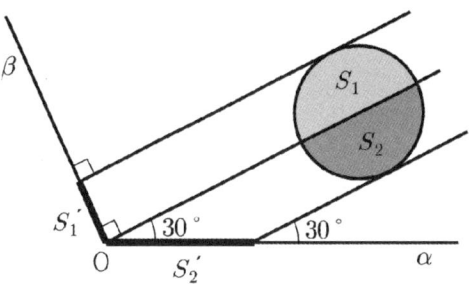

$$S_1{}' = S_1 = \frac{1}{2} \times 16\pi = 8\pi$$

S_2가 태양광선에 수직이므로 S_2는 $S_2{}'$의 정사영이므로 $S_2 = S_2{}'\cos 60\,^\circ$ 이다.

$$S_2{}' = S_2 \times \frac{1}{\cos 60\,^\circ} = 8\pi \times 2 = 16\pi$$

$$\therefore \ S_1 + S_2 = 8\pi + 16\pi = 24\pi$$

224 정답 68

[그림 : 최성훈T]

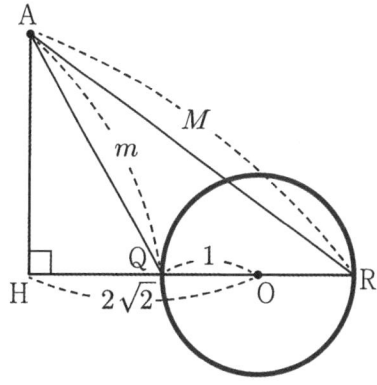

점 A에서 xy평면에 내린 수선의 발을 H$(-2, \ -2, \ 0)$, 원점을 O라 하고 선분 OH와 원의 교점을 Q, 선분 OH의 연장선과 원의 교점을 R라 하면

$$\overline{OH} = \sqrt{(-2)^2 + (-2)^2 + 0^2} = 2\sqrt{2}$$

원의 반지름의 길이가 1이므로

$$M^2 = \overline{AR}^2 = (2\sqrt{2}+1)^2 + 1^2 = 10 + 4\sqrt{2}$$

$$m^2 = \overline{AQ}^2 = (2\sqrt{2}-1)^2 + 1^2 = 10 - 4\sqrt{2}$$

$$\therefore \ M^2 \times m^2 = (10 + 4\sqrt{2})(10 - 4\sqrt{2}) = 68$$

225 정답 12

[그림 : 최성훈T]

두 평면 α, γ의 교선과 평행한 방향에서 세 평면과 반구를 바라본 모습은 그림과 같다.

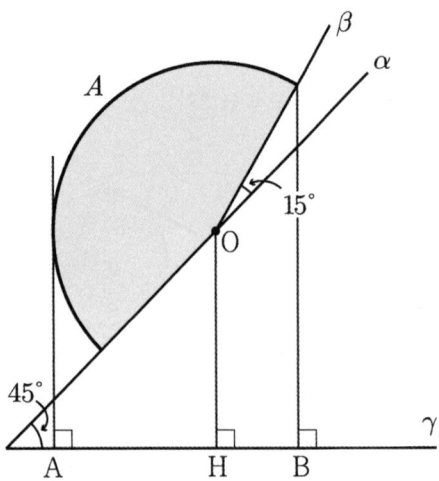

이 그림에서 도형 A의 평면 γ 위로의 정사영의 가장 왼쪽 끝 점과 오른쪽 끝 점을 각각 A, B 라 하고, 반구의 중심 O에서 평면 γ에 내린 수선의 발을 H 라 하자.

그림에서 정사영 AH 부분의 넓이는 반구의 중심을 지나는 반원의 넓이와 같고, 정사영 HB 부분의 넓이는 반구의 중심을 지나고 평면 β 위에 있는 반원의 평면 γ 위로의 정사영의 넓이이다. 따라서 정사영의 넓이는

$$\frac{16\pi}{2}+\frac{16\pi}{2}\times\cos 60\,^{\circ}=12\pi$$

$$S=12\pi$$

그러므로 $\dfrac{S}{\pi}=12$

226 정답 ①

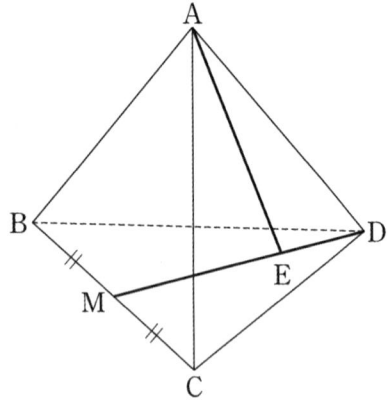

점 A에서 평면 BCD에 내린 수선의 발은 삼각형 BCD의 무게중심이 된다. 이 무게중심을 G 라 하면 $\cos\theta=\dfrac{\overline{\mathrm{EG}}}{\overline{\mathrm{AE}}}$

정사면체의 한 모서리의 길이를 a 라 하면

$$\overline{\mathrm{AG}}=\frac{\sqrt{6}}{3}a,\ \ \overline{\mathrm{EG}}=\frac{1}{3}\times\frac{\sqrt{3}}{2}a=\frac{\sqrt{3}}{6}a$$

$$\overline{\mathrm{AE}}=\sqrt{\overline{\mathrm{AG}}^{\,2}+\overline{\mathrm{EG}}^{\,2}}=\frac{\sqrt{3}}{2}a$$

$$\therefore\ \cos\theta=\frac{\overline{\mathrm{EG}}}{\overline{\mathrm{AE}}}=\frac{\dfrac{\sqrt{3}}{6}a}{\dfrac{\sqrt{3}}{2}a}=\frac{1}{3}$$

227 정답 ④

[그림 : 최성훈T]

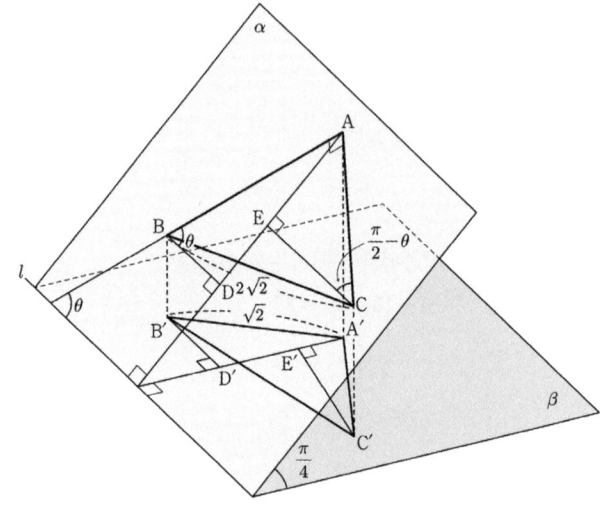

직각이등변삼각형 ABC에서 $\angle\mathrm{A}=\dfrac{\pi}{2}$, $\overline{\mathrm{BC}}=2\sqrt{2}$ 이므로

$$\overline{\mathrm{AB}}=\overline{\mathrm{AC}}=2$$

평면 α와 평면 β의 교선을 l 이라 하고, 선분 AB와 직선 l 이 이루는 각의 크기를 θ 라 하자. 점 B를 지나고 직선 l과 평행하며 평면 α위에 있는 직선과 점 A를 지나고 직선 l과 수직이며 평면 α위에 있는 직선이 만나는 점을 D 라 하면 삼각형 ABD 에서

$$\angle\mathrm{ADB}=\frac{\pi}{2},\ \angle\mathrm{ABD}=\theta$$

점 D를 평면 β위로의 정사영을 D′ 이라 하면

$$\overline{\mathrm{BD}}\perp\overline{\mathrm{AD}},\ \overline{\mathrm{BD}}\perp\overline{\mathrm{DD}'}$$

이므로 평면 ADD′과 선분 BD는 서로 수직이다.

또, 선분 BD와 선분 B′D′이 평행하므로 삼각형 A′B′D′에서

$$\angle\mathrm{A}'\mathrm{D}'\mathrm{B}'=\frac{\pi}{2}$$

이때,

$$\overline{\mathrm{B}'\mathrm{D}'}=\overline{\mathrm{BD}}=\overline{\mathrm{AB}}\cos\theta=2\cos\theta$$

$$\overline{\mathrm{A}'\mathrm{D}'}=\overline{\mathrm{AD}}\cos\frac{\pi}{4}=\overline{\mathrm{AB}}\sin\theta\cos\frac{\pi}{4}=\sqrt{2}\sin\theta$$

$$\overline{\mathrm{A}'\mathrm{B}'}=\sqrt{\overline{\mathrm{B}'\mathrm{D}'}^{\,2}+\overline{\mathrm{A}'\mathrm{D}'}^{\,2}}=\sqrt{4\cos^{2}\theta+2\sin^{2}\theta}=\sqrt{2}$$

$$\therefore\ 4\cos^{2}\theta+2\sin^{2}\theta=2\ \cdots\ \bigcirc$$

마찬가지 방법으로 점 C를 지나고 직선 l과 평행하며 평면 α위에 있는 직선과 점 A를 지나고 직선 l과 수직이며 평면 α위에 있는 직선이 만나는 점을 E 라 하면 삼각형 AEC 에서

$$\angle\mathrm{AEC}=\frac{\pi}{2},\ \angle\mathrm{ACE}=\frac{\pi}{2}-\theta$$

점 E의 평면 β위로의 정사영을 E′이라 하면
$$\overline{CE} \perp \overline{AE}, \ \overline{CE} \perp \overline{EE'}$$
이므로 평면 AEE′A과 선분 CE는 서로 수직이다.
또, 선분 CE와 선분 C′E′이 평행하므로 삼각형 A′E′C′에서
$$\angle A'E'C' = \frac{\pi}{2}$$
이때,
$$\overline{E'C'} = \overline{EC} = \overline{AC}\cos\left(\frac{\pi}{2} - \theta\right) = 2\sin\theta$$
$$\overline{A'E'} = \overline{AE}\cos\frac{\pi}{4} = \overline{AC}\sin\left(\frac{\pi}{2} - \theta\right)\cos\frac{\pi}{4} = \sqrt{2}\cos\theta$$
$$\begin{aligned}\overline{A'C'} &= \sqrt{\overline{E'C'}^2 + \overline{A'E'}^2} \\ &= \sqrt{4\sin^2\theta + 2\cos^2\theta} \\ &= \sqrt{4(1-\cos^2\theta) + 2(1-\sin^2\theta)} \\ &= \sqrt{6 - (4\cos^2\theta + 2\sin^2\theta)} \ (\because \ \textcircled{\tiny{$\bigcirc$}}) \\ &= \sqrt{6-2} = 2\end{aligned}$$
$$\therefore \ \overline{A'C'} = 2$$

[다른 풀이]–유승희T

두 평면 α, β가 이루는 각의 크기가 $\frac{\pi}{4}$이므로 평면 β와 직선

AB가 이루는 각의 크기 θ는 $0 \le \theta \le \frac{\pi}{4}$이다.

$\overline{A'B'} = \overline{AB}\cos\theta$에서 $\sqrt{2} = 2\cos\theta$

$$\therefore \ \theta = \frac{\pi}{4}$$

따라서 두 평면 α, β의 교선과 직선 AB는 수직이다.
직선 AC와 교선 l이 평행하므로 $\overline{A'C'} = 2$

228 정답 96

$|\overrightarrow{AP}| = 1$, $|\overrightarrow{AO}| = 3\sqrt{2}$, $|\overrightarrow{OQ}| = 1$이고 $\overrightarrow{AP}$와 $\overrightarrow{AO}$가 이루는 각을 α, $\overrightarrow{AB}$와 $\overrightarrow{AO}$가 이루는 각을 β, $\overrightarrow{AP}$와 $\overrightarrow{OQ}$가 이루는 각을 γ라 하자.

$$\begin{aligned}\overrightarrow{AP} \cdot \overrightarrow{AQ} &= \overrightarrow{AP} \cdot (\overrightarrow{AO} + \overrightarrow{OQ}) \\ &= \overrightarrow{AP} \cdot \overrightarrow{AO} + \overrightarrow{AP} \cdot \overrightarrow{OQ} \\ &= 1 \times 3\sqrt{2} \times \cos\alpha + 1 \times 1 \times \cos\gamma\end{aligned}$$

$\gamma = 0$일 때 최대, $\gamma = \pi$일 때 최소이므로
$$3\sqrt{2}\cos\alpha - 1 \le \overrightarrow{AP} \cdot \overrightarrow{AQ} \le 3\sqrt{2}\cos\alpha + 1$$
한편, $\overrightarrow{AB} = (4, 4)$, $\overrightarrow{AO} = (3, -3)$이고
$$\cos\beta = \frac{12 - 12}{4\sqrt{2} \times 3\sqrt{2}} = 0$$이므로 $\beta = \frac{\pi}{2}$

$\alpha = \beta - \frac{\pi}{4}$일 때 $\cos\alpha$값이 최대가 되고, $\alpha = \beta + \frac{\pi}{4}$일 때 $\cos\alpha$값이 최소가 된다.
따라서
$$\cos\left(\frac{5}{4}\pi\right) \le \cos\alpha \le \cos\left(\frac{\pi}{4}\right)$$

$$-\frac{\sqrt{2}}{2} \le \cos\alpha \le \frac{\sqrt{2}}{2}$$
따라서
$$3\sqrt{2}\cos\alpha - 1 \le \overrightarrow{AP} \cdot \overrightarrow{AQ} \le 3\sqrt{2}\cos\alpha + 1$$
$$-4 \le \overrightarrow{AP} \cdot \overrightarrow{AQ} \le 4$$
따라서 $M = 4$, $m = -4$
$$12(M-m) = 12 \times 8 = 96$$

[다른 풀이]–최성훈T

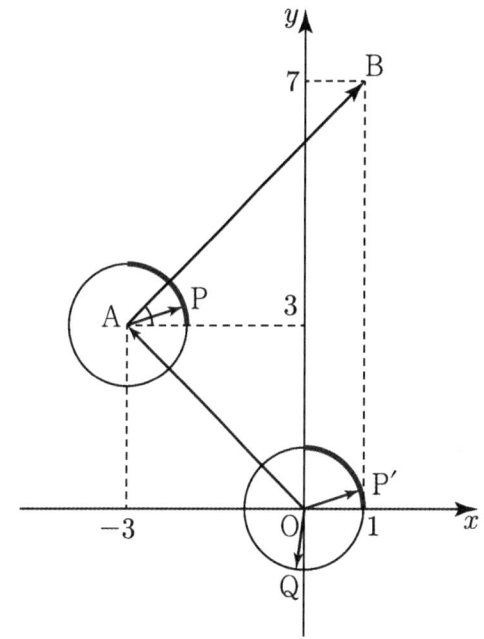

$$\begin{aligned}\overrightarrow{AP} \cdot \overrightarrow{AQ} &= \overrightarrow{OP'} \cdot (\overrightarrow{OQ} - \overrightarrow{OA}) \\ &= \overrightarrow{OP'} \cdot \overrightarrow{OQ} - \overrightarrow{OP'} \cdot \overrightarrow{OA}\end{aligned}$$
$$\overrightarrow{OP} \cdot \overrightarrow{OA} = |\overrightarrow{OP'}||\overrightarrow{OA}|\cos\theta$$
P′$(1, 0)$일 때, θ가 최대이고 $\overrightarrow{OP} \cdot \overrightarrow{OA}$는 최솟값 $(1, 0) \cdot (-3, 3) = -3$을 가진다.
P$(0, 1)$일 때, θ가 최소이고 $\overrightarrow{OP} \cdot \overrightarrow{OA}$는 최댓값 $(0, 1) \cdot (-3, 3) = 3$을 가진다.
$\overrightarrow{OP'} \cdot \overrightarrow{OQ}$는 최댓값 1, 최솟값이 -1이므로
$\overrightarrow{OP'} \cdot \overrightarrow{OQ} - \overrightarrow{OP'} \cdot \overrightarrow{OA}$의 최댓값은 $1 - (-3) = 4$
$\overrightarrow{OP'} \cdot \overrightarrow{OQ} - \overrightarrow{OP'} \cdot \overrightarrow{OA}$의 최솟값은 $-1 - 3 = -4$
[다른 풀이]2
P$(-2, 3)$, Q$(1, 0)$일 때, $\overrightarrow{AP} \cdot \overrightarrow{AQ}$의 최댓값이 된다.
$$\overrightarrow{AP} = (-2, 3) - (-3, 3) = (1, 0)$$
$$\overrightarrow{AQ} = (1, 0) - (-3, 3) = (4, -3)$$
따라서 $\overrightarrow{AP} \cdot \overrightarrow{AQ} \le 4$
P$(-3, 4)$, Q$(0, -1)$일 때, $\overrightarrow{AP} \cdot \overrightarrow{AQ}$의 최솟값이 된다.
$$\overrightarrow{AP} = (-3, 4) - (-3, 3) = (0, 1)$$
$$\overrightarrow{AQ} = (0, -1) - (-3, 3) = (3, -4)$$
따라서 $\overrightarrow{AP} \cdot \overrightarrow{AQ} \ge -4$

229 정답 ③

점 A에서 xy평면에 내린 수선의 발을 A'이라 하자.

$\overline{AH} \perp l$이고 $\overline{AA'} \perp (xy$평면$)$이므로 삼수선 정리에 의하여 $\overline{A'H} \perp l$이다.

$\overline{AA'} = 4$이고 $\overline{AH} = 5$이므로 $\overline{A'H} = 3$이다.

점 A'과 직선 l은 모두 xy평면 위에 있으므로 좌표평면에서 생각하면 점 A'의 좌표는 $(1, 2)$이고, 직선 L의 방정식은

$y = mx - 1$ (단, m은 상수)

$\therefore \overline{A'H} = \dfrac{|m-3|}{\sqrt{m^2+1}} = 3$

$3\sqrt{m^2+1} = |m-3|$

$9m^2 + 9 = m^2 - 6m + 9$

$8m^2 + 6m = 0$

$2m(4m+3) = 0$

$m = 0$ 또는 $m = -\dfrac{3}{4}$

$\dfrac{\pi}{2} < \theta < \pi$이므로 $\tan\theta = -\dfrac{3}{4}$이다.

230 정답 ⑤

[그림 : 배용제T]

직각삼각형 AME에서 $\overline{EM} = \sqrt{5}$

직각삼각형 MDN에서 $\overline{MN} = \sqrt{6}$

직각삼각형 EGN에서 $\overline{EN} = 3$

삼각형 EMN에서 코사인법칙으로 $\cos(\angle MEN)$을 구해보자

$\cos(\angle MEN) = \dfrac{(\sqrt{5})^2 + 3^2 - (\sqrt{6})^2}{2 \times \sqrt{5} \times 3} = \dfrac{4}{3\sqrt{5}}$

$\therefore \sin(\angle MEN) = \sqrt{1 - \dfrac{16}{45}} = \dfrac{\sqrt{29}}{3\sqrt{5}}$

따라서 삼각형 EMN의 넓이는

$\dfrac{1}{2} \times \sqrt{5} \times 3 \times \dfrac{\sqrt{29}}{3\sqrt{5}} = \dfrac{\sqrt{29}}{2}$

쉬운 4점과
준킬러 난이도 문항 탑재

수학 4 Grade
'23 Since Calima

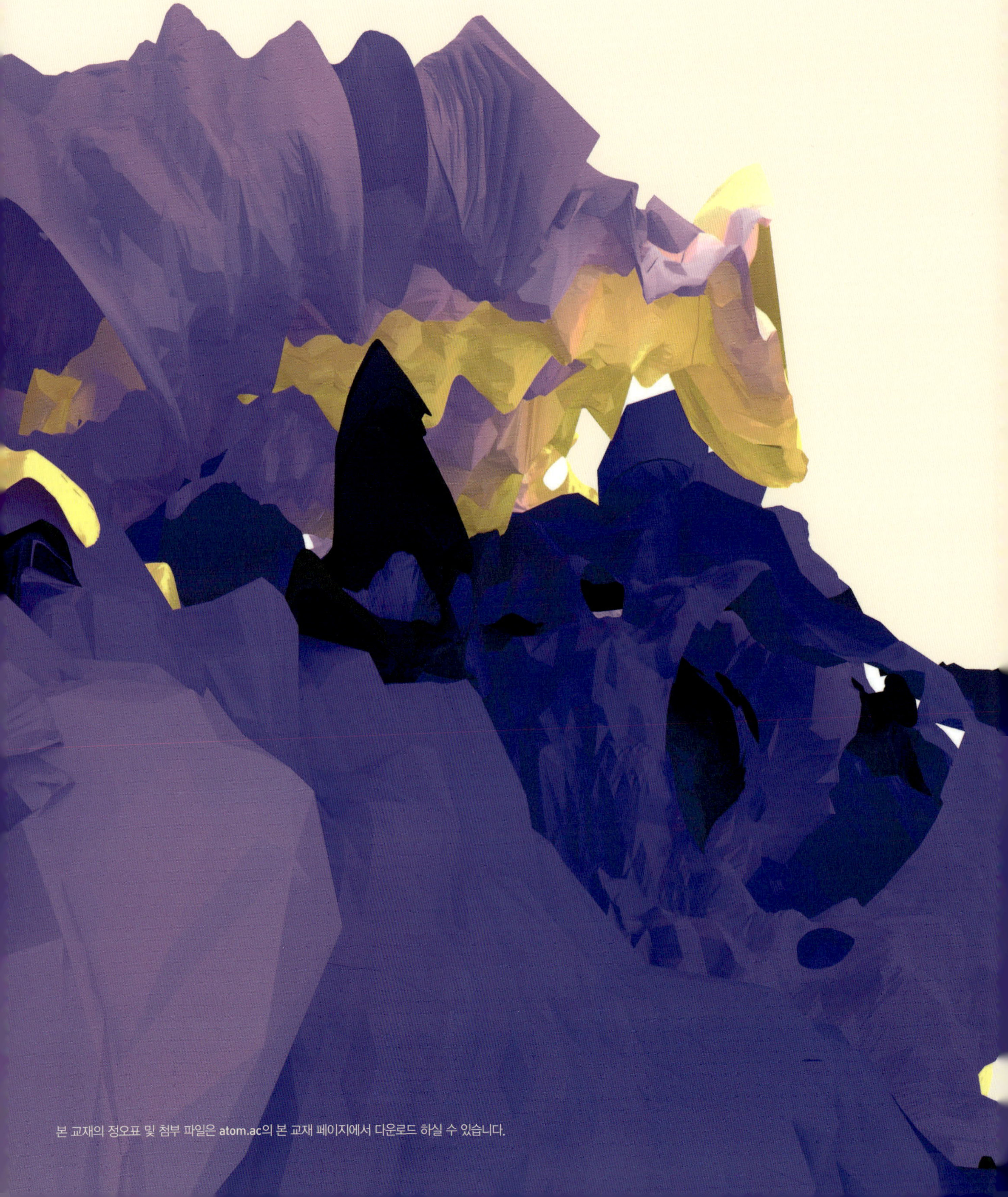

본 교재의 정오표 및 첨부 파일은 atom.ac의 본 교재 페이지에서 다운로드 하실 수 있습니다.